ÉTUDES ÉCONOMIQUES P[...]

COMPTE - RENDU

DE

L'EXPOSITION

INDUSTRIELLE ET AGRICOLE DE LA FRANCE

EN 1849

PAR ÉMILE BÈRES

— Extrait du *Moniteur universel* —

PARIS

LIBRAIRIE SCIENTIFIQUE - INDUSTRIELLE

DE L. MATHIAS (AUGUSTIN),

QUAI MALAQUAIS, 15.

1849

Librairie scientifique-industrielle de L. MATHIAS (Augustin).

QUAI MALAQUAIS, 15.

ÉTUDES ÉCONOMIQUES PRATIQUES.

COMPTE-RENDU

DE

L'EXPOSITION

INDUSTRIELLE ET AGRICOLE DE LA FRANCE

EN 1849.

— Extrait du *Moniteur universel* —

PAR ÉMILE BÈRES.

PRÉCÉDÉ DES

Discours prononcés par le Président de la République, par le Ministre du Commerce et de l'Agriculture et par le Président du Jury Central, le jour de la distribution des récompenses,

Avec la Liste des récompenses et une Statistique des Exposants par industrie et par département.

Un volume in-12. — Prix : 3 fr. 50 c.

Rendu franc de port dans les départements. 4 fr. 25 c.

La table des matières contenues dans ce volume dispense de tout éloge que l'on pourrait croire intéressé.

Qu'il nous soit permis de dire seulement que ce livre nous paraît une heureuse introduction aux *Etudes économiques pratiques* que l'auteur se propose de publier successivement sans qu'aucun engagement soit pris pour l'acquisition ni pour le moment de la mise en vente.

M. ÉMILE BÈRES, auteur de plusieurs ouvrages couronnés par les corps savants, donne à la quatrième page de cette annonce l'indication des divers points de vue sous lesquels il a envisagé l'industrie dans ses rapports économiques ; des annonces ultérieures feront connaître la publication de chaque partie, et les personnes qui voudront recevoir tout ou partie de ce travail consciencieux sont priées de se faire inscrire à la *Librairie scientifique-industrielle, quai Malaquais, n° 15.*

TABLE DES MATIÈRES
DU COMPTE-RENDU DE L'EXPOSITION.

	Pages.
INTRODUCTION.	V
Discours de M. Dumas, ministre de l'agriculture et du commerce.	XV
Rapport de M. Charles Dupin, président du jury.	XVIII
Discours de M. le Président de la République.	XL
CHAPITRE I. Opportunité de l'Exposition ; ses résultats.	1
— II. Houille, métaux, premier travail des minerais.	6
— III. Suite.	12
— IV. Machines. — Grand outillage. — Instruments divers.	19
— V. Suite.	27
— VI. Quincaillerie.—Nom, marque des manufactures. — Outils de forges. — Toiles.—Cardes. — Peignes métalliques. — Poids et mesures.— Machines modèles.—Outils d'amateurs.	33
— VII. Aperçu sur les causes du progrès de l'industrie métallurgique et du perfectionnement des machines en France.	40
— VIII. Importance de la chimie et ses progrès récents. — Produits propres aux arts industriels et manufacturiers. — Bougies. — Savons. — Colles animales. — Conserves. — Eaux et poudres désinfectantes. — Blanc de zinc. — Engrais.	48
— IX. Suite.	55
— X. Laines. — Filature. — Draperie.	64
— XI. Étoffes non foulées en pure laine ou mélangées.	74
— XII. Industrie linière.	83
— XIII. Industrie cotonnière.	92
— XIV. Châles. — Mousselines. — Dentelles.	100
— XV. Industrie de la soie.	112
— XVI. Industrie de l'ameublement. — Velours-tapis. — Broderies. — Dessinateurs industriels. — Papiers peints. — Toiles cirées. — Stores.	122

Pages.

CHAPITRE XVII. Industrie de l'ornementation. — Marbres. — Poteries. — Faïences. — Porcelaines. — Glaces. — Cristaux. 131

—   XVIII. Industrie artistique et produits de luxe. — Orfèvrerie. — Joaillerie. — Bijouterie. Argenterie. — Plaques. — Bronzes. . . 144

—   XIX. Industrie des instruments de la pensée. — Fonte de caractères. — Clichés. — Papiers d'imprimerie. — Librairie. — Reliure. — Cartes. — Lithographie. — Papier de sûreté. 149

—   XX. Industries savantes, artistiques, etc., etc. — Armes. — Appareils d'éclairage. — Horlogerie. — Meubles. — Eventails. — Préparations anatomiques. — Instruments de chirurgie. — Cuirs. — Appareils de chauffage et culinaires. — Objets divers. 160

—   XXI. Suite 173

—   XXII. Instruments de musique. 183

—   XXIII. Produits agricoles et horticoles. 185

—   XXIV. Suite 200

—   XXV. Instruments de culture et d'économie rurale 208

—   XXVI. Produits agricoles et industriels algériens. 215

—   XXVII. Suite 224

—   XXVIII. Chapitre des réparations, des oublis, des exposants retardataires. 229

—   XXIX. Liste des récompenses obtenues par les exposants : 244

Croix d'honneur. . . . .

Nouvelles médailles d'or. . . . .

Rappels de médailles d'or. . . . .

Médailles d'or. . . . .

Nouvelles médailles d'argent. . . . .

Rappels de médailles. . . . .

Médailles d'argent. . . . .

Nouvelles médailles de bronze. . . . .

Rappels de médailles . . . .

Médailles de bronze . . . .

Rappels et mentions honorables. . . . .

Rappels et citations honorables. . . . .

Tableaux statistiques des Exposants par industrie et par département . . . .

OUVRAGES DU MÊME AUTEUR

QUI SE TROUVENT

A LA LIBRAIRIE SCIENTIFIQUE-INDUSTRIELLE, QUAI MALAQUAIS, 15.

Des Moyens d'améliorer l'Agriculture des départements méridionaux. 1 vol. in-8°. — 1830.

Éléments d'une nouvelle Législation des chemins vicinaux. — Ouvrage couronné par la Société des sciences et agriculture de Châlons. In-8°. — 1831.

Des Causes du Malaise industriel et commercial de la France en 1830. — Couronné par la Société industrielle de Mulhouse. 1 vol. in-8°. — 1832.

Mémoire sur les Causes de l'affaiblissement du commerce de Bordeaux. Lu à l'Institut et inséré dans le Recueil des Savants étrangers. 1 vol. in-8°. — 1836.

Les Classes ouvrières. Moyens d'améliorer leur sort. Ouvrage couronné par l'Académie de Mâcon, par la Société de la Morale chrétienne, par l'Académie française (prix Montyon). 1 vol. in-8°. — 1838.   3 fr.

POUR PARAITRE SUCCESSIVEMENT
(On souscrit à la même Librairie.)

ÉTUDES ÉCONOMIQUES PRATIQUES.

EN VENTE :

N° 1. Compte-rendu de l'Exposition agricole et industrielle de la France en 1849. 1 vol. in-12. — 3 fr. 50 c.

EN PRÉPARATION :

N° 2. Statistique des villes manufacturières et des principaux établiss. industriels de la France en 1850, 1 vol. in-12.

N° 3. Compte-rendu de l'Exposition universelle de Londres en 1851, 1 vol. in-12.

N° 4. Statistique des villes manufacturières et des principaux établiss. industriels de l'Angleterre en 1851, 1 v. in-12.

N° 5. Traité d'Economie industrielle pratique, 1 vol. in-12.

N° 6. Traité d'Économie rurale pratique, 1 vol. in-12.

N° 7. Traité d'Économie commerciale pratique, 1 vol. in-12.

N° 8. Histoire de l'Industrie française, 1 vol. in-12.

N° 9. Histoire de l'Agriculture française, 1 vol. in-12.

N° 10. Histoire du Commerce français.

N° 11. Économie, Morale, Politique des travailleurs.

N° 12. Histoire générale et comparée des travailleurs.

NOTA. — Chaque ouvrage des *Etudes économiques pratiques* sera un travail complet, et se vendra séparément. Le N° II et les suivants paraîtront successivement.

Imprimerie de G. GRATIOT, 11, rue de la Monnaie.

ÉTUDES ÉCONOMIQUES PRATIQUES.

COMPTE-RENDU
DE L'EXPOSITION
INDUSTRIELLE ET AGRICOLE DE LA FRANCE
EN 1849.

V

Imprimerie de Gustave GRATIOT, 11, rue de la Monnaie.

ÉTUDES ÉCONOMIQUES PRATIQUES.

COMPTE-RENDU

DE

L'EXPOSITION

INDUSTRIELLE ET AGRICOLE DE LA FRANCE

EN 1849

PAR ÉMILE BÈRES

— Extrait du *Moniteur universel* —

PARIS

LIBRAIRIE SCIENTIFIQUE-INDUSTRIELLE
DE L. MATHIAS (AUGUSTIN),
QUAI MALAQUAIS, 15.

1849

TABLE DES MATIÈRES

DU COMPTE-RENDU DE L'EXPOSITION.

	Pages.
Introduction.	v
Discours de M. Dumas, ministre de l'agriculture et du commerce	xv
Rapport de M. Charles Dupin, président du jury.	xviii
Discours de M. le Président de la République.	xl
CHAPITRE I. Opportunité de l'Exposition ; ses résultats.	1
— II. Houille, métaux, premier travail des minerais.	6
— III. Suite.	12
— IV. Machines. — Grand outillage. — Instruments divers.	19
— V. Suite.	27
— VI. Quincaillerie.—Nom, marque des manufactures. — Outils de forges. — Toiles. —Cardes. — Peignes métalliques. — Poids et mesures.— Machines modèles.—Outils d'amateurs.	33
— VII. Aperçu sur les causes du progrès de l'industrie métallurgique et du perfectionnement des machines en France.	40
— VIII. Importance de la chimie et ses progrès récents. — Produits propres aux arts industriels et manufacturiers. — Bougies. — Savons. — Colles animales. — Conserves. — Eaux et poudres désinfectantes. — Blanc de zinc. — Engrais.	48
— IX. Suite.	55
— X. Laines. — Filature. — Draperie.	64
— XI. Étoffes non foulées en pure laine ou mélangées.	74
— XII. Industrie linière.	83
— XIII. Industrie cotonnière.	92
— XIV. Châles. — Mousselines. — Dentelles.	100
— XV. Industrie de la soie.	112
— XVI. Industrie de l'ameublement. — Velours-tapis. — Broderies. — Dessinateurs industriels. — Papiers peints. — Toiles cirées. — Stores.	122

CHAPITRE XVII. Industrie de l'ornementation. — Marbres.
— Poteries. — Faïences. — Porcelaines.
— Glaces. — Cristaux. 131

— XVIII. Industrie artistique et produits de luxe. —
Orfèvrerie. — Joaillerie. — Bijouterie.
Argenterie. — Plaques. — Bronzes. . . 141

— XIX. Industrie des instruments de la pensée. —
Fonte de caractères. — Clichés. — Papiers d'imprimerie. — Librairie. — Reliure. — Cartes. — Lithographie. —
Papier de sûreté. 149

— XX. Industries savantes, artistiques, etc., etc.—
Armes. — Appareils d'éclairage. —
Horlogerie. — Meubles. — Eventails.
— Préparations anatomiques. — Instruments de chirurgie. — Cuirs. — Appareils de chauffage et culinaires.— Objets
divers. 160

— XXI. Suite 173

— XXII. Instruments de musique. 183

— XXIII. Produits agricoles et horticoles. 185

— XXIV. Suite 200

— XXV. Instruments de culture et d'économie rurale 208

— XXVI. Produits agricoles et industriels algériens. 215

— XXVII. Suite 224

— XXVIII. Chapitre des réparations, des oublis, des
exposants retardataires 229

— XXIX. Liste des récompenses obtenues par les exposants 244

Croix d'honneur. . . . .
Nouvelles médailles d'or. . . . .
Rappels de médailles d'or. . . . .
Médailles d'or. . . . .
Nouvelles médailles d'argent. . . . .
Rappels de médailles. . . . .
Médailles d'argent. . . . .
Nouvelles médailles de bronze. . . . . . .
Rappels de médailles . . . .
Médailles de bronze . . . .
Rappels et mentions honorables. . . . . . .
Rappels et citations honorables. . . . . . .
Tableaux statistiques des Exposants par industrie
et par département . . . .

INTRODUCTION.

Au lieu de voir les uns péniblement tourmentés par la pensée qu'il doit surgir autour d'eux d'incessantes commotions ; au lieu de trouver les autres uniquement préoccupés des moyens de pouvoir les affronter, ne serait-il pas infiniment préférable que nous prissions tous à tâche de rechercher soigneusement les causes du mal, d'en bien faire comprendre le péril, d'en proposer au plus tôt le remède.

En France, nous avons l'immense tort d'attribuer une beaucoup trop décisive importance, soit à l'organisation politique, soit à la puissance des personnes; et nous ne prêtons, au contraire, qu'une faible attention aux conditions économiques qui doivent régir la société.

Ce faux et déplorable calcul est la source la plus réelle des maux qui, depuis soixante ans, bouleversent notre pays. L'exemple du passé ne sera-t-il donc jamais une leçon salutaire pour le présent, un enseignement pour l'avenir ?

Durant les derniers temps de cette sécurité profonde et si trompeuse dont il nous souvient à tous, et qui a vu s'écrouler si vite les institutions de Juillet, malgré leurs ressorts puissants et leur vitalité apparente, j'observais un peuple dont je place bien haut la situation économique, la puissance relative de production, la valeur morale, c'est le peuple écossais.

Pourquoi de sa part ce rapide chemin dans les diverses voies du progrès, tandis que son histoire du vieux temps nous rappelle, dans chacune de ses pages, ses longs déchirements, son oppression, sa misère profonde ?

C'est que chez lui la science de l'immortel Adam Smith n'est pas restée à l'état de pure doctrine, d'enseignement tout métaphysique, et par cela même à la portée seule de quelques esprits d'élite.

L'Écosse entière, fière à juste titre de son illustre enfant, s'est fait, pour ainsi dire, un catéchisme de ses principes. Peu à peu la science économique est descendue, chez elle, à tous les étages du grand atelier social, distribuant à propos et à chacun sa lumière, sa manne bienfaisante. Le cabinet du savant, la ferme, la manufacture, le comptoir, tout a vécu de cet air salutaire de la règle, de la raison, du possible. De là aussi, au sein de tout un peuple arraché à l'ignorance, aux vices, aux entraînements inséparables de la misère, ont surgi un bien-être, des efforts, une satisfaction inconnus ailleurs.

Ce qui s'est fait en quelques années et avec un si brillant résultat, au profit de ce petit peuple qu'on ne saurait trop mettre en vue pour le bon exemple, disons même à la honte de peuples bien autrement partagés des biens de la nature, et cependant en tant de choses si arriérés encore, j'ai à cœur d'aider à le tenter pour mon pays.

Nous ne manquons, certes, ni de grands, ni de très savants ouvrages, devant lesquels je m'incline avec respect ; mais par malheur ils ne sont généralement ni assez pratiques ni à la portée du grand nombre. Avec de la méthode, avec mes heureux souvenirs d'Écosse, avec l'aide de quelques travaux pratiques bien suivis, soigneusement observés, je compte remplir une lacune qui me semblerait, en toute circonstance, fâcheuse, mais qui, aujourd'hui, me paraît capitale.

L'économie politique, pour être une science facile à comprendre et à la portée des hommes d'application, qui, assez généralement, ont peu de temps et de méditation à consacrer à l'étude, doit être suivie d'exemples dans son enseignement, comme la géométrie dans ses démonstrations ne saurait se passer de figures, la chimie d'expériences, l'anatomie de dissections.

Ces exemples se trouveront disséminés, nombreux, nouveaux, parlant pour ainsi dire à l'esprit et aux yeux de tous, dans le Compte-rendu des deux Expositions de Paris et de Londres, les plus complètes et les plus belles assurément que le monde, de nos jours, puisse donner. La revue des principaux établissements industriels de la France et de l'Angleterre complétera ce qui pourrait manquer aux comptes-rendus.

Ces ouvrages seront pour ainsi dire les figures, les planches, la géographie de mes traités d'économie industrielle, rurale, commerciale.

La partie historique des trois grandes branches de l'activité industrielle viendra puissamment en aide à la partie dogmatique; car je ne comprends pas que l'on puisse étudier et pratiquer avec profit une science, un art dont on n'a pas tout d'abord attentivement étudié le passé, c'est-à-dire la marche, les mécomptes, les succès. Sans cette précaution, on se perd dans des essais, dans des tâtonnements incessants, dans des conjectures inutiles, et l'on gaspille fâcheusement ainsi ses efforts, son temps, son argent.

Enfin, ma tâche serait incomplète, ma conscience m'adresserait un reproche si je ne songeais aussi à ceux qui sont la cheville ouvrière, le complément indispensable de l'important phénomène de la production.

Les travailleurs sont là qui ont besoin dans tous les temps, et aujourd'hui plus que jamais, que l'on s'occupe de leur bien-être, de leur développement intellectuel, de leur perfectionnement moral.

Si le cadre que je viens de présenter pouvait paraître trop vaste, je répondrai que les exigences du moment sont bien grandes aussi...

Je ne saurais séparer l'exposition rationnelle et synthétique des trois grands éléments de la production et de la richesse : l'agriculture, l'industrie, le commerce; car ils ont le même but, et ne peuvent s'aider que des mêmes moyens.

Si j'embrasse avec une égale sollicitude la cause des ouvriers et celle des chefs d'industrie, c'est que je regarde leurs intérêts et leurs travaux comme intimement liés et enchaînés les uns aux autres.

Tout homme qui veut réfléchir doit sentir que nous touchons à l'époque d'un difficile enfantement; il est important dès lors que tous ceux qui aiment la chose publique et qui pensent pouvoir lui prêter quelque aide, ne restent pas spectateurs impassibles du dénouement.

La pire des choses, à l'heure qu'il est, serait l'inertie, le découragement, le refuge dans un imprudent égoïsme.

J'aimais à croire l'heure du repos arrivée pour moi. Je reprends cependant ma course après un bien long silence; que d'autres fassent ce que je fais; cherchons résolument les matériaux nécessaires aux besoins nouveaux; stimulons les indifférents, fortifions les timides, modérons au contraire, éclairons à propos ceux qu'une trop vive ardeur entraîne vers les voies inconnues, périlleuses; et peut-être bien, par ces communs efforts, arriverons-nous plus vite qu'on n'ose l'espérer encore à d'heureux résultats.

IMPORTANCE, CONDITIONS MATÉRIELLES ET MORALES DES EXPOSITIONS INDUSTRIELLES.

Les Expositions industrielles sont désormais une conquête acquise au sein des nations laborieuses. La France fut le berceau de cette institution, ce sera là pour elle un éternel honneur. Un demi-siècle n'a fait que l'étendre, la faire mieux aimer parmi nous; les Belges, les Allemands, avec l'esprit rationnel que les distingue, sont venus, à leur tour, lui donner asile.

Une sanction, toutefois, manquait à l'institution : celle des Anglais. Ils s'apprêtent enfin à la lui donner. Ils promettent même de le faire avec cette ampleur qu'ils mettent dans la plupart des choses. Prenons acte de leur parole, elle sera bien tenue. Un de nos derniers ministres du commerce, M. Buffet, avait eu, il est vrai, la pensée d'appeler les étrangers à figurer dans notre dernière et magnifique Exposition. Nos industriels trop timorés y mirent malheureusement obstacle. C'est là un fait infiniment regrettable ; car nous enlevions ainsi à nos hardis et intelligents voisins le mérite de cette noble initiative de l'UNIVERSALITÉ ; n'importe, acceptons la mesure, du moment qu'elle est bonne, et sachons, avec non moins d'empressement, rendre un juste hommage à ceux qui, de nouveau, l'ont conçue, et ambitionnent à bon droit l'honneur de l'appliquer :

Amicus Plato; magis amica veritas.

Il est temps, en effet, de sortir des vieilles ornières, de briser ce réseau fâcheux des idées, des habitudes, des relations étroites qui, au lieu de rapprocher les nations, ne font que les séparer, les éloigner les unes des autres, trop souvent les rendre ennemies.

Avec la vapeur, les chemins de fer, le télégraphe électrique, il faut savoir reconnaître que la servitude des hommes, la proscription des idées, le parcage des choses deviennent des faits hors de saison; ils ne sont même plus d'une exécution matériellement possible.

Puisque les Expositions industrielles sont reconnues utiles, promettent d'être durables, qu'elles tendent même à devenir une institution internationale, il n'est pas hors de propos de déterminer quelles en doivent être les règles diverses, c'est-à-dire l'ordre matériel, et les conditions morales.

C'est ainsi que je vais successivement examiner quelle doit être la disposition des locaux ; comment doit se faire la classification des objets ; quels sont les devoirs , soit des jurys d'admission, soit du jury des récompenses; si l'on peut réunir, dans un même ensemble, les produits agricoles et les produits industriels; sur quelles bases pourront s'établir, avec avantage pour tous, les expositions universelles, si, comme tout le fait espérer, la première qui va s'organiser à Londres est couronnée d'un plein succès.

—Tout local est loin d'être propre à recevoir les produits d'une grande Exposition. Indépendamment de l'étendue, il faut des moyens d'arrivage, faciles, des bâtiments élevés pour loger commodément et mettre en vue certains produits, il faut un jour vif et continu. Il est nécessaire que la disposition des lieux permette à la foule de circuler librement, aux connaisseurs, aux juges, d'étudier avec facilité le mérite des produits. Il est indispensable également que les agents de l'établissement puissent exercer une constante surveillance, au besoin apporter de prompts secours.

A Paris, l'on a fini par construire un local spécial. Peut-être bien, tout regrettable que soit cette dépense, était-ce le moyen d'avoir à point ces diverses conditions (1).

— Les précédentes Expositions, malgré l'intérêt qu'elles présentaient, laissaient toutefois à désirer sous le rapport de l'arrangement et de la classification des matières. L'Exposition de 1849 a été, au contraire, un parfait modèle en ce genre. Métaux, machines, tissus, matières premières, porcelaines, cristaux, objets divers, tout était à sa place, bien présenté, facile à retrouver. On ne saurait mieux faire que d'imiter, à l'avenir, de pareilles dispositions (2).

(1) La superficie totale des bâtiments destinés à l'Exposition de 1849 est de 22,391 mètres ; la superficie couverte par les produits exposés, de 9,534 mètres. Les bâtiments ont coûté, matériaux réservés, 560,000 fr. — M. Moreau en a été l'habile architecte.

(2) Il est de toute justice de tenir compte de l'ordre et de la bonne

—Plus nous avancerons, plus le rôle des Jurys Provinciaux ou d'admission deviendra important; car il n'y aura à admettre que les produits les plus méritants. Il n'y aurait pas, sans cette précaution, de terme à l'extension des locaux, des travaux, des dépenses nécessaires pour de telles organisations.

Les Jurys d'admission doivent bien se pénétrer de la pensée qu'ils sont le premier échelon par où monte l'exposant. Eux seuls peuvent savoir et faire justement connaître l'étendue de ses affaires, la moralité de ses opérations, sa sollicitude pour ses ouvriers, le temps parcouru dans sa carrière industrielle. Tout cela est pris en sérieuse considération par le Jury Central et dès lors doit être dit avec détail et sincérité.

Malheureusement, jusqu'ici, il y a peu de ces jurys qui aient bien compris la portée de leur institution. Espérons qu'il n'en sera pas ainsi pour l'avenir.

Le public ne connait pas assez bien le rude travail qui oblige, les difficultés de toutes sortes qui entourent, les mille sollicitations qui tiraillent un Jury Central. Sans cela on serait plus équitable à l'égard des décisions. Les exposants sont un peu comme les écoliers qui prétendent tous au premier prix, et qui crient à l'*injustice!* si leur attente est déçue.

Pour justifier les jugements rendus, pour expliquer les désappointements inattendus et que les meilleures âmes portent si longtemps sur le cœur, disons d'abord que le nombre des grandes récompenses est limité; faisons observer qu'une longue filière de considérations, ainsi que nous venons de le dire à propos du jury d'admission, est à parcourir, à bien

tenue de l'Exposition au zèle incessant de MM. Delambre, chef de division, Audiganne, chef de bureau au ministère du commerce, et de M. Ledieu, inspecteur général au Palais de l'industrie.

XIV

peser, avant que de pouvoir trouver un produit digne de la plus haute récompense.

Pour prouver tout le soin apporté dans ses décisions, nous ne voudrions pas oublier de mentionner que le Jury Central, cette année, s'est longuement préoccupé d'une grave question, celle de savoir si les faillis et les concordataires peuvent prendre part aux récompenses. On s'est arrêté à l'idée de rejeter en cela tout principe absolu. Et toutes les fois que la moralité, la prudence, sont venus suffisamment justifier le sinistre commercial, l'exposant a été relevé de son incapacité.

Cette jurisprudence qui se fait le soutien de la probité malheureuse, mais qui se montre tutélaire aussi pour les intérêts de la société, qu'il ne faut pas laisser en butte aux coups d'une spéculation malhonnête, ou d'une injustifiable témérité, ne saurait qu'être approuvée.

Quelques inventeurs dont les productions ne sont pas passées à l'*état pratique* ne se rendent pas, à leur tour, assez justement compte du but d'une Exposition et des titres qu'il faut pour avoir droit aux récompenses qui la suivent. Le jury mentionne d'ordinaire leurs productions, les encourage dans son rapport général par des paroles bienveillantes, mais ne peut les récompenser.

La prétention des *œuvres-prodiges*, *des tours de force*, est moins raisonnable encore; puisse une juste et persévérante sévérité convertir enfin ces incorrigibles tendances, ces fausses espérances.

Il n'est pas à dire, sans doute, qu'il ne puisse y avoir quelques oublis, des erreurs, des préférences fâcheuses; mais c'est là le côté faible, la suite inévitable de toutes les institutions humaines; il faut seulement reconnaître que le bien et les services rendus l'emportent immensément sur les inconvénients; et qu'en somme il faut, de plus en plus, remercier et bénir l'institution, puisqu'elle honore le travail, qu'elle popularise les bons modèles, qu'elle pique l'émulation des maîtres comme des ouvriers, qu'elle rapproche les hommes, qu'elle cimente le lien des nations.

— Au premier abord, il semble juste, utile, rationnel de réunir dans un même faisceau tous les genres de productions, les fruits de la terre comme les produits de l'atelier. Cependant, si l'on veut bien y réfléchir, on finit par comprendre que cette union est peu aisée à réaliser, pour ne pas dire impossible.

L'époque la plus favorable pour les exhibitions des produits industriels a été toujours et partout reconnue être celle des mois de mai et de juin. C'est à ce moment que les commerçants se déplacent pour leurs achats ; que les produits circulent plus aisément, plus sûrement. Ce n'est plus cela pour les produits agricoles. Les récoltes ne font que croître, les racines sortent à peine de terre, les fruits sont tout verts, les animaux n'ont ni la santé, ni l'embonpoint, ni l'éclat de leur robe ; que peut-on offrir alors ?

Une Exposition agricole ne peut raisonnablement avoir lieu que du 15 septembre au 15 octobre, parce qu'alors tout est cueilli, en maturité et brillant de fraîcheur.

Une Exposition pareille, pour n'être pas dommageable à ceux qui y participent, ne saurait durer plus d'une semaine. Retenus plus longtemps, les arbustes s'étiolent, les fruits se détériorent, les animaux s'ennuient, dépérissent, deviennent vicieux.

Ainsi, point de similitude en rien, et par suite point de fusion possible. Que les agriculteurs puissent exposer leur richesse, rien de plus juste, de plus convenable, de plus encourageant pour eux ; mais nous tenons à ce que cette solennité se fasse en temps plus opportun et soit digne ainsi de sa haute destination.

Au reste, le faible résultat obtenu cette année, et qui n'a jamais suffi à remplir le local préparé, est un avertissement pour changer le mode de convocation.

Pour nous, nous ne comprenons comme possibles que

des exportations agricoles *régionales*, dans de grands pays comme la France, l'Angleterre, les principaux États allemands. Aussi engageons-nous fortement les Anglais à n'admettre que les produits de l'industrie à leur grande Exposition.

— Si le succès couronne la hardie tentative que l'on va faire à Londres, nous croyons qu'il y aurait lieu à arrêter, pour l'avenir, trois Expositions générales, qui auraient successivement lieu, de deux en deux ans, à Londres, à Berlin, à Paris.

Les grandes solennités n'empêcheraient pas les Expositions locales, pour les produits modestes qui ne pourraient ni ne voudraient supporter de lointains et coûteux déplacements.

Quant aux riches produits, quant aux objets de grande exportation, quant aux belles inventions, oh! pour tout cela, caressons, acceptons bien vite pour eux le développement d'un grand théâtre; c'est là qu'ils sont dignes de figurer, qu'ils trouveront un facile écoulement, qu'ils recevront la célébrité et les justes applaudissements qu'ils sont en droit d'attendre.

DISTRIBUTION DES RÉCOMPENSES.

La solennité a eu lieu, le 11 novembre 1849, dans la grande salle du Palais-de-Justice, en présence du président de la République, des ministres et des députations des grands corps de l'État.

Je pense ne pouvoir plus convenablement compléter mon travail sur l'Exposition, qu'en le faisant précéder des trois remarquables discours prononcés le jour de la distribution des récompenses, par M. Dumas, ministre de l'agriculture et du commerce, par M. Charles Dupin, président du jury, par M. le président de la République.

La liste des récompenses sera reportée à la fin du volume.

C'est ainsi que j'aurai pu réunir dans un même cadre tout ce qui doit intéresser les hommes laborieux et méritants qui ont si honorablement payé leur tribut à l'industrie et à leur pays.

Discours de M. Dumas, ministre de l'agriculture et du commerce.

Monsieur le président.

L'agriculture, l'industrie, le commerce et les arts, personnifiés dans leurs chefs ou leurs ouvriers les plus nobles et les plus éclairés, réunis dans cette enceinte, en présence de la représentation nationale, vont recevoir de votre main les récompenses que le jugement du jury central leur décerne.

Vous avez voulu que cette cérémonie, autrefois concentrée dans le palais du roi, devînt désormais la fête du travail, celle du peuple, et qu'elle apprît à la France entière qu'il n'y a pas de labeur si humble qui n'y ait sa place marquée, d'ouvrier assez modeste et assez caché pour que ses services échappent à l'œil du pays reconnaissant.

La magistrature, en nous prêtant son sanctuaire pour cette fête improvisée, et en s'y associant plus étroitement encore par sa présence, porte un double témoignage du respect que méritent les jugements dont on va proclamer l'expression.

Par une innovation touchante, la religion est venue rappeler qu'elle bénit le travail, qu'elle le commande, qu'elle l'ennoblit, qu'elle le sanctifie même à l'égal de la prière. Elle a marqué sa place dans une cérémonie dont sa présence rehaussera désormais la grandeur et l'éclat, et où elle semble dire que l'amour du travail, c'est l'amour de Dieu lui-même.

L'Institut, le Conseil de l'instruction publique, les facultés, toutes ces compagnies illustres dévouées au culte de la science, se sont empressées d'obéir à votre appel et de prendre leur rang au sein d'une réunion où personne n'oublie la part qui leur est due dans cette fécondité industrielle de la France, dont le tableau va se dérouler sous vos yeux. En couronnant les élèves en présence des maîtres, vous doublez la joie des uns, vous doublez aussi le dévouement des autres.

La religion, la politique, la justice, la science, veulent donc, à l'envi, que les fruits du travail soient récompensés, et qu'il soit honoré lui-même comme la source inépuisable de tout ce qui est beau, de tout ce qui est bon, de tout ce qui, sur la terre, se montre grand et durable.

La religion y voit l'accomplissement d'un devoir; la politique, le principe austère, mais sûr, de la durée des peuples libres; la justice, le meilleur gage du perfectionnement moral de l'homme; la science, l'instrument de toutes les conquêtes qu'elle fait sur la nature.

Ici nous sommes donc tous voués au culte du travail; ici il n'y a pas de place pour l'oisiveté ou la paresse; ici nous travaillons tous avec le même courage, depuis le laboureur et l'ouvrier jusqu'à ces éminents esprits qui vous entourent, jusqu'à vous qui trouvez si courtes les heures employées à préparer le bonheur d'un peuple à qui vous avez voué tant d'amour.

Oui, c'est dans ce respect du travail, dans cet amour vrai du peuple que vous puisez les inspirations de votre politique.

A la sollicitude que vous témoignez pour le laboureur et l'ouvrier, on sent que vous vous regardez comme leur père.

Vous voulez entourer leur enfance de soins plus prévoyants encore;

Vous voulez que, pendant la virilité de leur vie, leur travail, encouragé par de bonnes lois, devienne plus productif;

Vous voulez préparer à leurs vieux jours une sécurité qui leur manque;

Puisse le ciel, dans sa bonté, donner à votre ministre la force d'accomplir l'œuvre que vous lui avez marquée!

Mais il ne suffit pas à la prospérité de l'agriculture et de l'industrie de leur préparer des laboureurs ou des ouvriers robustes, laborieux, heureux du présent, confiants dans l'avenir, il faut encore qu'une pensée éclairée et ferme dirige leurs bras.

Dans ces visites si nombreuses et si prolongées que vous faisiez dans les salles de l'Exposition, vous avez promptement aperçu par quels liens la beauté des produits, la sûreté de leur création, se rattachent à la netteté et à la profondeur de l'éducation du fabricant.

La force et l'habileté du laboureur et de l'ouvrier constituent un immense capital national; mais la science de l'agriculteur, celle du manufacturier, celle de l'ingénieur peuvent en centupler la valeur. A de bons soldats, il faut de savants capitaines. Cette science, l'éducation publique doit tendre sans cesse à l'accroître, et le pays a le droit de lui demander compte des efforts qu'elle fait dans ce but.

Aussi voulez-vous qu'une éducation plus variée permette à toutes les aptitudes de se faire jour. Laissant aux lettres toute leur importance, vous entendez que les sciences obtiennent la leur. Sans renoncer au culte des langues anciennes, vous désirez que l'étude des langues modernes se popularise.

Vous voulez, en un mot, préparer à l'agriculture, à l'industrie, au commerce, aux arts, à l'administration publique des agents préparés à comprendre et à résoudre toutes les questions qui s'agitent au milieu des peuples qui nous environnent.

Vous voulez que la jeunesse, trouvant dans nos lycées et dans nos collèges toutes les ressources nécessaires à une bonne éducation agricole, industrielle ou commerciale, ne soit plus détournée, par d'autres études, de la carrière paternelle.

Ces pensées étaient depuis longtemps les miennes, monsieur le président; je les avais puisées au milieu même de ces pères de famille que vous allez récompenser. Elles m'ont fait un devoir d'accepter un fardeau au-dessus de mes forces.

Si je n'ai pas reculé devant lui, c'est que je me suis confié à cette vieille affection que m'ont si souvent témoignée les chefs naturels de l'industrie et de l'agriculture dont nous sommes entourés; c'est que je me suis regardé comme leur représentant, comme leur écho, toujours prêt à saisir leur pensée et à m'en inspirer.

C'est, surtout, que j'ai compté sur ce jury central, où j'ai siégé pendant tant d'années et qui m'a toujours accoutumé à m'y croire entouré d'amis. La fermeté de ses jugements, la sincérité de ses discussions, la droiture, l'impartialité qui l'animent toujours, en font pour les personnes et pour les choses le conseiller le plus sûr et le plus fidèle. Il trouvera toujours mon oreille ouverte à ses avis. Puisse-t-il ne pas me les épargner!

. Je remercie, au nom de l'agriculture, de l'industrie, du commerce et des arts, messieurs les membres du jury et son illustre président du dévouement dont ils ont donné tant de preuves dans l'accomplissement de leur tâche.

. Au nom de tous, je remercie surtout mon prédécesseur que tant de qualités avaient désigné à votre choix, monsieur le président, et que l'étendue de ses lumières, l'urbanité de son esprit, la netteté de ses décisions signaleraient à notre reconnaissance, alors même que cette cérémonie ne serait pas la conséquence et la conclusion d'une œuvre que ses soins avaient si habilement préparée et conduite, et dont j'ai essayé de rendre la fin digne de son commencement.

Rapport de M. Charles Dupin, président du jury.

Monsieur le président,

Conformément à l'usage, je dois signaler les progrès obtenus par l'industrie nationale dans les cinq ans écoulés depuis la dernière Exposition.

Ce qui caractérise l'industrie moderne et la rend progressive, c'est l'alliance de plus en plus intime de ses arts avec les sciences : la géométrie, la mécanique et la chimie sont les trois flambeaux qui la guident et la mènent aux découvertes. Depuis la dernière Exposition, cette alliance féconde s'est signalée par de nouveaux bienfaits dont il faut montrer la nature et l'étendue.

Arts géométriques et mécaniques.

La géométrie, l'art des mesures, s'est attachée à doter l'industrie d'instruments précis, quoique toujours simples et commodes ; elle a perfectionné surtout un instrument resté dans l'enfance depuis l'usage qu'en faisait le moins savant des peuples conquérants. La romaine, aujourd'hui, combinant deux leviers et deux points d'appui, donne, avec autant de rapidité que de précision, les unités et les fractions décimales du poids des objets. Il fallait cette promptitude pour la multiplicité des pesages aux stations des chemins de fer, où tout doit marcher, disons mieux, courir avec la vélocité de la vapeur.

Le temps est d'un prix inestimable pour les arts utiles. Combien de fois les commerçants n'ont-ils pas désiré des machines à calculer qui leur épargnassent des moments précieux, et qui fussent exemptes des erreurs que l'esprit le plus attentif n'évite jamais complétement ! Une heureuse combinaison de mouvements circulaires vient de faire faire un grand pas à la solution du problème. Deux artistes français ont eu le bonheur d'ajouter à la machine arithmétique un perfectionnement que Pascal, son immortel inventeur, n'avait pas atteint.

D'autres appareils à mouvements circulaires rendent service à l'un des grands intérêts de l'humanité. Tels sont les phares inventés par l'illustre Fresnel ; il les a dotés d'une puissance nouvelle, en réunissant les effets de la réflexion et de la réfraction sur les surfaces de cristaux circulairement disposés autour d'une lumière rendue elle-même plus puissante par des combustions concentriques auparavant inconnues.

L'Exposition de cette année présentait à l'admiration publique le plus grand appareil de cette nature et le plus parfait que nous ayons construit encore. Les Anglais, les Suédois, les Américains ont commandé des phares français. Mais nous restons la puissance qui présente, sur un immense littoral, le plus bel ensemble de feux protecteurs. Il y a vingt ans nous n'avions érigé que trente phares ou fanaux sur les côtes de l'Océan et de la Méditerranée ; à présent nous en possédons plus de cent soixante érigés sur nos côtes de France, de Corse et même d'Afrique.

Sur notre vaste littoral de l'Algérie, nos trois couleurs pendant le jour, et, pendant la nuit, nos lumières indicatrices, apprennent aux navigateurs que la plus hospitalière des nations remplace aujourd'hui la piraterie séculaire des peuplades barbaresques.

La lumière est l'objet d'un autre progrès plus récent encore et qui va s'appliquer aux arts. Jusqu'à présent l'industrie humaine n'avait pas pu parvenir à mesurer matériellement, sur notre globe, la vitesse prodigieuse de la lumière. Un jeune savant, à la fois géomètre et mécanicien, vient de résoudre ce beau problème par la combinaison la plus simple et la plus ingénieuse de deux roues dentées à vitesse extrêmement peu différente. C'est l'extrême lenteur d'un mouvement différentiel qui rend saisissable et mesurable la vitesse de la lumière, laquelle passe de l'une à l'autre de ces roues en moins d'un tiers de dix-millième de seconde. Voilà ce que peut l'expérience quand la géométrie la dirige.

Le même appareil sert déjà pour déterminer la vitesse du courant galvanique, dans cette communication merveilleuse où la terre elle-même, à des distances dont nous ignorons les limites, sert de conducteur au fluide.

Dès 1787, un physicien français avait employé, pour transmettre au loin des signaux, un fil métallique unissant des électromètres. Cinquante ans plus tard une découverte semblable est faite aux Etats-Unis, en substituant la pile voltaïque à l'électricité naturelle.

Nos artistes ont imaginé des appareils ingénieux pour transmettre les signaux et pour compter les moments sur toute une ligne télégraphique. Déjà nos plus habiles horlogers construisent des compteurs et des horloges mus par la puissance de l'électricité.

La chronométrie, parvenue au plus haut point de perfection pour les usages de la marine et de la navigation, se contente aujourd'hui de ne pas rétrograder.

L'horlogerie secondaire offre des combinaisons nouvelles et variées; mais elle est loin de cette supériorité que réclame l'industrie nationale. Cependant d'heureux succès nous présagent que bientôt nous aurons conquis notre place dans le commerce de l'horlogerie. Les Suisses achètent par milliers des mouvements de montre exécutés par une maison française du Jura, pour leur donner le dernier fini : donnons-le nous-mêmes.

Une jeune génération d'horlogers de précision se forme aujourd'hui dans Paris ; elle nous promet d'importants progrès pour les Expositions suivantes.

Depuis 1845 nous avons perdu le plus éminent artiste de l'Europe savante pour la combinaison et la division des instruments où la rigueur mathématique est nécessaire. Il a laissé pour chef-d'œuvre le grand cercle de l'Observatoire de Paris, où le talent d'un excellent observateur n'a pu signaler, dans les divisions, d'inégalités moyennes supérieures à quatre dixièmes de seconde, c'est-à-dire à la demi-millionième partie du rayon de l'instrument. Ce grand artiste fut d'abord un ouvrier, qui devint l'honneur du faubourg Saint-Antoine, et qui mourut membre de l'Académie des sciences. Quand nous avons, sur sa tombe, exprimé les hommages et les regrets du monde savant et de la patrie, l'immensité des ouvriers qui portaient son cercueil sur leurs épaules a fait entendre ses acclamations enthousiastes, arrachées par la pensée, par le sentiment de cette gloire répandue sur un ami, sur un voisin, sur un patron du faubourg industrieux par excellence.

Dans les premiers âges du monde, les mortels reconnaissants érigeaient des autels aux inventeurs des moyens d'ajouter au travail humain des forces vivantes, en domptant les animaux. Aujourd'hui nous nous contentons d'honorer la mémoire des hommes qui nous apprennent à dompter, et j'oserais presque dire, à doter d'intelligence et de vie les forces inanimées dont la nature livre par degrés au génie de l'homme le secret et la ressource. Aujourd'hui nous domptons l'électricité, vous l'avez vu ; nous domptons la chaleur, la vapeur, l'élasticité des gaz et celle de l'air.

La chaleur du corps humain est portée, du foyer d'une combustion intestine, jusqu'aux extrémités de nos membres, par une admirable ramification d'artères et de veines qui font circuler le sang par un mouvement rapide et continu. Cette hydraulique merveilleuse, dont le miracle incessant marque si bien le doigt de Dieu, nous la copions de loin, pour chauffer nos plus grands monuments, comme si c'étaient des corps humains. Le calorique part de poumons de fer ; il pénètre de là dans un cœur, des artères et des veines de métal ; il chauffe, il anime, au lieu de sang, une eau circulante qui, pour obéir aux doubles lois de la pesanteur et de la chaleur, prend un mouvement régulier et transmet au passage l'élévation de la température dans tous les membres du vaste édifice.

Ce n'est que du luxe pour les palais ; pour les hôpitaux, c'est de l'humanité sacrée.

A la circulation de l'eau s'ajoute, au moyen d'un tirage, la circulation de l'air ; au dedans de chaque porte un grillage offre ses interstices à l'air extérieur, qu'il force à descendre sous la salle échauffée. On préserve ainsi les malades de ces terribles courants d'air froid qui les faisaient périr en si grand nombre dans les hôpitaux mal fermés, ou trop bien ventilés. En même temps, on empêche l'air vicié par les maladies d'une salle de communiquer avec l'air des autres salles. Ce n'est pas tout : le renouvellement de l'air intérieur s'opère de haut en bas et suivant des couches régulières. Par là les miasmes putrides, au lieu de monter dans l'atmosphère, descendent et disparaissent. On a voulu voir si les vases les plus fétides, si des cadavres même en putréfaction, posés sur le plancher, porteraient leur odeur infecte jusqu'à la hauteur du malade alité ; elle n'a pas pu monter jusqu'à lui, et son air est resté pur (1). Ai-je besoin d'ajouter que la médaille d'or est le prix d'un tel bienfait ?

Reportons notre pensée à soixante ans en arrière, lorsque l'Académie des sciences, dans un admirable rapport que fit Bailly, président de l'Assemblée constituante, lorsque l'Académie élevait le cri de l'humanité révoltée contre des hôpitaux où l'on trouvait quatre et cinq, et jusqu'à six malades gisant sur un même grabat, les moribonds à côté des cadavres, l'infection sous le lit comme sur le lit, et l'odeur de la mort emplissant l'atmosphère. Mesurons les pas que nous avons faits, et

_____

(1) Tous ces moyens sont employés avec un admirable succès dans l'hôpital Beaujon.

soyons heureux d'un progrès qui s'étend à tous les jours de souffrance de nos classes ouvrières.

J'aurais à rapporter ici d'autres bienfaits de la chaleur; mais le temps presse; il faut les omettre.

Chaque année, nous ajoutons aux forces que nous empruntons à l'hydraulique avec les roues savantes dites à la Poncelet et les turbines hydrauliques. On a combiné la plus puissante et la plus simple des pompes d'épuisement, qui rend d'immenses services à tous nos travaux publics.

C'est la force de la vapeur qui se distingue entre toutes par la grandeur et la rapidité de ses progrès. Depuis 1845, nous avons plus acquis de ce côté qu'en aucune autre période quinquennale. Chaque année, le mouvement naturel de notre population ajoute à nos adultes 300,000 individus, dont, au plus, 280,000 assez forts pour bien travailler. Eh bien, dans chacune des trois années 1845, 1846, et 1847, la force totale de la vapeur, ajoutée à nos usines fixes, à nos chemins de fer, à notre navigation fluviale ou maritime, équivaut au travail de 276,000 hommes. Si l'on y joignait les forces hydrauliques et les forces éoliques créées en même temps, nous dépasserions l'équivalent de 300,000 hommes. Ainsi, lorsque nous avions la paix intérieure et la sécurité, le génie de la mécanique doublait la force productive ajoutée tous les ans par l'accroissement régulier de la population (1). Les 300,000 travailleurs mécaniques, sous forme d'eau, de vent ou de vapeur, n'exigeaient rien pour eux-mêmes, ne faisaient ni bruit, ni coalitions, ni perturbations, et laissaient tout le bénéfice à leurs compagnons de force humaine.

Ce qui devait surtout fixer notre attention, c'est qu'on n'a pas seulement élargi, multiplié les ateliers où sont construits les mécanismes à vapeur; on les a transformés en vrais ateliers de précision, afin d'atteindre une perfection nouvelle. On a fabriqué ces grandes machines-outils, dont le travail rigoureusement régulier exécuté, sous les auspices de la géométrie, des plans, des cercles, des cylindres, des cônes en bois, en cuivre, en fer, en acier, avec le dernier degré d'exactitude.

Le public, par instinct plus que par calcul, s'est arrêté tous les jours devant ces grandes machines-outils, qui n'ont pas, comme l'ouvrier le

(1) L'accroissement relatif des forces inanimées paraîtra bien plus considérable si l'on réfléchit que des 300,000 hommes atteignant leur vingtième année, il faut retrancher tous les adultes qui meurent pendant un an; le nombre des machines à vapeur qui périssent de vétusté pendant un an, est peu considérable, parce qu'on n'en possédait qu'un nombre très petit il y a quinze à vingt ans, et que ce temps est très inférieur à la durée d'une machine bien construite et soigneusement entretenue.

...is adroit, besoin d'être apprentis, et qui, du premier coup, font leur
...ief-d'œuvre.

Sans m'arrêter sur des détails impossibles, j'offre un seul fait pour
...ontrer où peut conduire ce nouveau genre de perfection du travail.

La première des grandes locomotives à six roues construite avec les ou-
...ls-machines les plus précis, mise en jeu sur le chemin de fer du Nord,
parcouru, somme totale, 35,000 kilomètres avant d'avoir besoin d'une
...ule réparation ; un septième en sus, et c'était l'équivalent du tour de
...terre, qu'elle eût parcouru sur les rails, avant d'avoir éprouvé le
...us léger dérangement.

Les ouvriers qui produisent de tels ouvrages (1), je les ai trouvés
...us, forgerons, chaudronniers, ajusteurs, ayant suspendue devant eux,
...leur forge ou à leur établi, l'épure géométrique de l'objet à confec-
...onner, et tenant dans leurs mains la mesure en millimètres, afin de
...ut exécuter rigoureusement, comme pourrait le désirer un élève de
...École polytechnique.

Il faudrait un temps qui m'est interdit si je voulais énumérer toutes
...s machines inventées ou perfectionnées depuis cinq ans pour les be-
...ins si variés, si multipliés de nos ateliers de filage, de tissage, de cor-
...erie, de cordonnerie, de navigation, etc. Un exemple seulement :

Dans un des ateliers cachés de Paris, on frappe des boutons métal-
...iques avec figures en relief, armoiries, devises, emblèmes, au moyen
...une machine que la monnaie pourrait envier. Ces boutons, si par-
...its et peu coûteux, Birmingham, la célèbre Birmingham, la cité de
...ulcain par excellence, Birmingham en achète pour les revendre. En-
...n, des souverains d'Amérique montrent leur discernement en faisant
...attre une monnaie fort distinguée dans notre atelier à boutons. Voilà,
...armi d'autres, un progrès de nos arts mécaniques.

Des progrès relatifs plus rapides encore appartiennent à l'industrie
...métallurgique, laquelle donne à toutes les autres des instruments de
...ravail et des moyens de succès.

Lors de la dernière exposition, la France ne possédait guère que
...00 lieues de chemins de fer, elle en possède aujourd'hui 750. Le lé-
...gislateur a voulu que l'industrie nationale se mît à l'œuvre pour pro-
...luire l'énorme quantité de fer et d'acier nécessaire à de si grandes en-
reprises. Nous avions des usines du premier ordre dont les fers étaient
...mparfaits : habilement corrigés, ces fers sont devenus excellents pour
...s rails ou voies métalliques. Ils ont cessé d'être cassants et n'ont rien
...erdu de leur rigidité.

Par une heureuse combinaison de minerais et par une action plus
...avante et plus régulière de l'air chaud, l'on obtient tantôt une fonte

(1) Dans les magnifiques ateliers du Creusot.

commerce ; c'est en effet peut-être le travail de l'esclave qui peut produire
l'Afrique. Mais qu'est-ce donc que ce commerce? des esclaves et des eunu-
ques ; ce sera l'Abyssinienne aux formes svelte et gracieuses qui ira repeu-

d'une admirable douceur, tantôt des fers flexibles, à ce point qu'on a pu les plier à la mécanique, quoique du plus gros volume, pour tous les besoins des constructions de locomotives, de tenders, de voitures et de navires à vapeur : ces fers, présentés à l'Exposition avec les machines destinées à les courber, comme des bois ramollis à la vapeur, ont excité l'admiration publique.

Le même sentiment naissait à la vue de l'infinie variété des ouvrages exécutés en fonte, depuis les énormes masses qui servent de plates-formes à nos grands mécanismes, jusqu'à ces empreintes fines et gracieuses qui disputent le prix à celles de Berlin pour la délicatesse et la pureté des formes et des contours.

La forge du fer n'a pas produit des résultats moins remarquables. On a vaincu dans ce genre des difficultés du premier ordre pour forger les arbres des grandes machines à vapeur et pour exécuter les grandes roues des locomotives ; le moyeu de ces roues forme, avec la base des rayons, une masse unique consolidée à force d'art. Un autre morceau de forge, digne des plus grands éloges, c'est un mortier d'artillerie en fer, d'un volume considérable, et travaillé d'une seule pièce avec sa semelle.

Si nous sortons des grandes fabrications pour aborder les industries qui produisent une foule d'objets en fer, en acier, partout nous trouvons la preuve de perfectionnements récents qui, désormais, nous placent au niveau des peuples les plus avancés dans l'art de mettre en œuvre les métaux.

Notre supériorité continue dans l'invention et l'exécution des instruments de chirurgie.

Nos armes de guerre et de luxe réunissent au bon marché comparatif, la beauté, la richesse et la précision.

Nous savons aujourd'hui transformer en acier de toute nature les fers propres à donner de bons produits. Nous avons reconnu qu'avant tout, c'est la qualité du fer qui donne la qualité de l'acier. Nous revendons avec avantage à l'Angleterre des aciers empruntés d'elle et transformés en ressorts de montres ou d'horloges, et de voitures. Nous disputons à l'Allemagne la fabrique des faux, des faucilles, des limes et des râpes.

Non seulement nous faisons bien ces instruments, nous les faisons à 15, à 16, à 20 p. 100 meilleur marché qu'en 1845. Nous procurons à l'ouvrier, au même rabais, son marteau, sa hache, sa bêche et tous ses autres outils ; rendus meilleurs, ils lui permettent de faire plus de travail et d'accroître le prix de sa journée, en dépensant moins de force.

Permettez, monsieur le président, que les seuls vrais amis des ouvriers, les amis de leur travail, applaudissent à ce rapide et grand perfectionnement.

Après le fer et l'acier, le zinc désormais tient le premier rang parmi les métaux utiles au plus grand nombre d'industries. Ses usages s'étendent à tout ; on l'emploie tour à tour en feuilles planes, en cylindres, en fils étirés ; pour les beaux-arts, le bas-relief, la ciselure et la sculpture disputent le zinc aux industries d'utilité plus commune.

La galvanoplastie multiplie le miracle de ses applications d'un métal sur l'autre, avec des variétés et des succès incessants ; et le fer galvanisé multiplie ses usages.

Les arts chimiques.

Une part importante des progrès métallurgiques appartient à la troisième des sciences qui dirigent l'industrie.

La chimie mériterait un autre organe pour faire dignement apprécier la grandeur de ses bienfaits. Je m'inspirerai du moins des pensées émises au sein du jury par un successeur des Chaptal et des Berthollet. Le jury central est fier de voir le même ministère occupé tour à tour, à six mois d'intervalle, par ses deux vice-présidents, dont les travaux ont marqué la place éminente, le premier (1) pour l'agriculture, le second (2) pour l'industrie, qui lui doit tant d'applications de la science aux arts chimiques.

La fabrication des produits chimiques, qui joue le rôle le plus important dans notre commerce intérieur, a pris rang parmi les branches considérables de notre exportation. Ces produits exportés, en y comprenant les médicaments, les parfums et les teintures préparées, ces produits, qui n'atteignaient pas 10 millions, il y a seulement un quart de siècle, surpassent aujourd'hui 25 millions. Un tel accroissement a lieu malgré la diminution prodigieuse des prix, diminution occasionnée par l'application même des procédés scientifiques.

Un exemple à l'appui de cette assertion. En 1817, lorsque nous ne faisions usage que d'outremer naturel, il coûtait 1,900 fr. le kilogramme. Aujourd'hui que la chimie sait produire cette magnifique couleur, elle en a rabaissé le prix de 1,900 fr. à 10 fr. le kilogramme. Voilà ses miracles.

En extrayant du quinquina sa partie vraiment médicale, elle obtient, avec de bien moindres doses, de plus grands effets fébrifuges, et préserve les malades des obstructions occasionnées par le dépôt des parties ligneuses dans le tissu des intestins. Non seulement la France en fabrique pour son usage, mais, chaque année, elle en vend à l'étranger pour près d'un million.

La chimie ne se contente pas, pour rendre service à la pharmacie,

(1) M. Tourret.
(2) M. Dumas.

d'emmieller les bords du vase ; elle transforme le breuvage même, afin d'en ôter l'amertume.

En recherchant le principe d'action de chaque médicament, elle s'efforce de le dégager, comme la quinine, des matières étrangères qui leur donnent trop souvent une abominable saveur, ou tout au moins d'en neutraliser l'âcreté. C'est ainsi qu'à l'eau de Sedlitz elle substitue un citrate de magnésie qui fait disparaître l'âpre et repoussant arrière-goût d'une eau salutaire, non point à cause, mais malgré sa détestable saveur.

La chimie produit de tout autres merveilles par l'emploi de ses gaz éthérés. Elle ôte à l'homme le sentiment de la douleur et fait disparaître, avec la souffrance, l'horreur des opérations auparavant plus redoutées pour le supplice de leur durée que pour leurs suites, dussent-elles être mortelles.

Avec le chlore, la chimie purifie l'air ; avec le carbone, elle purifie l'eau ; par l'ébullition à vase clos, elle rend conservables les aliments les plus délicats pendant des années ; aujourd'hui le lait même, pendant une condensation intelligente, est conservé pour les navigations les plus lointaines.

Il y a six ans, une princesse de Naples devait aller au Brésil, où l'attendait une couronne d'impératrice. Elle reçut de la France deux cents repas préparés par l'art d'un Chevet et conservés par la chimie d'un Appert, afin de servir chaque jour, à la mer, tout ce que les tables les plus somptueuses pourraient désirer, à terre, de primeurs recherchées et d'aliments dans leur fraîcheur. Voilà la vie délicieuse et salubre substituée à la subsistance à la fois repoussante et scorbutique des navigateurs, je ne dis pas du moyen âge, mais du siècle dernier.

Un mot de plus : cette recherche de princes, la marine militaire la pratique pour le simple matelot malade à bord. Même en santé, nos marins ne consomment plus que des boissons toujours pures et salubres, par la substitution des caisses en fer aux tonneaux en bois.

La chimie a perfectionné, depuis la dernière exposition, l'art d'extraire de l'eau de mer, avec un minimum de combustible, un maximum d'eau parfaitement pure. Désormais, pour le commerce, c'est la houille et non pas l'eau qu'il est avantageux d'embarquer, dans les voyages de long cours où la cargaison est complète et d'un prix considérable. Afin d'embarquer ce combustible dans le moindre espace avec le poids le plus grand, on prend les débris, le poussier de la houille ; on les mélange avec le goudron extrait de la même substance, lorsqu'on la transforme en coke. Ce mélange, sous une pression puissante, prend la forme d'énormes briques rectangulaires qui s'empilent, qui s'arriment sans la moindre perte d'espace. Ce perfectionnement sera précieux, surtout pour les navires à vapeur.

Par une industrie analogue et simultanée, on réduit en corps, en cylindre, le poussier du charbon de bois, avec un très grand avantage pour les ménages du peuple.

L'emploi récent de la houille, au lieu du bois, réduit de trois quarts les frais de cuisson de nos porcelaines. Notre faïence fine dite *porcelaine opaque*, par des améliorations successives, égale enfin les plus beaux types anglais.

Une industrie bien modeste en apparence, la fabrication des boutons de porcelaine, est l'objet des procédés les plus ingénieux ; un fabricant de Paris en fait quatorze cent mille par jour, à 2 centimes la douzaine...

Des progrès remarquables signalent nos grandes fabriques de cristaux, dont la taille est désormais parfaite. Un nouveau genre de moulage permet d'obtenir le dernier fini de l'exécution pour les ornements en bas-relief, les figures en ronde bosse et les garnitures de vases.

L'emploi récent de l'acide borique procure des verres bien supérieurs, pour la pureté de la teinte, aux plus célèbres produits de la Bohême. Cet acide permet de substituer à l'oxyde de plomb l'oxyde de zinc ou la baryte, et la soude à la potasse, sans que la blancheur du verre ou du cristal en soit altérée. Il y a plus : l'oxyde de zinc promet à l'astronomie, à la navigation, des verres d'une exquise transparence, qui feront faire des pas nouveaux à la science.

C'est, au contraire, en affaiblissant la translucidité des vitraux que nous atteignons la magie d'effet des anciennes et célèbres verrières, ces magnifiques ornements des temples chrétiens du moyen âge.

Les services les plus récents qu'ait rendus la chimie aux industries civiles appartiennent au blanchiment, à la teinture des tissus et des fils.

On a retiré de chaque matière colorante empruntée, soit aux végétaux, soit aux animaux, leur principe colorant dans toute sa pureté. C'est ainsi qu'on forme les laques appliquées plus aisément, et sans en perdre un atome, pour la coloration. La chimie a pareillement perfectionné l'art d'appliquer les couleurs si bien préparées.

Les arts producteurs de tissus.

Depuis quelques années, l'esprit inventif des fabricants de tissus a produit les étoffes mélangées les plus élégantes. La teinture et l'impression, que nous pratiquons avec tant de supériorité, doublent la valeur de ces fabrications, qui méritent si bien leurs noms de nouveautés ou d'étoffes printanières.

Dans cette charmante industrie, une difficulté considérable se présentait, lorsqu'il fallait mettre en couleur les étoffes composées de fils végétaux tels que le coton, le chanvre et le lin, et les fils fournis par le règne animal tels que la laine et le duvet de chèvre. Le mordant qui doit fixer la teinture ne devrait pas être le même pour ces deux natures de fil : la coloration du tissu mixte se trouvait ainsi déparée. La chimie a conçu la pensée ingénieuse d'imprégner les fils végétaux d'une substance azotée ; on a, pour ainsi dire, animalisé leur surface ; par ce moyen l'on a réduit le tissu des deux espèce de fil à subir, avec un égal avantage, l'action d'un seul et même mordant. Nos étoffes mélangées, si variées et si riches aujourd'hui, ont acquis par ce moyen plus d'éclat et de beauté.

Pour le blanchiment, dont la science moderne appartient au génie de Berthollet, l'action du chlore portée à sa perfection, un dernier pas était à faire. Il restait inhérente aux fibres végétales une résine qu'il fallait enlever par l'action d'un corps similaire ; c'est ce qu'on a fait avec un succès complet.

La différence est infinie entre les impressions sur des tissus simplement blanchis au chlore et sur des tissus traités par les deux actions combinées ; les couleurs ne s'infiltrent plus, des parties couvertes de couleurs, dans les parties réservées ; par ce moyen, les impressions acquièrent la netteté rigoureuse de dessins au tire-ligne.

Le tire-ligne lui-même, plus ou moins ouvert et multiplié, suivant l'écartement et l'épaisseur des lignes à colorer, posé transversalement et fixe, colore successivement le plus long rouleau de tissu ou de papier blanc, qu'un mécanisme fait passer sous le tire-ligne immobile. C'est le type le plus simple et le plus parfait de l'alliage des arts géométriques et des arts chimiques.

Par un autre procédé, la couleur est saisie par des molettes qui déposent sur les tissus ou les papiers de tenture de larges traînées de couleurs, ou pareilles ou diverses. La capillarité des surfaces imprégnées fait que les couleurs s'étendent, s'adoucissent comme des ombres parallèles sous le pinceau de l'architecte qui figure le fût d'une colonne cannelée. On obtient de la sorte des impressions à nuances dégradées avec la régularité qu'on admire dans les couleurs successives de l'arc-en-ciel.

Je dois signaler un dernier perfectionnement qui s'applique à notre plus brillante industrie. Chaque fil de soie est imprégné d'une gomme laissée à sa surface par l'insecte filateur ; c'est cette gomme qui, subissant avec le temps l'action de l'atmosphère, jaunit la soie la plus blanche. On a conçu la pensée d'en délivrer *à priori* le fil même, au moyen d'une légère dissolution alcaline. Par là, les beaux ornements de nos palais et de nos temples conserveront leurs parties sans teinture, dans tout l'éclat de leur blancheur.

Par l'influence que je viens de signaler, les satins et les velours, cette partie si coûteuse des parures opulentes, perdaient promptement la perfection de sa blancheur. La beauté d'aspect de ces magnifiques tissus durera désormais autant que les étoffes mêmes.

Que l'opulence conserve ou ne conserve pas ses velours et ses satins, ce n'est pas là ce qui me touche. Mais avec la même chimie, qui va rendre ce service à la richesse, voyez quels miracles elle accomplit pour la plus modeste aisance ! Sur un tissu de longue laine serré, croisé, solide et chaud, on imprime, avec des couleurs qu'on dirait empruntées à l'Inde, les dessins les plus exquis, qu'on envierait aux châles de l'Orient. A trois pas, vous distingueriez à peine cette impression d'un tissu fait à Cachemire ; seulement, au lieu de coûter 500 fr. le mètre, elle se vend, à la grande gloire de Nîmes et de Mulhouse, pour 5 fr. au plus le mètre carré. Quand on ne tient pas à la perfection du luxe, on se procure encore un joli châle pour 2 fr. 50 centimes.

Dans les marchés, dans les rapports de nos villages, combien de fois j'ai mesuré le progrès du comfort et de l'élégance champêtres, en comparant les parures de chaque âge, depuis les arrière-grand'mères jusqu'aux plus jeunes adolescentes ! Comme cachet du bon vieux temps, c'est le pauvre petit mouchoir en gros calicot qui, sous prétexte de carreaux ou d'un filet coloré, empruntant à l'Orient le nom présomptueux d'indienne ; comme cachet des jours modernes, c'est le simulacre des châles Ternaux, imités par la peinture élégante, sur la jolie mousseline de laine ou sur d'autres tissus légers : tout cela ne cessant pas d'être à la portée des moins cossues parmi nos jeunes paysannes ; et la parure tout entière, bas, robe, tulle, dentelle de coton, avec des rubans qui semblent n'être que de soie, tous ces produits plus voyants et moins coûteux les uns que les autres. Si j'osais ajouter à ce luxe, pour la Galatée du village, deux boucles d'oreilles en topaze, en émeraude, en rubis, cristallisées par l'industrie parisienne, à 10 fr. la poignée, il n'y aurait qu'un joaillier en fin, en vrai, qui pourrait douter un moment que cet ensemble gracieux ne fût pas digne d'un peuple qui fait descendre le bon goût et l'élégance jusqu'à la simplicité du hameau.

Qu'on cesse de nous accuser d'attacher peu de prix au bon marché.

Lorsque le premier consul inaugura la seconde année de notre siècle par l'exposition d'une industrie qu'il faisait revivre en restaurant l'autorité des lois et des mœurs, le célèbre Fox profita de la paix d'Amiens pour visiter la France et connaître ses arts. Il choisit un humble couteau de six liards comme un des plus importants produits du peuple dont il avait défendu la grandeur et les droits, même au milieu des passions les plus hostiles contre nous, dans le parlement d'Angleterre.

Quand les successeurs de Fox nous feront l'honneur de nous visiter, ils auront autre chose que l'humble eustache à rapporter dans leur pays. Si l'industrie nationale voulait présenter, passez-moi le mot, sa boutique à dix sous, à cinq sous, à deux sous, ce n'est pas sur l'autel roulant d'un pauvre colporteur qu'elle en pourrait resserrer l'admirable variété : c'est une vaste partie du Palais de l'exposition qu'il aurait fallu remplir exclusivement, et la patrie en eût souri, par amour de ses enfants les plus nombreux.

Cependant, de même que l'esprit humain se croirait pauvre s'il ne vivait que d'alphabets à cinq centimes, pour rester à la portée des intelligences que fatiguerait une lecture moins bornée, de même aussi l'industrie d'un peuple élégant et riche croirait descendre de sa puissance et de sa splendeur, si nous avions seulement à dire en sa faveur qu'elle se borne à fabriquer les produits de l'état à cinq centimes.

C'est le caractère admirable de notre industrie perfectionnée, qu'elle passe avec le même succès des produits les moins coûteux à ceux qui marquent les limites supérieures de l'invention, de la richesse et du goût le plus délicat ; souvent aussi c'est la marche contraire qui suit le progrès des arts.

L'esprit humain obéit au besoin incessant de vaincre des difficultés, de s'élever au-dessus de lui-même et de franchir les bornes qu'il vient d'atteindre. Sans cesse il veut donner aux produits des arts, comme à ceux de la pensée, un nouveau prix, une perfection inconnue. Sur les pas du génie marchent ensuite les imitateurs, les simplificateurs, qui propagent l'invention, la vulgarisent, et la mettent à la portée des moindres fortunes.

Voyez la fabrication des plus beaux tissus imités de l'Orient ! Lorsque l'expédition d'Égypte eut rapporté quelques châles de Cachemire, qui paraîtraient bien pauvres aujourd'hui, l'on fut ébloui de leur éclat, de leur beauté, de leur richesse. Vingt ans plus tard, un fabricant audacieux, Ternaux, voulut les imiter dans ce qu'ils offraient de plus élégant et de plus somptueux. Il eut bientôt, en grand nombre, des élèves et des rivaux. A chaque exposition, les châles de l'exposition précédente étaient surpassés, et, pour ainsi dire, mis en oubli par des produits plus grands, d'un tissu plus fin, plus régulier, d'un dessin plus riche et de couleurs mieux contrastées. L'Inde, à son tour, l'Inde, stationnaire depuis quatre mille ans, l'Inde, attaquée par une rivalité qu'elle n'avait jamais connue, l'Inde est lancée par nous dans la voie du progrès ; elle nous emprunte nos dessins orientaux ; elle agrandit, elle embellit, elle perfectionne ses châles. Pour conserver sa supériorité commerciale, elle est réduite à baisser ses prix en raffinant son ouvrage. Vaincue sous le point de vue de la régularité des fils, de l'égalité des fonds, l'avantage qu'elle conserve pour ses ornements produits avec la patience infinie d'une dentelle aux fuseaux, c'est de lutter, en payant 40 centimes par journée de ce travail, contre les Français qui payent 2 fr., 3 fr., 4 fr. par jour leur main-d'œuvre à la Jacquart.

Une foule d'industries ont profité de la création du beau cachemire français. La bourre de soie, la laine, le coton, substitués au duvet de la chèvre du Thibet, ont imité la fabrication modèle ; enfin la teinture est venue rivaliser avec le tissage. Par ces conquêtes successives, le cachemire, avec ses palmes fantastiques et son luxe de couleurs, est descendu des épaules de la duchesse à celles de l'ouvrière, majestueux pour la grande dame, gracieux et gai pour la beauté populaire.

Le coton, qui par excellence est la matière économique, le coton, dans sa mise en œuvre, a suivi la même marche. Sans cesse on a composé, modifié des mull-jennies et des métiers plus précis et plus délicats, jusqu'à rivaliser avec l'horlogerie avancée. On est arrivé jusqu'à présenter, comme à l'Exposition de 1849, des fils réguliers, égaux et d'une si grande finesse qu'il en faut 435 mille mètres, la distance de Paris à Lyon, pour le poids d'un seul kilogramme.....

Lorsqu'une industrie s'élève si haut, ce n'est plus pour elle qu'un jeu d'obtenir des fils parfaitement réguliers, à 200 mille, à 100 mille, à 50 mille, à 25 mille mètres le kilogramme ; fils avec lesquels nous fabriquons, à des prix sans cesse réduits, le tulle, la mousseline, la percale, le jaconat et le simple calicot.

L'usage des tissus de laine avait énormément souffert par la préférence accordée aux tissus de coton d'un bon marché toujours croissant. La nécessité de se défendre a produit les succès de l'industrie des lainages. On a créé des étoffes nouvelles et très légères de laine pure, ou mélangée d'un coton caché sous la trame, pour obtenir le bon marché. Un avantage précieux de cette espèce de tissus est de conserver la chaleur mieux qu'aucune étoffe purement végétale. C'est ainsi qu'ont été créées ces gracieuses mousselines de laine qui se prêtent aux sinuosités harmonieuses qu'on admire dans les draperies des statues antiques, et qui s'adaptent merveilleusement à l'ampleur des robes modernes, sans avoir la raideur compassée des étoffes du moyen âge.

Voilà quelques caractères des progrès infinis que l'art des tissus a faits en France. Pour une foule de ces produits nous ne craignons aucune concurrence.

Depuis la dernière Exposition, nous avons égalé les piqués, les basins si renommés de l'Angleterre ; nous égalons aussi et ses foulards et ceux de l'Inde. Nous fabriquons avec succès d'autres étoffes auparavant mieux travaillées ou faites à moins de frais dans les ateliers de nos rivaux.

Le même génie supérieur qui, devinant l'avenir, proposait un prix à la découverte la plus utile faite avec la pile voltaïque, offrait, promettait solennellement *un million* à l'inventeur d'un moyen de filer le lin à la mécanique. Il n'était plus là pour payer cette dette de la France lorsque Philippe de Girard eut conduit jusqu'au succès l'admirable invention qui résolvait ce grand problème. L'Angleterre, moins négligente que nous, a, la première, profité de la découverte. Elle a pris l'avance sur les autres nations, et, par ce moyen, s'est emparée d'une grande partie de leur commerce de toile : elle en exporte aujourd'hui pour 80 millions par an.

Nous avons repris tardivement l'invention sortie de la France, comme nous avons repris la fabrication du papier sans fin, inventée par un Didot ; nos manufactures, aujourd'hui, s'enrichissent, grâce au génie expatrié, de ces illustres Français.

Monsieur le président, ces vérités, vous pouvez les lire au-dessus de votre tête, dans ce Palais de justice où vous voyez écrit : *Filature du lin*, et *Philippe de Girard*. Comme la plupart des inventeurs, il est mort pauvre ; il laisse une postérité ; et la promesse de Napoléon, que n'a tenue aucun régime subséquent, cette promesse attend votre équité. C'est le vœu du jury que la patrie paye à l'orphelin sa dette d'honneur et de reconnaissance. (Vif mouvement d'assentiment dans l'assemblée.)

Dans les cinq ans écoulés de 1843 à 1848, dernière année dont les résultats commerciaux nous soient donnés, l'accroissement de nos ventes à l'étranger est plus grand que dans toute autre époque de même durée. Cet accroissement s'élève à 118 millions et demi.

Mais ce qui doit frapper l'attention des esprits observateurs, c'est que, sur cet accroissement d'exportations, la seule industrie des fils et des tissus compte pour plus de 60 millions de francs, malgré l'abaissement des prix, si considérable depuis cette époque.

Par conséquent, pour cette belle industrie, la France tend plus que jamais à conquérir la place éminente réclamée par son génie sur les marchés de l'univers.

Je me hâte d'aborder l'une des principales et nouvelles parties de notre Exposition.

Les arts agricoles.

Pour la première fois, en 1849, on a réalisé la pensée d'appeler l'agriculture au grand concours de l'industrie nationale. La majeure partie de ses progrès ne pouvait pas être exposée. Les jachères supprimées ; les irrigations multipliées avec intelligence dans la plupart de nos contrées ; l'opération contraire, l'asséchement, le *drainage* des terres trop saturées d'eau ; la composition, l'emploi, l'action des engrais savamment étudiés, et leur masse fécondante accrue par l'emprunt fait au détritus de tous nos arts industriels ; la culture capitale du froment, qui, chaque année, prédomine davantage sur les cultures inférieures ; par là, plus de peuple mieux nourri ; l'intelligence et la propagation des assolements qui permet d'obtenir de la terre le maximum des produits appropriés à nos besoins les plus variés : ces grands progrès, qui se développent sans intermittence depuis trente années, ne pouvaient figurer que par la pensée à l'Exposition.

L'horticulture, plus heureuse, a pu nous offrir, pendant les trois mois d'été et ses fleurs, ses fruits les plus variés et les plus beaux, depuis les plantes nutritives jusqu'aux plantes d'agrément ou de curiosité : jamais collection plus riche n'avait encore aussi puissamment fixé l'attention du public. Les pépiniéristes de la Seine et de Maine-et-Loire ont exposé leurs arbustes et leurs jeunes arbres rares que nous acclimatons en France.

Nous apprenons l'art d'embellir la terre en respectant la grâce de ses formes, au lieu de la déparer par des tours de force. Les possesseurs de la grande et de la moyenne propriété, combinant les cultures d'agrément et d'utilité, rivalisent avec ce qu'on appelle les jardins anglais, et qu'il vaudrait mieux appeler, par excellence, les jardins de la nature.

Les cultures exceptionnelles montrent la rare intelligence de certains cultivateurs français.

Qui croirait que les lieux mêmes où le soleil ne pénètre jamais, nos carrières les plus profondes, sont l'objet d'une importante culture, qui fait sortir la richesse des détritus de la pierre excavée? On nous a signalé par kilomètres d'étendue les plates-bandes souterraines où croissent des champignons qui, chaque année, se vendent à Paris pour des sommes étonnantes.

Le temps nous manque ici pour expliquer les perfectionnements aussi nombreux qu'essentiels de nos instruments aratoires.

Les connaisseurs ont jugé, d'après l'exposition, les races les plus importantes de nos animaux domestiques; les unes, conservées dans leur beauté primitive; les autres, améliorées par le croisement avec les espèces étrangères qui méritent le mieux la célébrité.

Nous applaudissons aux efforts tentés pour nourrir en grand les moutons à longue laine dans celles de nos contrées où le climat, humide et doux, se rapproche du climat de nos voisins d'outre-mer : c'est le moyen de satisfaire un des besoins capitaux de nos arts vestiaires.

L'étude économique des moindres êtres vivants influe sur l'agriculture. L'entomologie, par un procédé nouveau, simple autant qu'économique, a sauvé de la destruction nos vignobles les plus riches, auparavant désolés par la pyrale.

A côté de l'éducation des animaux les plus importants, nous comptons l'éducation des vers à soie qui, depuis quelques années, prend une grande extension, sans pouvoir suffire aux besoins croissants de l'admirable industrie que se partagent Lyon, Nîmes, Avignon, Saint-Étienne et Saint-Chamond.

Nous voudrions que le possesseur d'un secret qui n'est connu jusqu'ici que par des résultats d'une admirable beauté, mais d'une étendue trop restreinte, justement désintéressé, fit connaître au public l'art au moyen duquel il conserve une race de vers à soie dont la blancheur est égale à tout ce que les produits les plus exquis de la Chine offrent de plus éclatant.

Les produits de l'Algérie.

Auprès de notre agriculture, celle de l'Afrique est venue se présenter avec modestie, et je dirai presque avec timidité. Mais ici tout est avenir, tout doit attirer l'attention la plus profonde, et du financier impatient de rentrer dans les trésors versés sur la terre africaine, et de l'homme d'Etat qui veut savoir ce qu'il trouvera de force croissante sur un territoire qui ne présente pas moins de 30 millions d'hectares à cultiver, à peupler, à fortifier.

Fidèles à nos idées de justice et d'égalité, nous n'avons pas cru que nous pussions juger avec deux poids et récompenser avec deux mesures les Français et les Arabes. Si quelque chose a fait pencher notre balance indulgente, c'est que la main du conquérant doit surtout s'ouvrir et s'étendre en faveur d'un peuple conquis.

Le même esprit d'équité fait émettre par le jury central, à l'unanimité, le vœu que les produits de l'Algérie soient traités sur le même pied que s'ils appartenaient à la mère-patrie. Osez faire ce présent à notre grande colonie, et vous l'aurez plus fécondée qu'en y prodiguant des millions, qui nous épuisent. Alors l'unité nationale, empruntant la grande idée d'un grand roi, pourra dire avec orgueil, entre les deux Frances d'Europe et d'Afrique : *Il n'y a plus de Méditerranée.*

A l'appel du génie français, le génie de l'Arabe se réveille en faveur de l'agriculture. Les indigènes offrent leurs contributions pour que nos ingénieurs leur construisent des barrages qui règlent leurs torrents, et des puits artésiens dont les eaux fertilisent leurs vallées. Ils cherchent à renouveler ces irrigations dont ils ont, dès le moyen âge, enseigné les miracles à l'Espagne. Depuis la paix de 1847, aux lieux où l'arrosage est possible, les Arabes obtiennent, d'une seule semence, deux récoltes de blé dans un même été. Voilà la terre par excellence, le tellus d'autrefois, le tell d'aujourd'hui, qu'Atlas ne portait pas sur ses épaules, mais qu'il fécondait de ses eaux pour nourrir Rome et Carthage.

Les oliviers séculaires du petit Atlas fournissent déjà par an quinze millions de litres d'huile, apportés des monts de la Kabylie : de cette Kabylie, qu'on voulait, ici, croire inaccessible à nos armes, et qu'il était plus périlleux d'attaquer dans nos chambres que dans ses Alpes. Les tribus qui nous barraient le passage et qu'a domptées un illustre maréchal, nous prient déjà, leur prière est d'août dernier, de construire un pont *à leurs frais* pour commercer de Sétif à Bougie, c'està-dire par la mer avec la France.

Si la dernière épidémie n'avait pas fait éprouver à la patrie sa perte la plus cruelle, parmi les récompenses que vous allez décerner, monsieur le président, vous auriez eu certainement la médaille d'or à remettre aux mains de l'héroïque agriculteur que j'ose appeler le *Cincinnatus français*; à celui que vous aviez tiré de la charrue, il y a six mois, pour vous aider à sauver la patrie; à celui dont le génie cultivateur et colonisateur vivra sur la terre africaine aussi longtemps que le renom de ses victoires.

C'est le maréchal Bugeaud qu'il faut nommer avant tout autre, quand on veut parler des travaux publics et des travaux privés en Algérie. (Applaudissements de tout l'auditoire et du président de la République.) Les villages improvisés, les terres arrachées aux palmiers nains, sont son œuvre et celle de nos soldats; les desséchements de la Mitidja, l'assainissement de Bône, les créations de Philippeville et de Stora; Sétif, relevé sur les fondements de Bélisaire, et le port de Cherchell restauré sur le tracé des césars : tout se rapporte à son ardeur infatigable.

De lui datent les cultures des Français que vous allez récompenser aujourd'hui.

Cent hectares de pépinières nationales repeuplent l'Algérie, soit en espèces régénérées sur le sol qui leur est propre, soit en espèces apportées par l'industrie métropolitaine. Déjà nos routes, nos rues, nos remparts d'Algérie sont plantés d'arbres sortis de ces pépinières; des vergers sans nombre leur doivent la richesse et la variété; pour l'éducation du ver à soie, 600,000 mûriers, plantés par la main du vainqueur, croissent avec la rapidité phénoménale d'un sol africain, lorsque les eaux mettent la terre au service du soleil.

Les soies cultivées par nos colons sont appréciées et d'avance retenues par nos fabriques de Lyon, de Nîmes et de Paris.

La régie reçoit des tabacs jusqu'à présent un peu chers; mais, lorsqu'on les met en parallèle des contributions payées par nos colons, qui consomment avant tout nos produits indigènes, c'est un encouragement judicieux et bien calculé.

A peine, lors de la dernière Exposition, l'Algérie livrait à l'État quelques mille kilogrammes de tabac en feuilles; elle en livre aujourd'hui 300,000 kilogr. Que le gouvernement dise un mot, et ce sera 30 millions; et nos marins les porteront en France, sans être écrasés par une concurrence d'armateurs américains. Sur 150,000 kilomètres carrés, avantageusement cultivables, 150 suffiraient à ce grand résultat.

Par un emprunt fait à l'Andalousie, la cochenille est élevée près d'Alger avec assez d'étendue pour garantir le succès de cette riche éducation, la plus importante après celle des vers à soie.

La culture du coton se développe à son tour en espèces estimées.

Enfin les deux agricultures de France et d'Afrique offriront ce contraste singulier que le nord de la France cultivera surtout la betterave pour en extraire le sucre, et l'Algérie la canne à sucre, pour l'employer comme fourrage.

Je m'arrête et crois en avoir dit assez pour signaler les progrès agricoles de notre puissante conquête depuis 1844, et l'avenir qu'elle présente à l'activité française. Il nous suffira de marcher dans la même voie, guidés à la fois par le courage et le génie.

Un mot à présent sur les produits industriels de l'Algérie, avant d'achever le tableau des progrès métropolitains.

La province d'Oran, plus ravagée que les autres par les Marocains, les Kabyles et la Smala d'Abd-el-Kader, est la première à réparer ses désastres en appelant le concours de nos arts; puis vient Alger, puis Constantine. Avec les dons de l'Etat, joints aux ressources indigènes, sur un grand nombre de points s'élèvent les mosquées, les caravansérails, les fondoucks, les écoles musulmanes, les habitations des caïds et les simples maisons d'Arabes : plus de deux mille constructions érigées pour les indigènes, ou par nous ou par eux, sont un résultat obtenu depuis la dernière pacification.

Contemplez les effets de cet admirable concours! Au lieu de la haine implacable du fanatique musulman contre la domination chrétienne, c'est un muphti, celui d'Oran, qui, pénétré de gratitude et mû par le vrai sentiment de sa nationalité, recueille les produits de l'industrie arabe et les fait parvenir à l'Exposition de 1849. Le jury central est heureux de récompenser l'industrie des indigènes dans la personne d'un pontife de l'islamisme, nommé par ses coreligionnaires conseiller municipal d'Oran.

Les Arabes du moyen âge nous ont donné leurs chiffres si simples et leur admirable système décimal ; nous le leur rapportons, fécondé pour l'utilité commune, par les mesures décimales de notre système métrique. Déjà plusieurs tribus les ont acceptées avec reconnaissance et substituées aux leurs.

Les Arabes nous envient nos moulins hydrauliques, empruntés à l'Orient il y a des siècles ; et nos moulins à vapeur qui s'érigent auprès des cités. Ils envoient à ces moulins des blés qu'auparavant leurs femmes, réduites au rôle des anciens esclaves de Rome, écrasaient péniblement entre des meules grossières. Ces femmes apprennent ainsi que leur sort est changé, leur labeur adouci, leur condition relevée par l'industrie de la France. En attendant notre vie conjugale et nos mœurs qu'elles envient, elles adoptent déjà plusieurs de nos vêtements, en échange des burnous au blanc de neige, des écharpes étincelantes et des bracelets élégants qu'à Paris même n'a point dédaignés, le goût délicat qui dicte ses lois aux parures du monde entier.

Vous aurez à remettre une médaille pour récompenser la beauté d'un voile tissu par la compagne d'un caïd, aux confins les plus reculés du cercle de Constantine ; c'est le caïd lui-même qui nous a fait parvenir le voile élégant de celle qu'il aurait autrefois ensevelie sous le sable de son désert, plutôt que de laisser entrevoir à des Giaours l'ombre de ses vêtements.

Quand les cités de Bône, de Mascara, de Tlemcen, quand les tribus les plus lointaines, atteintes par notre justice, recevront les récompenses que nous leur avons accordées, peut-être elles comprendront peu ce qu'est un jury central ; mais elles savent à merveille un de ces noms qui sont de toutes les langues, et la médaille transmise par le neveu de Napoléon prendra pour eux l'éclat de la gloire elle-même.

Passant des vêtements aux équipages de guerre, nous avons examiné les armes damasquinées, comme on les travaillait à Damas ; puis le harnais oriental des chevaux, sur lequel resplendit le maroquin d'Algérie, sillonné d'arabesques d'or : ces ouvrages nous ont rappelé les ateliers de Grenade et de Cordoue, quand l'Alhambra recevait sous ses portiques les conquérants venus d'Afrique et d'Asie.

Voilà pour les métiers et pour les arts de notre conquête.

Les arts de l'industrie parisienne.

Paris, au point de vue des arts, est la capitale des industries perfectionnées, et des mains-d'œuvre délicates. Ici le travail de l'homme est payé plus cher, parce qu'il vaut un plus grand prix. Pour un nombre considérable de fabrications complexes, la partie la plus facile se prépare au dehors, en des lieux où tout est à bon marché ; mais pour la partie vraiment artistique, pour la forme finale et précise, pour le coloris, la peinture, la ciselure et la sculpture des produits de l'industrie, c'est à Paris qu'est donné ce dernier mot du goût, de la grâce et de la beauté.

L'Exposition parisienne a surpassé l'attente publique, surtout après une révolution dont les désastres ont ruiné tant d'ateliers au sein de la capitale. On est resté frappé d'étonnement et de plaisir en contemplant la richesse et l'art exquis des produits où le travail du bronze, et même du zinc, le dispute à celui de l'argent, du platine et de l'or. Les meubles incrustés, ciselés et sculptés, ont rivalisé de richesse avec ce qu'a produit de plus somptueux le siècle de Louis XIV. Les meubles simples ont mérité notre suffrage par d'autres qualités précieuses pour l'utilité générale, la solidité, la simplicité, la commodité.

Beaucoup d'autres industries consacrées à satisfaire les besoins de nos habitations et de notre habillement montrent les ressources toujours croissantes et l'esprit ingénieux de l'industrie parisienne.

Sans nous perdre dans les détails pleins d'intérêt, mais infinis, de cette immense variété d'industries, considérons les résultats de l'ensemble ; ils sont frappants de grandeur.

La chambre de commerce de Paris achève en ce moment une admirable enquête sur les travaux d'industrie de la capitale. Les résultats obtenus déjà me prouvent que je reste au-dessous de la vérité, lorsque j'exprime un fait qui, j'en suis certain, ne sortira plus de votre mémoire.

« Dans Paris et sa banlieue, les habitations d'un million de citoyens ne couvrent pas 3,000 hectares ; mais ce million d'individus, par son talent et son industrie, donne aux matières que ses bras mettent en œuvre une plus-value qui surpasse le produit complet de *huit millions d'hectares de terre*. Si l'on voulait partager également les produits de l'agriculture et des ateliers entre tous les Français, il faudrait que Paris, prenant sur sa part, apportât à la masse des autres *copartageux*, plus de cinq millions d'hectares réalisés, fécondés par son génie, et s'appauvrît des deux tiers. »

Un Gracchus pouvait dire à la plèbe de Rome antique, plèbe misérable et dépourvue d'industrie : « Vous êtes le peuple-roi et vous n'avez pas où reposer votre tête ; et le pain que vous mangez vous est donné par pitié sur les récoltes des conquis. » Nous pouvons dire au peuple de Paris : « Vous gagnez noblement, courageusement, au prix de votre travail, tout ce que peut produire la terre de trois royaumes tels que la Bavière, la Saxe et le Portugal : *C'est le génie de l'industrie qui fait de vous un peuple-roi !* »

Ce qu'il y a d'admirable dans cette opulence de Paris, de Paris paisible et respectant les conditions de sa prospérité, c'est qu'elle a pour résultat certain de donner l'aisance et la vie à tous nos agriculteurs de cent lieues, de deux cents lieues à la ronde. Le vigneron du Médoc et de la Bourgogne, le pâtre des Alpes et des Pyrénées, l'éleveur de la Vendée et de la Lorraine, le jardinier, le laboureur de cinquante départements, tous ressentent par des contre-coups inévitables et le bien-être et la misère de Paris. Si, dans le moment où je parle, l'agriculture nationale éprouve encore une profonde gêne, c'est que, l'année précédente et l'hiver dernier, la capitale a souffert une misère qui surpasse toute croyance : trois cent mille de ses producteurs, le tiers de sa masse, étaient réduits, pour subsister, à recevoir 18 centimes par jour, triste valeur de son pain à bas prix. Vous le voyez, pour accomplir le parallèle avec la république romaine, on les traitait en citoyens romains et pauvres. Ce n'est pas tout : les centaines de millions supprimés du travail n'allant plus vivifier les marchés de nos provinces, terres, bois, vignes, prés et cultures industrielles, tout périssait de misère ; hélas! et tout languit encore dans nos bourgs et dans nos hameaux, comme un malade qui revient de l'agonie à la longue convalescence.

Que les habitants de nos campagnes les plus reculées se pénètrent donc bien de cette vérité trop souvent déniée par un étroit esprit d'envie : si Paris a pour premier marché la France, et pour second l'univers civilisé, nos quatre-vingt-cinq départements ont pour marché le plus riche et le plus certain, la capitale elle-même. Richesse et bonheur, tout est solidaire entre la tête et les membres de la France.

Par conséquent, tout ce qu'on fait avec tant d'activité pour exciter, je l'ai vu, le journalier de la campagne à s'enrichir par une autre voie que le travail, à se partager le bien d'autrui, à fouler aux pieds la prospérité, la richesse et les lois de la patrie, ces excitations ouvertes, audacieuses, impunies, qui sont grosses, sachons-le bien, de jacquerie et de scènes de Gallicie, c'est Paris qu'elles frapperaient au cœur, c'est Paris qu'elles rendraient plus que jamais, par la leçon du malheur, au saint respect de la loi, de la famille et de la propriété, et Paris sauverait la France.

En abordant malgré moi le tableau de nos malheurs et de nos pertes, je touche au dernier mérite de notre industrie nationale.

Lorsque le héros du siècle, qui connaissait si bien les hommes, voulait en juger un nouveau, il demandait simplement, pour peser son caractère : « Sait-il monter à la brèche de son état? »

Monsieur le président, les cinq mille exposants appelés dès 1848 au grand concours de l'industrie luttaient tous contre la fortune pour échapper à la ruine, quand ils ont entendu cet appel. Ces produits admirables qu'ils ont placés sous nos regards, à l'issue du plus grand combat que l'ordre ait jamais livré contre l'anarchie, ils les ont fabriqués sur la brèche de leur état. Honneur donc, honneur à leur courage autant qu'à leur patriotisme !

J'exprimerai, pour ces travailleurs intrépides, le sentiment de la plus douce gratitude envers notre archevêque révéré, qui bénit aujourd'hui les produits honorés du travail honnête. Quand le choléra sévissait sur la capitale et diminuait l'affluence des étrangers visiteurs de l'Exposition, vous alliez, au contraire, monseigneur, visiter, consoler les infortunés dans les foyers les plus redoutables de l'épidémie. Votre charité bravait la mort, en conservant les traditions d'une Église où, depuis saint Denis jusqu'à celui qui sera saint dans cent années, le martyre est offert comme enseignement suprême : le martyre qui, pour sauver la société sur le bord de l'abîme, ressuscite la foi !

J'arrive au terme de ma tâche, en suppliant mes auditeurs de m'excuser si j'ai trop longtemps abusé de leur bienveillance. Je serais le plus heureux des mortels, et ce moment serait le plus beau de ma vie, si j'avais pu faire passer dans vos esprits la conviction, qu'il existe une France plus éclairée, plus heureuse, plus progressive, plus grande en un mot qu'on ne le croit vulgairement.

J'ai tenté de montrer la science s'alliant au génie de nos travailleurs de tous les degrés pour reculer, dans toutes les directions, les bornes de l'industrie ; pour accroître la puissance nationale, par les produits augmentés et perfectionnés des arts de la paix et des arts de la guerre ; pour consoler, pour soulager l'humanité souffrante, par des inventions admirables ou des applications ingénieuses ; pour travailler en faveur des petites existences beaucoup plus qu'en faveur des grandes ; pour faire descendre, sur tous les objets qui sont l'ornement et la douceur de la vie, la beauté, l'élégance et la commodité, depuis l'opulence jusqu'à la moindre aisance ; pour armer la main de l'ouvrier d'outils meilleurs, propres à faire plus d'ouvrage avec moins de labeur, en les payant meilleur marché ; pour agrandir, pour étendre notre commerce avec l'univers ; enfin, pour rendre à la civilisation des services que la publicité, la libéralité de nos institutions offre en présent à tous les autres peuples.

Jamais, jamais, dans un même espace de cinq années, nous n'avions obtenu de résultats si multipliés, si grands et si glorieux.

En présence de tels services rendus à toutes les classes et surtout aux plus nécessiteuses, pour déclarer le dernier mot, le mot vrai, le verdict, des hommes éminents et consciencieux, auxquels on a confié le jugement de l'industrie nationale, le jugement des hommes qui, pour arriver à ce mot final, n'ont pas craint de sacrifier dans les plus pénibles travaux cinq mois de leur existence, je dirai :

« Au nom du grand jury de l'Industrie nationale, sur notre âme et conscience, devant Dieu et devant les hommes, nous déclarons, à l'unanimité, que cette industrie si calomniée, si menacée, a bien mérité non seulement de la patrie, mais du genre humain tout entier. » (De longs applaudissements suivent ces paroles.)

Discours de M. le président de la république.

Messieurs,

En vous voyant recevoir le juste prix de ces travaux qui maintiennent la réputation industrielle de la France à la hauteur qui lui est due, je me disais : Elle n'a pas perdu le sentiment de l'honneur, cette nation où une simple distinction devient pour tous les mérites une ample récompense ; elle n'est pas dégénérée cette nation qui, malgré ses bouleversements, alors qu'on croyait les ateliers déserts et le travail paralysé, est venue faire luire à nos yeux, comme une consolation et un espoir, les merveilles de ses produits.

Le degré de civilisation d'un pays se révèle par les progrès de l'industrie comme par ceux des sciences et des arts. L'Exposition dernière doit nous rendre fiers ; elle constate à la fois l'état de nos connaissances et l'état de notre société. Plus nous avançons, plus, ainsi que l'annonçait l'Empereur, les métiers deviennent des arts, et plus le luxe lui-même devient un objet d'utilité, une condition première de notre existence. Mais ce luxe qui, par l'attrait de séduisants produits, attire le superflu du riche pour rémunérer le travail du pauvre, ne prospère que si l'agriculture, développée dans les mêmes proportions, augmente les richesses premières du pays et multiplie les consommateurs.

Aussi le soin principal d'une administration éclairée, et préoccupée surtout des intérêts généraux, est de diminuer le plus possible les charges qui pèsent sur la terre. Malgré les sophismes répandus tous les jours pour égarer le peuple, il est un principe incontestable qui en Suisse, en Amérique, en Angleterre, a donné les résultats les plus avantageux ; c'est d'affranchir la production et de n'imposer que la consommation. La richesse d'un pays est comme un fleuve : si l'on prend les eaux à sa source, on le tarit ; si on les prend, au contraire, lorsque le fleuve a grandi, on peut en détourner une large masse sans altérer son cours.

Au Gouvernement appartient d'établir et de propager les bons principes d'économie politique, d'encourager, de protéger, d'honorer le travail national. Il doit être l'instigateur de tout ce qui tend à élever la condition de l'homme ; mais le plus grand bienfait qu'il puisse donner, celui d'où découlent tous les autres, c'est d'établir une bonne administration qui crée la confiance et assure un lendemain. Le plus grand danger peut-être des temps modernes vient de cette fausse opinion, inculquée dans les esprits, qu'un gouvernement peut tout, et qu'il est de l'essence d'un système quelconque de répondre à toutes les exigences, de remédier à tous les maux. Les améliorations ne s'improvisent pas, elles naissent de celles qui les précèdent : comme l'espèce humaine, elles ont une filiation qui nous permet de mesurer l'étendue du progrès possible et de le séparer des utopies. Ne faisons donc pas naître de vaines espérances, mais tâchons d'accomplir toutes celles qu'il est raisonnable d'accepter ; manifestons par nos actes une constante sollicitude pour les intérêts du peuple ; réalisons, au profit de ceux qui travaillent, ce vœu philanthropique d'une part meilleure dans les bénéfices et d'un avenir plus assuré.

Lorsque, de retour dans vos départements, vous serez au milieu de vos ouvriers, affermissez-les dans les bons sentiments, dans les saines maximes, et, par la pratique de cette justice qui récompense chacun selon ses œuvres, apaisez leurs souffrances, rendez leur condition meilleure. Dites-leur que le pouvoir est animé de deux passions également vives : l'amour du bien et la volonté de combattre l'erreur et le mensonge. Pendant que vous ferez ainsi votre devoir de citoyens, moi, n'en doutez pas, je ferai mon devoir de premier magistrat de la République. Impassible devant les calomnies comme devant les séductions, sans faiblesse comme sans jactance, je veillerai à vos intérêts qui sont les miens, je maintiendrai mes droits qui sont les vôtres.

ÉTUDES ÉCONOMIQUES PRATIQUES.

COMPTE-RENDU

DE L'EXPOSITION

INDUSTRIELLE ET AGRICOLE DE LA FRANCE

EN 1849.

CHAPITRE PREMIER.

OPPORTUNITÉ DE L'EXPOSITION. — SURPRISE DES ÉTRANGERS
DEVANT SES RÉSULTATS. — SON CACHET SÉRIEUX. — AVANTAGE
ET JUSTICE D'ADMETTRE LES OUVRIERS DANS LA DISTRIBUTION
DES RÉCOMPENSES.

C'était, aux yeux de tous, un grand acte de hardiesse ; pour
un assez grand nombre, c'était même une flagrante témérité
que d'oser, au lendemain d'une immense crise sociale, venir
convier l'industrie nationale à l'une de ses plus éclatantes
manifestations. L'honneur du pays, l'avenir de ses institutions
nouvelles, les précédents, l'amour-propre de nos plus habiles
industriels, tout semblait être jeté bien précipitamment dans
ce mémorable enjeu.

Eh bien ! disons-le bien vite et avec un indicible bonheur,
le pays a dignement répondu à cet appel fait à son savoir-
faire, à sa puissante vitalité, à son esprit de nationalité.

Le génie de l'industrie, l'infatigable ardeur des travailleurs
de tous les rangs, l'émulation pour les conquêtes paisibles et
les plus dignes d'une civilisation avancée, rien de tout cela
n'a heureusement fui du beau sol de la France. Il y a lieu
d'espérer, au contraire, que sur ce terrain neutre qu'une
noble confiance dans l'avenir du pays vient de nous ouvrir,
se réuniront volontiers toutes les opinions, et que là
chacun sera fier de penser qu'il est l'un des enfants de la
grande famille qui a pu, en si peu de temps, et au milieu de

1

tant d'orages, entasser et produire de si utiles créations, de si brillantes merveilles.

Si nous n'en croyions que nos seules impressions, peut-être bien serions-nous plus timide à préjuger sitôt un incontestable succès; mais, lorsque l'on se trouve être l'écho de la foule empressée, aussi bien que des juges les plus compétents, comment craindre une fâcheuse surprise? Les étrangers eux-mêmes, qu'on ne croira certes pas susceptibles de trop de partialité en faveur de notre habileté industrielle, sont les premiers à rendre un éclatant hommage à l'ensemble comme au détail de notre nouvelle Exposition.

Il nous a fallu, un de ces jours, minutieusement expliquer à un très habile industriel anglais la longue série de formalités exigées de nos jurys institués pour l'admission des produits, afin de lui bien persuader que certaines de nos machines les plus méritantes ne venaient pas en droite ligne de l'autre côté de la Manche. Indépendamment de la difficulté qu'il y aurait à tromper les prévoyances de l'Administration, nous lui avons déclaré aussi qu'un industriel recourant, pour se faire distinguer des autres, à un aussi indigne subterfuge que l'achat à l'étranger de ses produits, serait mille fois dénoncé par ses pairs, par ses ouvriers, et à jamais flétri par le pays en masse.

Forcé de se rendre à l'évidence de nos preuves et à la sincérité de nos affirmations, l'honorable industriel s'est écrié avec une force de sentiment et d'expression qui faisait notre orgueil : *Étonnante nation que la France! Heureusement pour* NOUS, a-t-il ajouté plus bas, *qu'il vous manque la qualité la plus précieuse en industrie comme en toute chose,* LA PERSÉVÉRANCE!... » Puissiez-vous, mes compatriotes, ne pas oublier cette salutaire leçon!

Durant ces dernières années, nous avons pu soigneusement étudier et suivre les plus importants centres de l'industrie, en Belgique, en Allemagne, en Suisse, en Angleterre, en Écosse; et c'est avec une assez vive satisfaction que nous trouvons nos industriels entrés dans la bonne voie pour arriver à atténuer certains points d'infériorité.

Ainsi, nous aimons à faire déjà pressentir, et cela sans crainte de trop nous avancer, que l'une des parties les plus intéressantes, les plus complètes, les plus soignées de l'Exposition, sera la branche la plus sérieuse ; cette branche, essentiellement reproductive des autres richesses, et qui comprend la production et le travail premier des métaux, la construction des machines et du grand outillage, les produits chimiques, les tissus unis, *l'apprêt marchand* des étoffes, ce côté toujours si observé, si bien entendu du négoce anglais.

On nous a trop dit, et à force de l'entendre répéter au milieu et autour de nous, nous avons jusqu'ici trop facilement cru que la grande spécialité des mains, du génie français, était la création des articles dits de goût, de mode, d'art.

Sans doute, nous aurions tort de négliger ce genre de travail, s'il est vrai que nous y réussissions avec un assez grand bonheur ; mais ce n'est pas une raison pour ne pas, en même temps, porter à bon droit sur autre chose nos prétentions, notre incontestable habileté d'exécuter, notre esprit si heureusement inventif.

A cet éternel brevet, selon nous, plus blessant que flatteur, de *nation spirituelle, aimable,* c'est-à-dire étourdie, légère, que l'on nous concède si libéralement à l'étranger, aux dépens d'avantages bien autrement réels, et que, par cela même, on se croit autorisé à nous refuser, il serait temps qu'on voulût bien substituer, avec plus de justice, de plus nobles titres à l'attention et à la considération des autres hommes.

Nous avons, Dieu merci, jeté de par le monde, nous ne disons pas, nous, assez de fer et de feu ; puisse-t-on, au contraire, oublier ce triomphe fugitif et sans profits durables ! mais bien assez d'idées humanitaires, de science, de véritable philosophie, pour que nous ayons droit à une appréciation de notre valeur, plus réelle, plus équitable.

Et par exemple, si l'Angleterre, devant le *sérieux* et le *positif* de laquelle on prétend toujours que nous ayons à nous effacer, est en droit de compter, parmi ses hautes intelligences et ses grands industriels, des esprits sérieux et puissants comme Bacon, Locke, Newton, Watt, Brindley, John Davy et bien d'autres, n'avons-nous pas à jeter dans le plateau de la France les noms non moins graves de Descartes, Pascal,

Condillac, Laplace, Bertholet, Papin, Riquet, Jacquart, Ober-
kampf, Bréguet, et cent autres illustrations contemporaines,
que notre réserve et leur propre modestie ne nous permettent
pas de désigner ici?

Est-ce que la nation assez heureuse pour se couvrir sous
les ailes de ce noble patronage, peut se croire condamnée à
ne produire que des œuvres, à ne semer que des idées d'une
existence éphémère? Non, non, personne sous le ciel ne saurait à bon droit nous stigmatiser de ce flétrissant arrêt. Nous
devons, au contraire, marcher plus ferme encore et travailler
chaque jour à nous élever plus haut.

Et, pour ne parler ici que de l'œuvre industrielle, disons
qu'ils viennent de bien mériter de leur pays, ceux d'entre
les exposants qui ont pensé que, dans des circonstances graves, il nous fallait tout d'abord des pensées, des travaux
graves; qu'à des besoins nombreux on avait également à répondre par de puissants moyens de production.

A ces industries d'élite est, à juste droit, assurée notre sym-
pathie; nous le leur prouverons à mesure que leurs produits
passeront sous nos yeux.

A l'expression de ces sentiments, nous joignons la manifestation d'un vœu, et, nous aimons à le dire, d'une douce
espérance.

Là où le mérite et le labeur sont partagés, nous ne voyons
pas pourquoi l'éloge et les récompenses nationales ne le seraient pas également. Quelque habile et laborieux que soit
un chef d'industrie, qui de nous ne sait que ses œuvres ne
sortent pas entières de ses mains, comme la Fable nous dit
que Minerve sortit un jour du cerveau de Jupiter? Et, s'il est
vrai que la main, le dévouement, souvent même le génie de
l'ouvrier soient pour beaucoup dans ces chefs-d'œuvre que
nous admirons, n'est-on pas appelé à se demander pourquoi
cette admiration, si bien sentie d'ailleurs, serait, en définitive, d'un effet si stérile pour lui?

Pourquoi, dans ce temps de rénovation, de réparation, de
justice, au nom et au profit des plus faibles, n'a-t-on pas
encore demandé que, dans tous nos grands centres industriels,
l'on fît la part de l'ouvrier; qu'il fût attribué, pour être dé-
cerné aux plus méritants, en s'aidant des conseils et des décla-

rations des chefs d'industrie et des autorités municipales, un certain nombre de médailles d'or, d'argent, de bronze, de mentions honorables, distribuées par les autorités locales, avec tout l'éclat des grandes solennités publiques? Et même, pour ennoblir encore et rappeler le plus souvent possible ces justes et honorables rémunérations, ne pourait-on pas établir que, dans les fêtes et cérémonies publiques à venir, une place d'honneur serait toujours réservée aux *médaillés?* Quelle est la mère, quelle est la femme, quel serait l'enfant dont le cœur ne bondirait pas de joie en montrant dans le rang d'honneur un fils, un mari, un père?

Si la Monarchie a su, il y a quelques années, décerner la croix d'honneur à un simple garçon de ferme pour avoir habilement perfectionné sa charrue, la République refusera-t-elle quelques récompenses nationales à ses nombreux travailleurs qui, tous les jours, la couvrent de leur poitrine, la nourrissent du travail de leurs bras, la relèvent aux yeux de l'étranger par le concours de la plus heureuse intelligence?

Nous ne sommes ni les Gaulois d'autrefois, vivant insouciamment, grossièrement, de fruits sauvages, ni les Romains du Bas-Empire, ne réclamant de leurs maîtres, aussi corrompus qu'eux, que du pain, pourvu qu'on le mêlât aux horribles luttes du pauvre esclave avec les lions et les panthères de la Numidie.

Si, dans nos armées modernes, le soldat porte si dignement le briquet et l'épaulette de laine, c'est que l'on a habilement et sagement relevé en lui la dignité personnelle; c'est qu'il sait, comme le lui a très bien dit un roi, homme d'esprit, qu'il porte dans sa giberne le bâton de maréchal de France.

C'est beaucoup sans doute que d'avoir reconnu, rendu au travailleur les droits et tous les priviléges du citoyen; mais convenons qu'il reste bien à faire pour le porter à remplir tous ses devoirs, pour lui apprendre qu'il ne saurait trop bénir, glorifier, poursuivre le travail qui, tous les jours, le nourrit et l'honore. La patrie, hélas! dans ces derniers temps, n'a eu que trop à gémir sur bien des victimes, bien des expiations..... Voici le temps des sympathiques combinaisons dans les mesures d'administration privée et publique.

Peut-être nous appartenait-il un peu, à nous, sincère et vieux défenseur de la cause et des intérêts de la grande famille ouvrière (1), de venir, sortant un moment de notre paisible solitude, provoquer cette libérale répartition des preuves de la reconnaissance nationale, qui seront prochainement et si légitimement données. Imitons l'exemple d'un pays voisin : ce fut justement pendant sa dernière et brillante Exposition que la Belgique fonda la sage institution destinée à mettre en vue et à récompenser ses plus habiles ouvriers ; création, ajouterons-nous, suivie des plus heureux résultats.

On se plaint que les hommes en France se *déclassent* trop facilement, trop légèrement. Eh bien, le remède propre à un pareil mal, c'est d'honorer également et à propos toutes les positions honorables. Agir autrement, et se plaindre des résultats, c'est étrangement méconnaître les tendances et l'esprit des Français.

Lorsque tout le monde pense aujourd'hui qu'il y a quelque chose à faire pour améliorer l'existence dans les rangs les plus nombreux de la société, il faut que chacun aussi ose hautement le dire et cherche résolûment comment réaliser ce grand bienfait.

Pour nous, du moins, nous croyons ne pouvoir mieux reconnaître la bienveillante hospitalité que l'on nous donne dans les colonnes du MONITEUR UNIVERSEL, qu'en jetant en passant cette pensée de bien public, qui, dans notre bouche, n'a rien d'officiel sans doute, mais qui a peut-être bien sa portée, son opportunité.

CHAPITRE II.

HOUILLE, MÉTAUX, PREMIER TRAVAIL DES MINERAIS.

Houille. Comme nous croyons devoir présenter la face des choses, non-seulement telle qu'elle est, mais encore telle qu'il serait désirable qu'elle fût pour plus de perfection encore, nous dirons un mot de la houille. Malheureusement,

(1) LES CLASSES OUVRIÈRES.

et à notre grand regret, ce ne sera que pour constater sa complète absence du Palais de l'industrie.

Prétendre convoquer à un jour donné et dans un même lieu toutes les grandes forces du pays, et ne pas y comprendre la houille avec ses infinies variétés, ses mérites si tranchés, si divers, n'est-ce pas avoir commis un non-sens impardonnable ? En supposant l'insouciance, l'inintelligence de nos propriétaires, de nos exploiteurs de houille, est-ce que nos départements riches de pareils trésors n'ont pas des conseillers municipaux, des conseillers généraux, des préfets, un corps d'ingénieurs ? Comment chacun de ces hommes, formant assurément aujourd'hui les sommités du pays, n'ont-ils pas songé que la houille est le pain quotidien, nécessaire de nos hauts fourneaux qui se multiplient de tous côtés, de nos locomotives qui chaque jour s'ouvrent audacieusement parmi nous et aux applaudissements de la foule justement ébahie, des routes inconnues, de nos bateaux, de nos navires à vapeur, ce nouveau et merveilleux moyen de puissance et de défense du pays ?

Les Belges, à leur exposition de 1847, nous ont du moins donné la preuve qu'ils comprenaient mieux que nous où était l'élément principal de l'industrie et de la puissance des temps modernes.

A leur exemple, n'avions-nous pas à démontrer que la France possède des gîtes houillers nombreux, si riches même, que quelques-uns d'entre eux ont plusieurs mètres d'épaisseur, et s'étendent sur une surface de plusieurs lieues ?

Espérons donc qu'à l'avenir nos exploitants de houille comprendront qu'eux aussi peuvent contribuer à servir, à accroître la juste renommée de notre beau pays. Loin d'être un produit grossier, suffisamment connu, toujours le même dans son essence, toujours identique dans ses résultats, la houille, au contraire, ne saurait être trop examinée, manipulée, expérimentée.

Fonte et fer. Nous avons heureusement sous la main, disons-le bien vite, la consolante compensation de la lacune fâcheuse que nous venons de signaler. Ce sont les maîtres de forges qui nous la donnent largement cette fois : honneur à eux !

Depuis quatre jours, nous parcourons orgueilleux et rêveur cette belle galerie des métaux ; et aujourd'hui, nous concevons très bien le doute de cet industriel anglais dont nous avons déjà parlé, soupçonnant quelque supercherie ; car nous-même nous nous sommes plus d'une fois surpris frappant du pied le sol et nous demandant si c'était toujours bien la terre de France qui nous portait... Oui, très heureusement, c'était elle.

Et tout d'abord, et sans plus de préambule, touchons du doigt les choses.

— Le numéro qui nous a un des premiers et très vivement frappé, est le n° 3137. Il nous désigne des noms précédemment assez peu connus ; que nous importe ? Ce sont les produits et non les hommes qui, ici, nous intéressent.

Tout, chez MM. Petin et Gaudet, est massif, sérieux, usuel ; tant mieux ; il est des choses où nous n'aimons ni la prétention ni l'enjolivement.

La pièce monstre, peut-être bien aussi la pièce capitale de l'importante salle des métaux, est un mortier de 27 centimètres, en fer forgé. Dans ce siècle de paix universelle, dit-on, nous tenons assez à ce que l'on puisse avoir des mortiers et des canons sans fondre nos cloches et nos gros sous. Comme travail, cette pièce est d'une remarquable exécution. Comme effet de résistance, les épreuves de la science ne laissent rien, assure-t-on, à désirer.

M. le Président de la République a beaucoup examiné ce travail ; c'était tout naturel : il ne pourra que fixer également l'attention de tous les hommes spéciaux.

Ce mortier a pour frères de nombreuses lignées de canons, jusqu'à la pièce de 24. Malheureusement ces canons sont encore à subir leurs épreuves à l'École d'artillerie.

A Liége, on poursuit depuis longtemps de très intéressantes études sur les canons *en fonte*. Il est bien que, de notre côté, nous étudiions les pièces en *fer forgé*, qui ont encore plus de chance de réussite.

Un large creuset et parfaitement réussi, sans soudure, sera bien accueilli par l'art de la fonte des monnaies. On sait les nombreux accidents que l'on éprouve dans les hôtels des monnaies, à la suite des dérangements de points de suture dans les creusets, et les pertes importantes qui en sont les conséquences.

L'arbre CREUX martelé a un double avantage ; il réunit plus de conditions de forces, et présente en même temps une plus grande légèreté, ce qui est une condition importante, particulièrement pour les bateaux à vapeur qui doivent naviguer avec un faible tirant d'eau.

L'arbre aciéré, martelé, avec une couche égale d'acier, et présentant, dans son ensemble, un diamètre de 70 centimètres au moins, doit trouver dans bien des industries un important emploi. Les deux métaux ainsi réunis, et forts de leurs qualités diverses, doivent se servir réciproquement.

— Non loin de MM. Petin et Gaudet, une autre bien simple et très intéressante exposition est celle de la maison veuve Diétrich et fils : celle-là est déjà vieille de travaux et de lauriers. Ce n'en est que mieux de sa part que de poursuivre ainsi son honorable carrière : en industrie aussi, NOBLESSE OBLIGE.

Le point capital, ici, nous paraît être le travail de la fonte. Personne ne comprend mieux que nous tout ce qui peut découler d'avantageux de cette première et si importante opération de l'art métallurgique : aussi en constatons-nous avec bonheur l'éminent progrès. On dirait que MM. Diétrich ont pris à tâche de faire mentir le vieux proverbe : *fragile comme la fonte*. Sous leurs doigts habiles, la fonte vraiment n'est plus fragile. Aussi chacun peut voir, comme nous l'avons vu, un ruban de fonte enroulé par deux fois en cercle sur lui-même.

Cette belle planche de fonte de première coulée, qu'autrefois un métallurgiste eût prié de regarder de bien loin et qu'il eût assise bien à plat, M. Diétrich la dresse tout debout devant son étalage, accoudée sur une rampe à moitié de sa hauteur ; et il ne s'inquiète même pas qu'on la remue, qu'on la balance comme si elle était une planche de tôle.

De nombreuses et grosses pièces toutes à l'usage et sur commande des compagnies de chemins de fer, prouvent qu'ici nous avons affaire à des hommes essentiellement pratiques, sachant unir à une grande habileté un bon marché notable. Ainsi les roues pour tenders, payées, il y a fort peu de temps,

180 fr. les 100 kilog., sont données aujourd'hui à 129 fr. Les fers à rebord pour locomotives, dont on fait un si grand emploi, ont subi également un fort rabais. Sans doute une reprise d'affaires un peu vive ramènerait un surenchérissement de prix ; mais jamais ce ne serait une cherté abusive, comme on l'a vu il y a quelques années. Ils ont ainsi perdu leur procès, ceux de nos amis un peu trop impatients qui voulaient un peu tôt ouvrir l'issue aux productions de l'industrie étrangère. Ils avaient tort également, ceux de nos industriels qui prétendaient qu'ils étaient sous l'influence de conditions inférieures. Leurs propres rivaux leur ont, au contraire, prouvé qu'avec du cœur, l'esprit de persévérance et l'amour du progrès, on va vite au succès, à la fortune.

Après les produits de large confectionnement, MM. Diétrich ne négligent pas d'autres ouvrages. Ils ont fait servir leur fonte si ductile à la reproduction d'objets très délicats, qui sont même plutôt des objets d'art que d'industrie. Leur collection de médaillons sera sans aucun doute remarquée.

La statue du Christ, d'une seule coulée, de grandeur naturelle, est digne d'attention, non moins par sa bonne exécution que par le bon marché, qui doit plaire infiniment au seul luxe permis à nos églises de campagne : elle ne coûte guère qu'une centaine de francs.

Le Bas-Rhin et le jury ne peuvent, comme nous, comme le public, que savoir bon gré à la maison Diétrich de l'ensemble non moins varié que soigné en toutes choses de son exposition.

— Nous quittons un moment la salle des métaux pour passer à la salle plus spécialement réservée aux machines, et pour y voir la production colossale et très méritante du Creuzot.

Nous nous arrêtons, comme tout le monde, pour examiner la bonne exécution de cette bielle puissante, d'un travail aussi pur que si c'était celui d'une machine *modèle*. Nous aimons aussi cette bande de fer, ce rail, pesant à eux deux plus de 700 kilog. et allant hardiment se perdre, à 30 pieds de haut, dans la voûte de l'établissement. Le Creuzot a sommeillé un moment, mais combien il s'est honorablement réveillé ! Merci à MM. Schneider. Ils nous rappellent mieux que personne le grandiose et la large facture des établissements de nos voisins d'outre-Manche.

Au pied de la bielle que nous avons notée, on remarque un fer rond laminé du poids de 650 kilogr. et un fer carré de 850.

La gouttière en tôle, coudée à angle droit et d'une notable épaisseur, est une pièce qu'autrefois l'on n'eût pas osé produire.

La calotte en tôle emboutie de 300 millimètres de profondeur sur 700 de largeur est fort remarquable.

— Vierzon, qui groupe honorablement les nombreuses et fort diverses fabrications métallurgiques du Berri, se distingue cette année par la bonne qualité comme par le bon marché de ses produits. Malheureusement, dans son entourage, où les esprits sont naturellement lents au progrès et à toute sorte de changement, les marchands, les fabricants, ne font guère profiter le public de cette douceur dans les prix ; c'est, de leur part, à la fois un mensonge et une maladresse.

Les chefs de l'établissement devraient donner plus de publicité aux prix réels de leurs fers, de leur fonte ; le débit en serait plus grand et leur fabrication aurait plus de popularité.

Nous avons pris note des prix actuels, que nous aimons à constater :

Fonte pour roues, 320 fr. les 1,000 kilog. ;

Essieux de charrettes, 380 fr. ;

Fer martelé, en barre platé, provenant de fonte au bois affinage au bois, 500 fr.

— Les hauts fourneaux du Nord, à Maubeuge, dirigés par MM. Lamoir, Serret et compagnie, ont une spécialité digne d'être notée : c'est celle des coussinets pour chemins de fer.

— La société anonyme de laminoirs, forges, fonderies de *la Providence*, à Hautmont (Nord), a de bons produits et présente des prix que nous aimons à consigner.

Fer fort, 32 à 38 fr. les 100 kilogr. ;

Demi-fort, 28 à 34 ;

Fer métis, 24 à 30.

Un échantillon de feuille de tôle pour l'usage de la marine se fait remarquer par son ampleur :

Longueur, 6 mètres 200 millimètres ;
Largeur, 1 metre 100 millimètres;
Epaisseur, 10 millimètres ;
Poids, 600 kilogrammes.

— MM. Bougueret, Martenot et compagnie nous présentent, sous un large aspect, la fabrication des forges de Châtillon et de Commentry : leurs rails, leurs billes, leurs barres de fer, sont d'une bonne confection ; seulement, moins hardis que leurs confrères, ils ne nous disent pas leurs prix.

— Les forges d'Athis-Mons, la société des forges de Montataire, les forges de M. Jacquinot, à la hutte Droitevat, se rappellent encore par de bons produits.

— Au milieu de ce corps d'élite de nos plus importants industriels, nous remarquons toutefois avec peine un vide que nous ne pouvons que vouloir signaler.

Où sont les œuvres et les représentants de Fourchambault ; Fourchambault, que le rapporteur du dernier jury, lui, si bon juge en pareille matière, proclamait hardiment comme la tête de colonne de nos établissements métallurgiques?

Seraient-ils tout à coup devenus timides, impuissants ? Nous ne le pensons guère ; et, pour d'autres excuses, nous ne les admettons pas non plus.

Il est, selon nous, des illustrations qui sont plus que de glorieuses individualités : elles sont le patrimoine du pays même, et le pays a toujours le droit de les revendiquer.

De même que, dans une lutte nationale, il est des épées qui ne sauraient honorablement rester dans le fourreau, il est aussi, dans une solennité pareille à celle qui nous préoccupe et nous réjouit si fort, des capacités qui ne peuvent vouloir, sans renier et rabaisser leur passé, nous priver à leur gré des fruits de leur labeur, du tribut déjà si justement honoré de leur haute intelligence.

CHAPITRE III.

HOUILLE. — MÉTAUX ET TRAVAIL PREMIER DES MÉTAUX.

Nous ouvrirons notre revue de ce jour en faisant majestueusement passer nos lecteurs sous la belle ferme en fonte de la société des hauts fourneaux du Nord ; elle a environ 30 pieds de haut sur 27 de portée. Elle est destinée à la gare d'un chemin de fer.

Au lieu d'avoir relégué, comme on l'a fait, cette large composition sur le derrière du Palais de l'industrie, elle eût dû bien plutôt en former l'imposant péristyle ; c'eût été montrer plus d'à-propos et rendre aussi plus de justice à MM. Hamoir et Serret.

— Dans cette même galerie, n'oublions pas de mentionner la grue de M. Lemaître. Elle peut porter 22,000 kilogrammes, et a été essayée sous la pression de 25,000 kilogrammes. Ce qui la distingue des machines du même genre, c'est qu'elle est construite en tôle de l'épaisseur de 8 millimètres. La machine entière doit peser 5,500 kilogrammes. Son prix est de 8,800 fr. Une pareille machine en fonte coûterait 10 à 11,000 francs, sans présenter ni la même force ni la même garantie de solidité.

Une grue en tôle n'est sans doute pas à l'abri d'un accident ; mais du moins, avant de rompre, elle plie lentement, elle crie, et les ouvriers sont prévenus à temps. La fonte, au contraire, se brise comme le verre, et dans son choc entraîne marchandises, bateaux, charrettes, ouvriers. Les accidents de cette nature ne sont malheureusement pas rares. Aussi, nous faisons-nous un devoir de désigner l'œuvre de M. Lemaître comme digne d'encouragements et surtout d'imitation.

— Parmi les beaux produits de fonte qui nous restent à mentionner, nous citerons ceux de M. André, au val d'Osne, et ceux de la compagnie des fonderies et houillères de l'Aveyron.

Tôle. — Fer-blanc. — MM. Falatieu et Chavanne ne démentent pas la belle et vieille renommée des produits métallurgiques du département des Vosges. Cette contrée a toujours marché dans la voie du progrès ; c'est un fait infiniment honorable pour elle, et c'est pour nous un devoir que de le constater.

Nous n'avons rien vu, même chez les Anglais, de mieux réussi, de plus délicat que la collection de tôles légères dont les 150 feuilles, de 33 centimètres sur 25, ne pèsent que 7 kilogrammes.

Le fer-blanc, le fer à châssis, l'acier, tout est beau dans cette exposition, et l'espace seul nous manque pour en parler avec quelque détail.

— La fabrication du fer-blanc de M. Hildebrand et sa conversion en outils divers font encore honneur à ce même département des Vosges.

Acier, faux, limes, scies. — Lorsque l'œil le mieux exercé, lorsque la main la plus habile ne sauraient, de prime abord, se prononcer sur le mérite réel de pareils produits dont la matière première qui sert à les former est elle-même si difficile à préparer, à juger, on devine que nous ne pouvons nous prononcer, nous, visiteur rapide, qu'avec une assez grande réserve : aussi ne ferons-nous que donner les indications les seules permises en pareil cas. Il nous restera dans ce vaste *compendium* des produits de l'activité humaine, assez de points sur lesquels une appréciation plus sûre, plus hardie nous sera permise.

Le progrès dans la fabrication des aciers est incontestable. Si les aciers de l'Allemagne, de la Suède, de l'Angleterre sont encore désirés, demandés, ce n'est du moins que pour une spécialité de produit infiniment restreinte. Car il ne faut pas s'y méprendre ; si l'on trouve encore dans le commerce la marque assez répandue de la fabrication étrangère, c'est tout simplement par suite des exigences du commerce de détail, qui croit par ce moyen appeler plus directement à lui le consommateur : plus de franchise serait à désirer et servirait mieux l'intérêt comme l'amour-propre du pays.

Du perfectionnement de nos aciers découle tout naturellement le perfectionnement d'un grand nombre d'industries. C'est ainsi que la fabrication des faux ne laisse pour ainsi dire rien à désirer. Le faucheur, qui est l'ouvrier peut-être le plus exigeant sur la qualité de son instrument, ne s'inquiète même plus des produits autrefois si recherchés de l'étranger. Les faux en acier fondu, dont le prix a été mis à la portée des plus modestes consommateurs, sont fort prisées. Elles sont plus résistantes que celles en acier cémenté, se détériorent moins sous la main des ouvriers médiocres, et demandent aussi à être moins souvent battues : ce qui est une condition importante pour les faucheurs à la tâche.

MM. Peugeot et Jackson frères, à Hérimoncourt (Doubs), continuent leur excellente production de faux, de limes, de scies, d'outils divers.

— MM. Jackson frères, Gérin et Massenet ont la grande spécialité des faux et faucilles à Saint-Etienne. Le nom de M. Massenet, dans cette partie, est une garantie d'une habile fabrication.

— Il est difficile de voir une plus riche collection de limes que celle que nous offre M. Léon Talabot de Toulouse. C'est encore dans cette partie que nous avons gagné un immense terrain. Autrefois, on ne faisait pas un voyage en Angleterre que quelque industriel ne vînt vous prier d'être assez obligeant pour lui passer *quelque bonne lime anglaise*. Aujourd'hui, personne ne songe à cela. Nous dirons même, avec quelque orgueil, qu'il est certains genres de limes que les Anglais nous demandent ; par exemple, les limes de fine horlogerie.

Nous nous félicitons beaucoup de voir l'incontestable capacité de M. Léon Talabot portée sur cette branche si importante de l'industrie nationale.

— M. Dequenne, dont la réputation est faite depuis longtemps dans la Nièvre, continue à se distinguer pour ses limes et ses aciers de cémentation. Nous devons le remercier de ses succès comme de sa persévérance.

— M. Soyer, dans la Nièvre également, se rappelle à nous pour ses limes.

Cuivre. — Romilly est toujours la tête des établissements qui traitent le minerai de cuivre et le convertissent en produits. Le fond de chaudière de 2 mètres de diamètre, de 75 centimètres de profondeur et du poids de 332 kilog., est une pièce fort remarquable. Les belles plaques de cuivre rouge et jaune, des barres du plus fort diamètre, tous ces objets sont on ne peut plus dignes d'éloges.

— Une magnifique planche de cuivre jaune et divers autres articles nous montrent que MM. Estivant frères ne s'oublient pas dans les Ardennes. C'est toujours avec bonheur que nous voyons les grandes industries de la production et du travail des métaux se perpétuer sur les mêmes lieux, conduites par le même esprit, maniées par les mêmes mains, parce que nous savons combien l'art est difficile et combien l'expérience ajoute de salutaires et économiques leçons.

Plomb. — Pontgibaud, dans le Puy-de-Dôme, continue le développement si remarqué à la dernière Exposition et si honorablement récompensé. L'extraction du minerai de plomb, souvent essayée en France, n'avait pas été jusque-là très heureuse. Nous la voyons avec plaisir se continuer dans un pays où l'on a besoin de trouver du travail, et où aussi le bas prix de la main-d'œuvre est une chance de plus de réussite.

— M. David aîné mérite d'être signalé pour sa collection des tuyaux de plomb du plus grand comme du plus léger calibre. En bien des circonstances, le plomb est le seul métal dont l'emploi soit possible et utile. La facilité avec laquelle il se prête à toutes sortes de mouvements ne nous est donnée par aucun autre métal. Pour la conduite des liquides dans les ateliers de distillation, c'est particulièrement avantageux.

Zinc. — Après le plomb, il est tout naturel de passer au zinc, rival nouveau pour lui et assez dangereux. Cependant nous pensons que dans l'infinie production de nos arts utiles, il y a place pour l'un et l'autre.

Ce n'est point nous qui produisons le zinc ; la Belgique et la Prusse en ont le privilége à peu près exclusif ; mais c'est nous, tout au moins, qui l'employons le plus et qui peut-être bien aussi savons l'employer le mieux.

Sous le point de vue industriel comme sous celui de l'art, nous sommes arrivés à lui trouver une infinité d'emplois dont nous croyons très à propos de dire quelques mots.

— La *Société anonyme* de la Vieille-Montagne ne se charge que d'extraire le minerai, de le fondre et de laminer le métal. Quant aux produits si divers que nous rencontrons dans sa montre au Palais de l'industrie, ils n'y sont que sous son égide et comme preuve de tout ce que l'on a su faire avec la matière première qu'elle-même fournit. Sous ce rapport, l'on doit savoir gré à cette puissante association, du travail énorme qu'elle alimente et de la vaste production qu'à sa suite, autour, comme au loin d'elle, l'on enfante.

Le zinc est arrivé aujourd'hui à se substituer généralement à tous autres métaux, comme le cuivre, le plomb, le fer-blanc, pour la couverture des édifices. Avec le système des *tasseaux* pour corriger les inconvénients des effets de changement de température, et l'emploi des *couvre-joints* portant *biseau* de chaque côté, afin d'éviter les effets de la capillarité dans les temps de pluie, la couverture de zinc a acquis une incontestable supériorité. D'abord on économise sensiblement sur les matériaux de la charpente, puisque le mètre de surface de zinc n° 14 pèse, en place, de 7 à 8 kilog., tandis qu'en ardoise la même surface pèse de 18 à 20 kilog., et en tuiles, 80 à 90 kilog.

Les Hollandais, peuple essentiellement calculateur, ont commencé, il y a déjà longtemps, à doubler leurs navires avec le zinc; les Français, les Anglais sont venus ensuite, et aujourd'hui il est bien constaté qu'il y a tout avantage à substituer le zinc au cuivre, si ce n'est toutefois pour les navires plus spécialement destinés à naviguer dans des eaux très chaudes.

Un emploi assez nouveau du zinc et que nous devons moins que tout autre passer sous silence, puisqu'il s'y rattache une haute question d'HUMANITÉ, est celui pour la fabrication de l'oxyde destiné à remplacer dans les arts l'oxyde de plomb ou de céruse.

Tout le monde a ouï parler de la terrible maladie connue, dans la science, sous le nom de la *colique des peintres*. Assurément ce serait un grand bienfait que de trouver un produit capable de remplacer la matière qui la provoque. L'oxyde de zinc s'annonce comme promettant d'atteindre ce but depuis si longtemps poursuivi.

Comme effet industriel, la peinture au blanc de zinc semble ne laisser rien à désirer; comme durée, ce n'est pas encore aussi bien démontré, mais on espère également ce résultat. Peut-être sera-t-il nécessaire de donner une couche de plus sur quelques ouvrages. Mais si ce n'est qu'à ce léger supplément de travail et de dépense que tient la solution du problème, qui donc s'y arrêterait?

Nous invitons très vivement la science, aussi bien que l'industrie, à vider à fond, et le plus tôt possible, cette question à laquelle se rattachent de si hauts intérêts.

La route du travailleur est assez parsemée de dangers, de traverses de toutes sortes pour que nous cherchions à dimi-

nuer le mal qui est à notre portée, et à assainir les industries
qui en ont le plus besoin.

Après les arts industriels, sont arrivés les beaux-arts pour
faire leurs emprunts au zinc. Difficilement sans doute, avec
sa nuance terne, il remplacera l'éclat du cuivre, la pureté du
bronze; mais aussi n'a-t-on pas à songer aux goûts modestes et faciles à satisfaire?

L'estampage et les forces galvaniques nous semblent appelés d'ailleurs à donner un nouvel essor, un mérite de plus
aux ouvrages de zinc. Du moins il y a d'heureux commencements, et nous désirons qu'on arrive aux résultats que quelques hommes zélés s'attachent à poursuivre et se croient bien
près de tenir.

C'est parce que le zinc est un produit dont l'emploi est
assez nouveau et que personne mieux que nous en Europe
ne s'entend à en tirer parti, que nous avons cru lui devoir
donner une attention toute particulière.

Fer galvanisé. Ce produit, qui doit encore sa paternité au
zinc et au génie inventif des Français, est tout à fait digne de
notre mention. Il n'a rien sans doute de brillant, d'artistique;
mais combien est grande, incontestable son utilité dans une
foule de circonstances! Bien appliqué et appliqué partout où
cela se peut, que d'économies il ne vaudrait pas au père de
famille dans son ménage, aux chefs d'industrie dans leurs
grands appareils, à l'État pour son immense matériel de
guerre que la rouille dévore si souvent! Et en ceci n'arrivât-
on qu'à préserver nos boulets et nos obus de l'oxydation qui
les détruit si vite dans les parcs et les glacis de guerre, que
ce serait encore une affaire assez importante à porter en
moins au budget des dépenses. Nous savons, au reste, que
l'on a commencé des expériences sous ce rapport, et nous
les recommandons vivement à la science et au patriotisme
incontestable de nos officiers d'artillerie et de génie.

Si la montre des fers galvanisés n'est pas la plus brillante,
elle n'en a pas moins son importance très réelle, et le jury,
cette année encore, ne voudra pas l'oublier.

Fonte malléable. Plus coquette que celle que nous quittons,
l'industrie de la fonte malléable, dont l'apparition date déjà
d'un peu loin, promet malheureusement bien plus qu'elle ne

donne. Oui, ils sont jolis ces produits; oui, il est séduisant
d'entendre dire : « Voyez, avec cette matière que nous plions,
que nous martelons, que nous retrempons à notre gré, ce
que nous pouvons, ce que nous voulons faire. » Mais, messieurs, puisque vous voulez, puisque vous pouvez faire, allez
donc; allez : nous sommes dans un siècle qui marche vite;
marchez, vous aussi. Les machines colossales que vous avez
à côté de vous ne vont-elles pas comme l'air, aussi vite que
l'hirondelle rapide? Pour produire ces barres, ces rails mons-
tres qui étonnent tous les yeux, n'a-t-il pas fallu arriver à
faire couler des ruisseaux brûlants de minerai? Pourquoi
donc rester, de votre côté, aussi faibles producteurs avec une
matière dont vous connaissez l'importance, le but, le travail,
tous les secrets, messieurs Dalifol et Barré et Bois-Saint-Paul
de Sinçay ?

CHAPITRE IV.

MACHINES. — GRAND OUTILLAGE. — INSTRUMENTS DIVERS.

La force productrice, comme la puissance réelle des nations, ne se calcule plus aujourd'hui d'après le nombre
d'hommes qu'elles comptent ou la surface de territoire qu'elles
occupent. Le développement et l'application des facultés intelligentes, voilà le grand levier des forces du génie moderne.
C'est ainsi que les peuples asiatiques, dont on compte les
âmes par dizaines de millions, et qui couvrent des territoires
immenses, ne sont rien à côté des peuples occidentaux, si
ramassés dans d'étroits espaces, mais aussi si avancés en
civilisation. Les Anglais sont les descendants de ces Bretons
que les Romains trouvèrent si sauvages, et, en les poussant
les premiers à la civilisation, ils ne songeaient guère que ce
petit peuple commanderait un jour à plus de sujets que n'en
eut jamais le peuple si puissant de la Ville Éternelle. Quel
est le principal mobile de cette omnipotence? Eh! mon Dieu,
quelque courage, quelque persévérance sans doute, une sagesse administrative assez grande, mais aussi, mais surtout,
des machines, et machines, il faut bien le dire, d'art et de
production bien plutôt que de guerre et de destruction.

Avisons donc, à notre tour, à créer, à faire marcher des machines.

Si nous avons, avec autant d'empressement que d'orgueil, constaté le remarquable progrès qu'ont su faire faire dans ces derniers temps à leur art important nos maîtres de forges; si nous avons donné au pays ce progrès comme le gage qui promet le plus, pour son avenir industriel, nous sommes tout aussi heureux, en ce moment, d'avoir à enregistrer une autre bonne fortune : c'est de dire qu'à leur tour nos constructeurs de machines n'ont point sommeillé.

Sans doute eux aussi, comme nous tous, plus que personne peut-être, ont ressenti le soubresaut des événements politiques. Il a été violent à supporter pour un grand nombre, fatal même pour quelques-uns; mais enfin, la première secousse passée, le courage et l'espérance sont bientôt revenus aux plus résolus, aux plus habiles : et les voilà souriant et riches de créations au poste d'honneur où nous les attendions.

— Au premier rang de ces dignes soldats de l'industrie, se présentent MM. Derosne et Cail.

Derosne est mort ; mais comme dans le régiment de La Tour-d'Auvergne, nous trouvons, à l'appel de son nom, un bon camarade qui répond : Présent! C'est une noble manière, selon nous, d'honorer les grands services, que d'agir comme si l'inexorable mort n'avait pas encore passé par-là.

La grande spécialité de cette maison avait été, jusqu'ici, la construction des appareils propres à la fabrication des sucres. Soit faute d'espace dans le Palais de l'industrie, soit qu'elle ait supposé que ce genre de produit était aujourd'hui suffisamment connu, ce n'est point sur cette partie que notre attention sera appelée cette année.

L'activité de l'art des machines s'étant portée sur les lignes de chemin de fer, c'est là aussi que sont bien vite accourus MM. Derosne et Cail. Comme preuve parlante de leur savoir-faire, ils nous présentent une machine à grande vitesse, système Crampton, destinée à la compagnie du chemin du Nord. Elle est le deux-centième numéro de leur vaste enfantement.

Les connaisseurs, aussi bien que le vulgaire, s'arrêtent à

l'envi devant cette puissante roue en fer forgé, d'une seule pièce, toute fière, à bon droit, d'être sortie ainsi faite de l'enclume du forgeron.

C'est qu'en effet elles n'étaient pas seulement robustes, les mains qui ont battu, roulé, dompté ce bloc de fer... Elles étaient encore essentiellement intelligentes. Aussi, c'est ce qui déjà nous a fait dire et nous fait répéter encore une fois, que nous avions l'espoir qu'au sortir des épreuves d'une solennité où le travail manuel joue un si grand rôle, il serait fait la part des récompenses à décerner à l'ouvrier, à la fois dévoué à sa tâche, ingénieux, esprit créateur.

A ceux-là que Dieu, dans sa sagesse, et avec son impartial niveau, a voulu libéralement pourvoir du don précieux de produire, d'inventer, de perfectionner ce qui est grand, ce qui est utile, la société, à son tour, ne saurait, sans injustice, sans un maladroit oubli, refuser son tribut encourageant d'approbation, de souvenir, d'honneur.

Ce n'est pas seulement à Paris que brille le savoir-faire de M. Derosne : il vit encore à Denain, à Bruxelles, à Amsterdam, à la Guadeloupe ; et de ces divers centres d'activité, il a su, depuis plusieurs années, faire rayonner ses produits vers le point le plus extrême de l'ancien comme du nouveau monde.

Le grand appareil à broyer la canne, à vaporiser les sirops, à cuire les sucres, que nous pûmes, en 1847, admirer à la brillante Exposition de Belgique, et qui en était peut-être bien le plus beau fleuron, est aujourd'hui à Java. Le Brésil, l'Égypte, l'Espagne, Saint-Pétersbourg, ont tour à tour voulu connaître et su apprécier les produits divers de cette honorable maison, qui, dans les temps prospères, a pu occuper jusqu'à 2,500 ouvriers. Puissent-ils revenir bientôt pour elle, ces beaux jours d'activité et de travail, qui seraient aussi les beaux jours que souhaite et dont a besoin la France !

— C'est à présent sur la locomotive *le Rhône* que se porte notre regard. Elle est, au Palais de l'industrie, le brillant début de MM. Gouin et compagnie. Cette machine, comme sa désignation patronymique l'indique, est destinée au chemin de fer de Paris à Lyon. Elle est en tout d'une parfaite exécution. Les dispositions gracieuses de ce système, son extérieur si dégagé, sont-ils un mérite au fond ? A cet égard, nous n'osons trop répondre. Des juges compétents, même en Angleterre, son pays d'origine, disent que pour l'inspection, comme pour la réparation de son mécanisme, établi par en bas, il y a moins d'aisance et de promptitude que dans les autres systèmes. A cela MM. Gouin n'en peuvent mais. Ils ont dû exécuter et ont exécuté fort habilement la commande ; ce n'est que pour les compagnies que nous élevons quelques doutes, ou plutôt que nous rappelons les observations d'hommes tout spéciaux. Il peut n'être pas sans un intérêt public très réel d'approfondir davantage les mérites divers des systèmes employés.

— La machine de MM. Gouin a pour nous un second mérite ; c'est de mettre parfaitement en vue le nouveau et ingénieux système de pesage de MM. Saignier et compagnie, de Montpellier.

Jusqu'à ce jour, on avait manqué des moyens d'apprécier la différence de pesanteur de chacune des parties de ces grands appareils de traction. On en connaissait la pesanteur *in globo*, voilà tout. L'usure, à des degrés divers, du bandage des roues indiquait bien une inégalité dans la répartition de la charge ; mais, ne pouvant rien préciser d'exact, on réparait simplement le dommage, en laissant au temps et à quelque esprit inventif à trouver et le vice et le remède.

La locomotive, la plus merveilleuse machine, sans aucun doute, qui soit jusqu'ici sortie du cerveau humain, est comme le coursier qui, pour fournir sa carrière la plus longue, a besoin de sentir sa charge également répartie ; tout le monde comprenait cela. MM. Saignier seuls ont su arriver à la démonstration parfaitement simple du principe.

Les Belges, les Anglais depuis longtemps, et encore nos maîtres en fait de chemin de fer, étaient cependant à trouver la solution du problème. C'est au jury à bien vite inscrire ce succès dans nos annales industrielles. L'idée est trop bonne, trop simple aussi pour qu'elle ne passe pas bien vite et la frontière et le détroit ; mais au moins l'honneur de l'initiative nous en restera.

L'invention consiste à faire reposer chaque roue sur un système de balances-romaines, indépendantes les unes des autres. L'addition du total donne le poids de la machine entière, et les différences reconnues aident à déterminer les inégalités de pesanteur des charges diverses. Au moyen du jeu de quelques écrous gouvernant certains ressorts importants, on arrive facilement à niveler le chargement des six roues, à quelques kilogrammes près.

Au reste, ce n'est point là le coup d'essai de MM. Saignier : ils étendent depuis longtemps leur habileté sur une large fabrication.

—M. Calla nous rappelle très honorablement le nom et les travaux de son père. Sa fabrication a le sérieux, le fini de la fabrication anglaise ; il y a ce qu'il faut, et l'on n'y remarque rien de trop. Livré plus particulièrement à la spécialité qu'il nous était si nécessaire de nationaliser parmi nous, du grand outillage, il y a plusieurs pièces fort remarquables et que nous recommandons d'une manière toute particulière à la savante appréciation du jury, qui, plus heureux que nous, pourra les faire marcher devant lui pour en mieux apprécier la justesse, la puissance. C'est le mérite de *justesse* qui est surtout l'âme de la machine-outil. Des tours, des machines à raboter, nous ont paru particulièrement réunir toutes les conditions désirables de solidité et de bonnes dispositions pour l'activité du travail des grands ateliers de construction.

—Dans le voisinage de M. Calla, mentionnons bien vite l'usine de Graffenstaden, un des beaux établissements qui font tant d'honneur à la population intelligente et laborieuse du Bas-Rhin. On retrouve sans peine, dans les œuvres de cette usine, l'héritage et le brillant souvenir de MM. Rollé et Schwilgué, qui, pendant longues années, ont posé là si heureusement et pour l'Alsace et pour la France.

Nous adresserons à l'usine de Graffenstaden le semblable éloge que nous a semblé mériter la manière de M. Calla. Voilà le genre de travail que nous aimons et qu'on ne saurait, selon nous, trop bien encourager.

S'il y avait un rang à donner à part au type de l'esprit inventif, M. Decoster le disputerait avec tout avantage ; mais aussi il a tout naturellement les défauts de ses qualités. Il ne faut pas trop lui demander ce fini que nous nous sommes fait un plaisir de mettre en vue dans les œuvres de ses plus importants rivaux.

Ce hardi novateur ne nous laisse que l'embarras du choix dans l'ensemble de son précieux outillage. Nous voudrions qu'il nous fût donné d'assembler autour de lui la grande famille de nos fabricants en tout genre ; que de choses ils verraient là, qui viendraient accroître leurs moyens de production, économiser sur leurs éléments d'action, éclairer, gouverner leur propre habileté !

L'un prendrait la machine si ingénieuse, si commode à mortaiser, et que peut manier à son gré et avec un parfait succès la main même la plus novice.

L'autre donnerait la préférence à la machine à forer, à double effet, économisant ainsi et le temps et la force, deux choses en industrie également précieuses.

Un troisième voudrait du marteau de son invention, juste milieu entre le marteau à vapeur et le martinet, modérant, gouvernant, multipliant ses coups à la volonté de l'ouvrier qui l'emploie, sans exiger les conditions compliquées du *marteau-pilon*, conquête cependant infiniment précieuse de la mécanique de nos jours.

La presse hydraulique n'est pas assurément quelque chose de nouveau. Mais sachons toutefois gré à M. Decoster d'avoir voulu montrer aux yeux de tous comment l'on était arrivé à faire servir son puissant et si simple principe à créer la machine propre à l'ajustage des roues pour locomotives.

Un tout petit filet d'eau fait cent fois mieux et plus vite que le plus robuste ouvrier frappant jadis à coups redoublés et suant sang et eau avant que son œuvre difficile ne fût terminée. Oh ! mes braves et intelligents ouvriers, en face de ce brillant résultat et de bien d'autres qui vous économisent de si rudes efforts, origine trop souvent de terribles, d'incurables souffrances, apprenez donc mieux à comprendre l'utilité, l'intérêt des machines ! Quelquefois, sans doute, elles suppléent votre propre travail ; mais combien aussi elles aident à celui qui vous reste ; combien aussi elles le relèvent, l'ennoblissent ! Est-ce qu'au sortir du pied et de la manœuvre de ces machines intelligentes, dont, en ce moment même, nous faisons la revue, vous ne vous estimez pas vous-mêmes comme étant au-dessus du boueur qui ne manie que son balai, du terrassier rouleur qui ne connaît que le va-et-vient monotone de sa brouette?

— MM. Stehelin frères, de Biscchwiller (Haut-Rhin), ne se sont pas démentis. Ils rappellent leurs précédentes et brillantes expositions. Leur presse à caler est d'une excellente exécution.

— Le génie de la mécanique n'aura pas, dans cette exposition-ci, quelques-unes de ces nouveautés qui font époque dans l'histoire de l'industrie. Beaucoup d'excellentes choses bien exécutées, perfectionnées, complétées, voilà le cachet du moment.

Toutefois, en fait d'articles entièrement nouveaux, nous dirons que nous avons eu sous les yeux du coton et de la laine, nettoyés, triés, tout prêts à passer à la filature et amenés à cet état avec une rare perfection.

Cette préparation est due à une machine nouvelle, dernière production, nous le disons bien à regret, de M. Josué Heilmann, de Mulhouse. La machine est à l'Exposition sous le numéro 998. Nous regrettons seulement d'avoir à dire que nous n'en connaissons que les œuvres. Quoique montée, garnie de la matière à préparer, elle est silencieuse, immobile ; nous ignorons même ce qu'elle renferme dans ses entrailles qu'il semble que l'on tient à conserver mystérieuses; mais alors pourquoi la mettre en vue? Pourquoi personne n'est-il là pour nous apprendre la quantité de produits que cette machine peut produire, son prix d'achat, la force de mouvement qu'elle exige?

Nous espérons que le jury sera plus heureux que nous.

— Une machine parfaitement ingénieuse et dont l'utilité est aujourd'hui incontestable, est celle de MM. Varrall, Middleton et Elwell. Elle a pour but de faciliter le service de la distribution, de la vérification des cartes des voyageurs, dans les stations des chemins de fer.

La première partie de ce système est d'imprimer les cachets en carton, par le moyen d'une machine ou petite presse d'une construction particulière. Cette machine entière est mise en mouvement au moyen d'un levier que l'on fait manœuvrer facilement avec la main. Un tube vertical est rempli de cachets blancs qui viennent l'un après l'autre et à chaque coup de levier alimenter la machine, qui en imprime 200 à la minute. Ces cachets, ayant reçu n'importe quelle impression voulue, vont tomber dans un autre tube placé au-dessous; chaque cachet, en même temps que l'impression, reçoit aussi et à son tour un *numéro d'ordre* qui peut aller de 0 à 10,000.

La seconde partie du système ne regarde que la comptabilité. Les cachets disposés comme nous venons de le dire sont placés dans un autre appareil destiné à les *compter* et à vérifier l'exactitude des numéros, de manière que, s'il en manquait *un seul,* ce serait immédiatement constaté.

Outre ces deux machines, il en est une troisième qui sert à *dater* les cachets au fur et à mesure que l'employé les délivre aux voyageurs, en prenant note des numéros. Une caisse à compartiments ou tubes de la dimension des cachets est placée sur le bureau. L'employé y puise en prenant toujours en dessous de manière à suivre la série des numéros qu'il a reçus.

Il y a là économie considérable pour le service, comme certitude d'être à l'abri des erreurs et des tromperies. Aussi, en Angleterre, où l'esprit d'ordre est essentiellement en honneur et mis en pratique, a-t-on bien vite fait usage de l'invention. En France l'on commence à en comprendre l'importance.

Une machine, instrument rigoureux de nombre, garantie sûre de ponctualité, sentinelle incorruptible de moralité, voilà certes quelque chose d'heureux, d'infiniment précieux, et qu'il faut bien vite tenir à faire connaître et à vouloir que l'on récompense selon son mérite.

Nous savons bien que l'œuvre est d'origine étrangère: mais que nous importe? Dans les choses aussi utiles, dont l'*idée* est l'âme et quelque atome de matière la tangible expression, nous voulons qu'on leur demande : « Que valez-vous? que pouvez-vous ? » et non pas : « D'où venez-vous? »

CHAPITRE V.

MACHINES. — GRAND OUTILLAGE. — INSTRUMENTS DIVERS.

Bien souvent, en étudiant à l'étranger, notamment chez les Allemands, chez les Belges, la marche, le progrès, les heureuses conditions de l'industrie drapière, l'une des plus importantes, sans aucun doute, qu'un grand peuple puisse suivre et encourager, nous avons très vivement regretté que l'esprit inventif de la mécanique, qui, depuis plusieurs années en France, s'est porté sur tant de choses et les a fait si sensiblement avancer, eût autant négligé toutefois le perfectionnement des machines et instruments divers qu'emploie la fabrication des draps.

Il est juste cependant de faire remarquer que M. Mercier nous semble ici faire une heureuse exception. Homme capable, aimant son œuvre, s'inspirant d'amour-propre national, il s'est principalement attaché à la spécialité mécanique de la belle industrie qui fait depuis longtemps la fortune et la gloire de la ville à laquelle il appartient, Louviers; et M. Mercier, selon nous, a bien fait.

Nous aimons beaucoup les spécialités. Alors surtout que l'essor en est assez grand pour occuper le temps, intéresser les facultés, pouvoir faire la fortune d'un homme, il faut avoir la sagesse de s'y tenir. C'est là, en bien des choses, qu'on ne le perde jamais de vue, le secret de la supériorité anglaise sur nous.

Le fondateur de Seraing, John Cockeril, est assurément l'une des plus grandes capacités industrielles des temps modernes; eh bien! malgré sa prodigieuse puissance de concevoir et de créer, il est mort pour ainsi dire à la peine; et tout, ou à peu près tout, à sa suite, a malheureusement croulé. Pourquoi cela? Par la raison bien simple qu'il avait trop embrassé... Les conquérants de l'industrie sont comme les conquérants de la terre; eux aussi sont condamnés à trouver tôt ou tard leurs colonnes d'Hercule, ou, mieux encore, la roche Tarpéienne.

Le premier essai de progrès de M. Mercier a été de remplacer les bâtis en bois par des bâtis en fonte pour les machines à carder la laine et à fabriquer les draps. Il aida également beaucoup à l'adoption si désirable de la carde continue dont nous devons l'introduction au patriotisme de M. Victor Grandin.

Le mérite du moment est, pour M. Mercier, l'exposition de plusieurs machines qui dénotent un progrès incontestable ; il suffira, pour s'en convaincre, de bien examiner sa machine à battre la laine, sa carde briseuse à rubans, la carde boudisseuse et le métier de 250 broches, à double vitesse et à mouvement d'étirage.

Ce qui nous fait particulièrement plaisir, c'est d'apprendre qu'une partie de la production de cet habile fabricant passe à l'étranger ; c'est l'assurance aussi que l'on nous a donnée qu'assez souvent, et non sans avantage, ses produits sont entrés en lutte avec les produits sortis des meilleurs ateliers de l'Angleterre ; et cela malgré la condition fâcheuse, pour notre fabrication, du surhaussement de la fonte et de la houille.

Sans doute que cette expatriation de nos bons instruments de travail, allant éveiller, faciliter l'industrie chez des peuples qui jusque-là la connaissaient peu, les Espagnols, les Portugais, les Italiens, les Américains, les Russes, n'est pas bien précisément à l'avantage de nos fabricants de draps : mais il faut ici voir les choses de plus haut ; et, de ce point de vue, oser constater un essor nouveau pour le savoir-faire national.

Nous devons une mention d'un autre genre à M. Mercier, et non moins méritante, ce nous semble, que la première : c'est pour avoir su et osé, dans un temps d'irrésolution comme le nôtre, se mettre à la tête d'une *Association ouvrière*. Y a-t-il pour lui et ses compagnons de labeur la chance de réussir ? Nous ne savons. Mais ce que nous savons, par exemple, c'est que, lorsqu'une idée a longtemps, puissamment préoccupé les esprits ; lorsqu'elle est pour beaucoup d'hommes la pensée mère qu'ils nourrissent avec passion, la terre promise qu'ils entrevoient ; le danger, le grave danger, pour la société, c'est de fuir cette idée, de sembler la craindre, de croire bonnement, en louvoyant, pouvoir l'étouffer.

Il y a, selon nous, en pareille occurrence, mieux à faire qu'à se réfugier dans le doute, dans l'hostilité, dans la négation systématique des résultats annoncés, promis, espérés.

Il est bien plus sage, au contraire, d'aider au développement de l'idée en travail. Si elle est bonne, elle germera et portera ses fruits.

Si elle n'est point viable, elle avortera; et du moins l'on saura à quoi s'en tenir, et les illusions, au contact de la pratique, s'évanouiront bientôt.

Au reste, nous avons attentivement consulté les statuts mêmes qui lient M. Mercier et ses ouvriers, et nous les félicitons tous de la sagesse, de la maturité qui y préside. Nous savons plus particulièrement gré aux derniers d'avoir compris que de même qu'aux plus braves soldats il faut un général, aux plus intrépides marins un pilote pour les conduire au milieu des dangers, des difficultés et des travaux de toutes sortes qu'ils doivent rencontrer sur leur route; aux ouvriers aussi, quelque habiles qu'ils soient, il faut un patron, un chef, qui ait déjà l'expérience des affaires, les habitudes d'ordre, les sollicitudes de la prévoyance, l'aplomb du commandement. Sans ce ressort indispensable, qui donc fera taire les luttes de la cohue, les dangers du gaspillage, les rivalités de l'amour-propre, les prétentions déplacées et trop ordinaires de l'incapacité?

Aussi, disons que c'est à l'éloge de tous que d'avoir débuté avec prudence dans ce champ d'expérimentation sociale. C'est dans l'attente d'une solution dont les conséquences sont encore incertaines pour nous, que nous recommandons très vivement l'*Association Mercier* à l'attention du jury de l'Exposition, à la sollicitude paternelle du Conseil général de l'Eure et du Conseil municipal de Louviers. Le Gouvernement lui a déjà prouvé l'intérêt qu'il lui porte par une allocation de 100,000 fr. prise sur les fonds spéciaux votés par l'Assemblée Constituante. Puisse-t-on avoir partout à nous présenter l'exemple d'une partie aussi bien engagée, et qui semble faire courir des chances aussi peu inquiétantes à la fortune publique!

— Nous revenons volontiers à M. Decoster : il est l'un des industriels qui ont le plus fait, depuis quelques années, pour implanter définitivement et faire prospérer en France l'importante fabrication du lin peigné et filé à la mécanique.

La Société d'Encouragement, le dernier jury de l'Exposition nationale, ont, avec empressement, récompensé ce zèle : nous ne voudrions pas, à notre tour, le méconnaître.

En combinant la puissance, la perfection des machines nouvelles de M. Decoster avec ce que nos autres industriels ont produit de leur côté, nous aimons à dire que désormais il n'est pas besoin de faire le voyage de Leeds pour avoir les instruments d'un travail qui nous semble devoir être tout national.

Nul pays mieux que le nôtre ne produit un lin meilleur, plus corsé, plus soyeux lorsqu'il est bien préparé ; nulle part, non plus, on ne tient davantage à la belle toile de lin, à la fine mousseline : ce n'est donc pas le cas de négliger les moyens les plus perfectionnés de fabriquer ces admirables tissus.

Napoléon, en fondant son magnifique prix en faveur de la fabrication linière, avait vu juste, avait deviné l'avenir de cette belle industrie. Acceptons ce noble legs et aidons de notre mieux à la solution du problème.

— M. Grün, déjà remarqué à la dernière Exposition pour les métiers propres à la fabrication du coton, le sera également cette année. On retrouve dans ses produits la bonne facture qui distingue le travail du fer dans le Haut-Rhin.

— Ce même département nous rappelle MM. Huguenin, Ducommun et Dubief, qu'à notre regret nous avons oubliés dans la revue des machines-outils. Ils y figurent avec distinction, par divers instruments de grand outillage. Leur machine à mortaiser a reçu de notables améliorations.

— Les mécaniciens plus particulièrement voués au travail des machines propres à l'imprimerie paraissent s'être un peu reposés. Il est vrai que jusqu'ici on avait beaucoup fait pour hâter le perfectionnement et l'activité de cette importante branche de travail.

Cependant M. Giroudot nous présente quelque chose de

nouveau ; malheureusement nous ne pouvons dire que cet instrument ait déjà marché. Cette presse est faite pour imprimer des clichés de forme cylindrique.

Elle se compose de quatre cylindres placés horizontalement sur une même ligne : deux sont les presseurs, deux autres reçoivent les clichés. Au dessus de ces deux derniers sont superposés deux autres cylindres-tables qui reçoivent de l'encre d'un récipient fixé au-dessus d'eux. L'encre est égalisée par des rouleaux distributeurs.

L'on emploie du papier continu qui, après s'être imprimé d'un côté, vient s'imprimer de l'autre, passe sous un couteau qui le coupe de la dimension de la circonférence du cylindre ; puis la feuille vient tomber sur un feutre qui l'entraîne et la porte hors de la presse sur une tablette.

L'inventeur assure que l'on peut tirer jusqu'à 8,000 exemplaires à l'heure.

Si cette machine eût été faite pour l'impression des journaux, qui, surtout aujourd'hui, ont le besoin d'activer si fort le tirage, elle nous intéresserait davantage encore.

MM. Philippe et Worms ont songé à répondre à cette nécessité du moment ; mais, malheureusement, ils n'étaient pas en mesure, lorsque l'heure fatale de la clôture des admissions a sonné. Nous avons vu avec un grand intérêt essayer cette machine, et sur notre bureau se trouve un journal de grand format, parfaitement imprimé. Toutes les précautions nous semblent avoir été prises pour arriver à un bon résultat.

Nous pensons que ce sera là, un jour, le moyen le plus expéditif, le plus avantageux de la grande facture des journaux quotidiens.

Ce qu'il y a particulièrement d'avantageux dans ce système, c'est le faible espace que la machine à imprimer occupe. Il est d'environ 1 mètre 50 carrés.

— Une nouvelle spécialité frappe à notre porte, et celle-là encore est assez en droit de se faire écouter : c'est celle de M. Hermann. Elle concerne la trituration, le broyage, la pulvérisation de toutes sortes de matières.

La forme des cylindres, l'ingénieux mécanisme qui les met en jeu, la bonne disposition des récipients, les couteaux qui ramassent et sans cesse ramènent les pâtes sous le rouleau compresseur, tout cela est parfaitement réglé, entendu, réuni, coordonné.

La machine, dite *mélangeur*, destinée à faire les pâtes de chocolat, et qui peut aussi être avantageusement employée à la confection de toute sorte de pâtes, simples ou composées, nous paraît l'une de ses meilleures conceptions.

Les pharmaciens devront accepter avec empressement l'ingénieuse et excellente petite machine recouverte d'un globe de verre pour broyer les matières vénéneuses. Il est pénible de songer que souvent ce n'est qu'au détriment de sa propre santé que l'on travaille à améliorer la santé des autres.

L'art de broyer les couleurs doit quelque reconnaissance à l'esprit inventif de M. Hermann. Nous lui recommandons la machine de construction nouvelle, que l'on peut voir au palais de l'Industrie.

Une partie de la vaste fabrication de M. Hermann passe à l'étranger.

— La balance-mesure de l'invention de M. Pelletier pour peser et malaxer le chocolat, en supprimant le travail et pétrissage des mains, opération qui a des inconvénients de tant de sortes, mérite une honorable mention.

— Pour les industries qui ne demandent pas l'emploi d'une grande force, comme, par exemple, quelques-unes de celles dont nous venons de faire ressortir les efforts et le progrès, nous voulons mentionner le succès de la machine à vapeur à deux cylindres de MM. Le Gavrian et Farineaux, de Lille. Ce qui justifie pleinement cette recommandation, c'est qu'elle a été jugée digne du grand prix de 5,000 francs créé par la Société d'encouragement de Paris pour le perfectionnement des machines à vapeur.

Il a été reconnu que, pour la simplicité du mécanisme, l'économie du combustible et des frais de maçonnerie, si dispendieux dans les autres systèmes, il y avait tout avantage à donner la préférence à MM. Le Gavrian.

— Nous arrivons avec plaisir au nom et à l'œuvre de M. Nillus, l'un des grands et des plus honorables industriels du Havre.

Sa spécialité est celle des machines propres à la navigation.

Voisin des grands ateliers anglais du même genre, M. Nillus y a puisé de bons exemples, et il a parfaitement fait. En face d'aussi bons maîtres, on ne saurait mieux faire que de les prendre pour modèles.

L'appareil propre à un bâtiment à vapeur, qu'expose M. Nillus, est d'une large et solide exécution.

Nous engageons les Parisiens, qui vont aujourd'hui si facilement au Havre, à voir ses puissants moyens d'exécution.

CHAPITRE VI.

QUINCAILLERIE. — NÉCESSITÉ DE FAIRE RESPECTER LE NOM, LA MARQUE, L'ESTAMPILLE DES MANUFACTURIERS. — OUTILS DE FORGES.—TOILES, CARDES, PEIGNES MÉTALLIQUES.—POIDS ET MESURES. — MACHINES MODÈLES. — OUTILS D'AMATEURS.

Bien que roulant sur des objets en général de tout petit détail, la quincaillerie n'en a pas moins pour nous, pour le pays, une grande importance. Il ne s'agit de rien moins ici que de millions entassés sur des millions; c'est dire que notre désir est d'en faire une sérieuse appréciation.

Ainsi, pour nous, il y a couteau et couteau, rasoir et rasoir; serrures, scies, marteaux, etc., de cent espèces et mérites les plus divers.

Malheureusement, ce n'est guère qu'à ses dépens que le consommateur, la plupart du temps, peut faire ses épreuves. Le nom du producteur, sa marque, son estampille, ne sont même pas une garantie suffisante; car tout cela est copié, usurpé par les frelons de l'industrie: disons même le mot, tout cela est audacieusement pillé.

Aussi nous déclarons que, pour arriver à remédier à un pareil mal, nous nous joignons de tout cœur aux instantes réclamations qui ont été faites pour arriver à une législation plus efficacement protectrice du travail. Le pavillon industriel de la France a besoin d'être couvert, défendu. A nos yeux, comme aux yeux de tout homme franc, il ne l'est pas encore.

Divers moyens se présentent; c'est aux pouvoirs publics compétents à chercher, à proposer les meilleurs.

Vouloir forcer, comme quelques-uns l'ont proposé dans ces derniers temps, un producteur à marquer tous ses produits, c'est aller bien loin et courir la chance, peut-être bien, de compromettre au début une réforme économique qui se perfectionnera d'elle-même avec le temps et en ne la précipitant pas.

Mais ce qui, du moins, nous paraît urgent, indispensable, c'est que lorsqu'un homme, par ses œuvres, sa loyauté, s'est créé un nom, une renommée qui l'honorent, qui lui sont profitables, il puisse compter sûrement sur la conservation entière, intacte, de ces biens précieux; c'est qu'il puisse en mourant emporter avec lui la consolante pensée qu'il les transmet tels à ses enfants, à ses amis, à son pays.

En Angleterre, et les lois et les mœurs sont impitoyables pour ces honteux larcins. En France, malheureusement, ni lois ni mœurs ne parlent contre, avec la même énergie.

Nous savons que la maison Petin et Gaudet, les habiles métallurgistes dont nous avons tâché de relever justement le mérite, ont, à plusieurs reprises, refusé de satisfaire à des commandes importantes, mais commandes faites à la condition que leurs noms ne couvriraient pas leurs produits, dans l'intention très certainement où l'on était de les couvrir d'autres noms plus connus, de noms étrangers surtout.

Nous les louons de ce courage, de cette confiance en eux-mêmes.

Ils ont pensé avec raison que leur jeune renommée grandirait suffisamment, et qu'il était d'ailleurs au-dessous d'eux de se prêter, même indirectement, à aucun genre de supercherie.

Honneur à eux ! Nous sommes heureux d'enregistrer dans nos colonnes cette marque d'honnêteté, cette intelligence de l'intérêt personnel bien entendu.

— La quincaillerie, on le comprend très bien, ne comporte guère l'application du principe de la spécialité que nous avons vanté, appliqué aux grandes fabrications. Aussi croyons-nous pouvoir, sans faire de réserves, féliciter MM. Japy frères de leur vaste production. Dans les temps prospères, leur chiffre d'affaires s'élève à plusieurs millions, et l'on peut évaluer de cinq à six mille le nombre des ouvriers qu'ils occupent. Par cet exemple seul, l'on voit si nous avons raison d'accorder à la quincaillerie une réelle attention. Un coup d'œil jeté sur la montre de ces importants exposants fera tout de suite comprendre à quoi passé tant d'argent, de quoi s'occupent tant de bras.

Ce n'est point seulement la masse et la variété des produits qui valent à MM. Japy leur grande et vieille renommée, c'est encore la juste réputation de leurs produits. Loin de la craindre, nous sommes sûr, à l'avance, qu'eux aussi appellent la législation que nous sollicitons.

L'horlogerie commune est un des grands produits de MM. Japy. Nous leur savons gré de ce genre de travail, car nous ne voudrions pas qu'il y eût une maison en France où l'on n'entende l'heure sonner. Le marteau de la pendule est un gage de repos tranquille pour le bon travailleur, le réveille-matin du travailleur paresseux, un moniteur utile pour la ménagère chargée de l'exactitude pour les repas de la famille.

Lorsque l'on peut payer une pendule avec le prix d'une semaine de travail, quel ouvrier rangé peut dire qu'il n'est pas assez riche pour se donner cet instrument utile ?

— MM. Coulaux et compagnie, de Holscheim (Bas-Rhin), rivalisent avec MM. Japy. Leur excellente taillanderie est la base de leur grande fabrication.

— MM. Goldenberg, encore Alsaciens, — nous finirons par être jaloux de cette Alsace, — ont des produits fort soignés. Ils sont plus restreints que ceux de MM. Japy et Coulaux, mais aussi nous remarquons chez eux, avec un grand plaisir, une fort bonne exécution. Il y a là quelque chose du type anglais, le premier de tous les types pour le travail du fer et de l'acier.

— MM. Bricard et Gauthier, de Paris, méritent des éloges pour leur belle serrurerie. Déjà remarqués à la dernière Exposition, ils le seront sans aucun doute cette fois-ci encore ; nous regrettons seulement de n'être nullement fixé sur le prix de quelques-uns de leurs plus notables articles.

La serrurerie courante de M. Edouard Schmerber, du

Haut-Rhin, nous semble avoir deux mérites : sa bonne exécution et ses prix très modérés.

On nous croira facilement sur ce dernier point, lorsque
nous dirons que, chez eux, l'on peut avoir, prix de fabrique,
des serrures de sûreté pour armoire, pour 2 francs 35 centimes. Pour les serrures plus fortes, les prix sont propor-
tionnés. Ce système tout nouveau de serrure, qui consiste
dans l'emploi d'une plaque de caoutchouc et dans une clef
brisée, est fort simple, fort ingénieux. C'est à faire le déses-
poir de MM. Fichet et Huret, ces lutteurs si connus dans l'art
incrochetable.

Parmi ses habiles conceptions, M. Fichet en comprend une
qui doit, selon lui, aider au dépouillement des votes; le jury
pourra seul s'édifier à cet égard.

— Nous avons remarqué avec plaisir deux produits qui
annoncent de l'avenir dans un jeune industriel, M. Mous-
sard, de Paris. C'est une forge volante à air chaud, munie
de son soufflet; le tout métallique.

C'est une petite machine soufflante à comprimer l'air et
déjà passée à l'état pratique dans la plupart des grands abattoirs de Paris. Elle permet de souffler un bœuf en trois minutes.

Cette ingénieuse machine aurait aussi son avantage dans
les cabinets de physique pour arriver à bien démontrer le
principe et la puissance du phénomène de la compression
de l'air.

Ces instruments ne coûtent chacun que 130 francs.

— Nous n'avons rien vu nulle part qui vaille mieux que la
belle montre de MM. Roswag père et fils. Malheureusement,
il n'y a guère que les connaisseurs qui aillent la saluer,
étreinte qu'elle est par les colossales productions du Creuzot
et de M. Nillus.

Les Anglais ont longtemps eu le privilége de fournir le
monde industriel de toiles métalliques, et ils faisaient payer
cher les faveurs du privilége. MM. Roswag font aujourd'hui
aussi bien que personne. Nous ne savons même si pour quelques genres ils n'ont pas une réelle supériorité. On a peine à
concevoir que l'on puisse faire plier le métal jusqu'à une
finesse assez extrême pour arriver à produire plusieurs mil-

liers de mailles dans 27 millimètres carrés (1 pouce carré).

Les 27 millimètres portent en 1839, 44,100 mailles.

| » | » | » | 1844, 55,225 | » |
| » | » | » | 1849, 60,025 | » |

— Sans approcher de l'extrême finesse des précédents, MM. Albin et compagnie, de Strasbourg, ont des toiles d'une excellente exécution pour diverses industries. Nous en dirons autant de M. Tangre, de Paris.

— MM. Scrive frères sont pour les cardes ce que les précédents sont dans la partie des toiles métalliques.

Il est des noms qu'il ne faut vouloir que rappeler ; tout autre soin est pour eux inutile. Depuis près d'un demi-siècle la remarquable spécialité de MM. Scrive est connue. Là le travail comme le mérite passe de père en fils. C'est très honorable pour eux, c'est très heureux pour le pays.

Pour peu qu'on connaisse le travail du drap et des étoffes, l'on sait quel rôle important joue la carde dans cette fabrication ; c'est dire combien est avantageux son bon confectionnement.

— Dans un autre grand centre de fabrication, Louviers, M. Hache-Bourgois soutient une non moins vieille et brillante célébrité ; pour lui encore notre témoignage sera aussi bref qu'empressé.

— Dans la Seine-Inférieure, il y a une belle place occupée pour cette même production par M. Miroude, qui a étendu déjà depuis plusieurs années et avec beaucoup de succès l'usage des plaques et rubans de cardes au travail du lin. C'est une raison de plus que nous avons pour le mentionner et faire ressortir le mérite de ses produits qui passent, même en assez grande abondance, dans la consommation étrangère.

Prendre acte en toutes choses du progrès, de sa continuité, c'est honorer de légitimes ambitions privées ; c'est servir les intérêts généraux du pays ; mais c'est aussi, ce à quoi nous tenons beaucoup, arriver à justifier les premiers éloges hardiment donnés par nous à la grande solennité du moment.

— Les peignes sont encore un article précieux pour certaines fabrications ; et personne mieux que MM. Debergue, Desfrisches et Gillotin n'en soigne l'importante production.

C'est dans le Calvados que leur fabrique prospère depuis longtemps.

— Les Anglais qui, comme chacun le sait, ont beaucoup d'amour-propre national, sont forcés toutefois de convenir qu'en fait de poids et mesures, nous sommes incontestablement leurs maîtres, d'abord pour l'admirable simplicité de notre système métrique, ensuite pour la rare perfection avec laquelle nous exécutons nos divers moyens d'appréciation.

MM. Béranger et compagnie, de Lyon, ont une fort belle collection de balances-bascules, depuis l'instrument usuel du boucher et du boulanger jusqu'à la balance délicate du pharmacien, du savant, pour qui les plus légères nuances d'opération sont importantes à constater.

Nous aimons surtout ces balances dites pendules, dégagées de l'embarras de cordons, de suspensoirs, de colonnes, et dont le mécanisme tout intérieur se prêterait difficilement à des tricheries, trop fréquent et misérable calcul de certains petits marchands.

—M. Sagnier, de Montpellier, déjà mentionné à propos de la locomotive de MM. Gouin, mérite d'être rappelé ici pour ses productions d'un genre moins élevé.

— Nous plions, malgré notre courage, sous une pluie de pèse-lettres. Le Français brille, se presse même un peu trop pour les créations dites de circonstance. Mais le lecteur voudra bien nous dispenser de l'obligation de lui dire quel est le meilleur pèse-lettres : de plus graves intérêts nous appellent en vingt endroits divers.

— Par exemple, nous ne voulons point quitter les poids et mesures sans demander pourquoi nous n'avons rien à mentionner qui puisse servir de guide au cultivateur pour peser ses animaux avant, pendant, à la fin de l'engraissement. Tant qu'il n'aura pas ce guide, il ira au hasard, et le plus souvent il fera un métier de dupe.

Messieurs Béranger, Sagnier, Schwilgué, mettez donc bien vite en haleine les ressources de votre génie inventif. Faites quelque chose qui soit simple et à bon marché.

Si vous faites ce que nous vous demandons, vous rendrez un incontestable service à l'agriculture et dont l'importance sera bien vite comprise.

— Le Gouvernement est entré dans une excellente voie quand il a cherché à répandre, à populariser la connaissance, le goût des machines. Ce n'est pas seulement à Paris, c'est aussi dans tous nos grands centres industriels que nous voudrions voir des *Conservatoires industriels.*

L'ouvrier qui conduit, dans ses moments de loisir, son enfant dans un pareil lieu, qui lui explique le but, le jeu des machines, est un père bien autrement prévoyant et moralisateur que celui qui va perdre son argent à la roulette ou dans les joies abrutissantes du cabaret.

M. Philippe est l'un des mécaniciens qui a le mieux réussi dans cette intéressante spécialité. Il a su mener de front et ce genre délicat et des conceptions plus importantes, car nous lui devons plus d'une invention utile.

Le modèle du bel appareil à faire le sucre de MM. Derosne et Cail est parfaitement exécuté. Nous aimons l'idée qu'a eue M. Philippe de découvrir, par la section d'un des côtés, l'intérieur des pièces les plus importantes.

—M. Clair a dignement marché sur les traces de M. Philippe ; ses locomotives, ses tenders, ses grues sont d'une exécution fort soignée et ne dépareront pas les établissements qui les attendent.

— Le goût de la mécanique s'est très heureusement répandu depuis quelques années parmi nous, dans tous les rangs de la société.

M. Séguier, mettant bas son habit d'académicien pour allumer sa forge, marteler le fer, guillocher une pièce modelée de sa main, n'est plus un être phénoménal parmi les hommes que l'éducation et la fortune favorisent également. Il est toujours beau à lui de nous avoir offert cet exemple à suivre.

M. Youf, de Paris, vient seconder ce goût de mécanicien-amateur. Il a raison, d'autant mieux qu'il y réussit parfaitement. Son tour à l'anglaise à guillocher est un chef-d'œuvre du genre. Il doit bien en être ainsi, car il coûtera au chaleureux amateur trois mille francs. Cet amateur pourra bien n'être jamais un Séguier, un Brunel ; mais n'importe, si c'est son goût. Allez, monsieur Youf, et puissiez-vous, dans votre intérêt, avoir beaucoup de ces magnifiques amateurs.

Il nous manque seulement de savoir quelles sont les mains

d'où est sortie cette excellente exécution. C'est surtout ici que le mérite demande à être partagé. Le jury, comme nous, tiendra sûrement à le savoir.

Donnez, s'il vous plaît, la médaille d'honneur à l'aveugle!

Dans la salle des instruments de l'agriculture, nous avons naturellement dû, comme tout visiteur attentif à remarquer ce qui est bien, nous arrêter tout en face de l'établi et des outils de jardinage d'un aveugle.

Pourquoi cela? est-ce qu'il en appelle lamentablement à votre commisération de la plaie dont il est frappé? Non, mon Dieu non. Il est au contraire un exposant fort digne, et par cela même, à nos yeux, non moins méritant, plus méritant même que bien d'autres; car, plus courageux que beaucoup d'entre ceux qui y voient très clair, il travaille de ses bras, il fait des choses utiles; il les exécute fort bien; il les vend aussi fort bon marché; et ces outils font plus de bien encore à voir, lorsque l'on sait qu'ils servent, par leur travail d'exécution, de gagne-pain et d'apprentissage à d'autres infortunés aveugles.

Honneur au maître! honneur à ses élèves!

Le nom de notre aveugle est Laveau; son numéro d'exposant est 2311; son établissement est situé rue de Charenton, 58.

Marchands, jardiniers, achetez les outils de Laveau, ils ne sont pas chers... Et vous surtout, jeunes et belles fleuristes, usez bien vite, dans vos brillants parterres, de ses rateaux. L'aveugle bienfaisant vous dira merci... et Dieu, pour récompenser votre bonne œuvre, fera à votre gré croître et épanouir vos fleurs.

CHAPITRE VII.

APERÇU SUR LES CAUSES DU PROGRÈS DE L'INDUSTRIE MÉTALLURGIQUE ET DU PERFECTIONNEMENT DES MACHINES EN FRANCE.

Création des grandes lignes de chemin de fer. — Traitement des minerais par la houille. — Combinaisons de diverses sortes de métaux et soins de manipulation. — Emploi du marteau-vapeur. — Capacité plus grande chez nos industriels. — Bons effets de l'hospitalité française pour les capacités étrangères. — Lacune fâcheuse qu'il nous importe de remplir sous le point de vue de l'instruction commerciale.

Tout en aimant à partager l'éclatant témoignage que nous avons cru pouvoir rendre au développement de l'industrie métallurgique en France, aussi bien qu'au perfectionnement des machines, l'on est venu, de divers côtés, nous demander à quoi l'on peut le plus réellement attribuer cet heureux progrès et ce que l'on aurait de plus sage à faire pour pouvoir se promettre de le continuer, de l'accroître, de le populariser au milieu de nous.

Quelque délicate que soit cette étude, quelque absorbés que soient nos moments, nous allons volontiers lui consacrer quelque attention. C'est peut-être bien faute de ce retour réfléchi sur nous-mêmes, de cette analyse philosophique de nos moyens d'action, de notre puissance de conception, que le progrès en France ne s'étend pas assez décidément, que le bien n'est que trop souvent passager, que parfois aussi et en tant de choses nous en revenons à la nécessité d'avoir toujours à recommencer.

— Après un long et fort regrettable tâtonnement, nous avons enfin compris qu'à la France aussi il fallait son réseau de chemins de fer; heureusement que, le parti pris, nous avons assez résolûment marché pour tâcher de réaliser cette nécessité nationale.

Ainsi de Paris, cette noble artère de la puissance française, nous touchons par plusieurs points aux rives de l'Océan; nous arrivons prochainement, en ligne droite, sur les bords du Rhin; bien qu'un peu lentement, nous marchons vers la Méditerranée; et le centre de la France voit tous les jours élargir sa voie, voie de civilisation autant que d'intérêt matériel.

A cette large création, attribuons tout d'abord le plus important coup de fouet qu'ait reçu dans ces derniers temps l'industrie métallurgique. L'intérêt, le patriotisme de nos maîtres de forges, se sont élevés à la hauteur de l'œuvre que la France impatiente demandait à pouvoir accomplir. De tous côtés on a déchiré les entrailles de la terre, arraché de leurs profondeurs la houille, le minerai ; battu, roulé, modelé le fer, et, par ce fer obéissant au génie, aux volontés de l'homme, l'on est arrivé à produire la plupart de ces merveilles dont notre esprit, bien plus que notre regard encore, admire, s'explique, calcule la portée.

Quelques industriels trop timorés s'inquiètent, nous le savons, de ce qui adviendra après l'exécution du réseau déterminé ; mais, à cet égard, rassurons-les bien vite. Est-ce que ce réseau ne demandera pas à être entretenu et complété ? Et quels immenses travaux pour parfaire tout cela !

Voyez plutôt ce que font l'Angleterre, la Belgique, ces pays, nos aînés, dans l'art du *rail-way*. Tous les jours n'agrandit-on pas le nombre des premières voies exécutées et qu'on avait crues cependant, tout d'abord, devoir suffire à toutes les nécessités ? Non, en cela il n'y a véritablement pas de terme. La circulation, plus facile, crée de nouvelles richesses ; ces richesses appellent, à leur tour, d'autres besoins qu'il faut songer également à satisfaire.

L'agriculture, de son côté, n'a pas le dixième du fer qu'il lui faudrait ; l'art de la construction, à son tour, ne demande pas mieux que de le substituer au bois. Les ponts de fil de fer, ceux à la *Polonceau*, remplaceraient avec tout avantage les constructions interminables et ruineuses de pierre ; seulement il faut, pour ces grandes et importantes spécialités, que le fer continue à se produire et à se donner à *bon marché* ; il faut surtout que les grands producteurs fassent plus généralement connaître les améliorations sensibles apportées déjà sur ce point capital. On abuse trop encore, dans la petite fabrication et la vente de détail, de l'ignorance du public.

Les forges de Vierzon et MM. Diétrich ont hardiment déchiré le voile sur ce point commercial. On ne les a point assez imités.

Si l'Angleterre est arrivée à une production métallurgique presque phénoménale, elle ne le doit qu'au traitement de minerai par la houille. Elle peut jeter aujourd'hui dans sa propre consommation et dans son commerce de 15 à 16 millions de quintaux métriques de fer au moyen de 500 hauts fourneaux, tandis que lorsqu'elle ne travaillait le minerai que par le bois, elle ne pouvait produire que 200,000 quintaux.

Lorsque sous nos yeux, et à notre grand détriment, un pays a su s'élever à ce degré de supériorité, il ne s'agit pas pour nous de le jalouser mesquinement, ou de le contempler niaisement dans ses grandeurs écrasantes ; il faut bien vite, au contraire, le prendre pour modèle et s'élancer à sa suite, dans sa marche ascendante et hardie.

Il faut, sans doute, se garder de perdre l'excellente fabrication au bois des fers du Berri et la qualité plus précieuse encore des fers des Pyrénées ; mais, tout en conservant ces spécialités propres à quelques-unes de nos localités, songeons aux *masses* de fer qu'il nous faut, et disons-nous bien que la houille *seule* peut y suffire. Nous nous sommes ouvert la voie, continuons d'y marcher résolûment ; par ce moyen puissant nous pouvons espérer d'y progresser encore.

On se trompe lorsque l'on pense qu'à cet égard nous sommes mal partagés. Disons plutôt que nous ne nous doutons pas de ce que la Providence, en cela, nous a donné de richesses. Le sentiment de notre richesse et l'art d'en savoir tirer parti, voilà bien plus réellement ce qui nous fait défaut.

Il a été un temps où l'on a cru que les produits métallurgiques devaient la plus grande part de leur valeur à un mérite tout local : ainsi les fontes dites de Berlin, les aciers de la Styrie étaient donnés pour des produits privilégiés, à peu près inimitables.

Aujourd'hui, grâce à un esprit d'observation plus approfondi, on est bien revenu de ces idées, et l'on convient assez généralement qu'un pareil succès est encore possible ailleurs.

Ainsi, la combinaison intelligente de différentes sortes de fer, le choix et l'étude sévère des combustibles, leur conversion bien entendue en coke, le soin minutieux de la fabrication, le rejet consciencieux, sans transaction d'aucun genre, d'un produit manqué, reconnu fautif ; voilà les *conditions voulues, essentielles* d'une fabrication qui se respecte, qui vise au succès qui ne soit pas le succès d'un jour. Voilà, selon nous, le plus grand, le plus *habile secret* des remarquables produits forgés de MM. Petin et Gaudet, Schneider du Creusot, et des fontes si dignes d'être notées de **MM.** Diétrich et d'un petit nombre d'autres producteurs.

Aussi donnons-nous volontiers ces habiles ouvriers comme modèles à suivre à leurs confrères. Et nous disons ici avec intention, et dans l'acception la plus large du mot, *ouvriers* ; car, en métallurgie, on est ouvrier autant par la tête et l'idée que par le bras et le marteau.

— L'invention du marteau-vapeur ou pilon a été un immense perfectionnement et, pour ainsi dire, une véritable révolution dans l'art de travailler le fer. Autrefois on n'avait, comme on n'a encore dans les petits établissements, que le marteau à la main ou le jeu des martinets. Mais le marteau à la main est naturellement borné, dans sa puissance, par les limites de la force humaine. La force du martinet est grande ; mais son défaut est d'être toujours la même, de frapper fort lorsqu'il faudrait frapper doux, ralentir ses coups. De là aussi ce travail incorrect, l'origine de ces cassures fréquentes, tardives, fâcheuses, que l'œil le plus attentif, que l'ouvrier le plus habile ne pourraient ni prévoir ni prévenir.

Combien le marteau-vapeur est différent dans ses effets, dans sa puissance, dans ses modifications ! Il obéit, pour ainsi dire, aux volontés du forgeron, comme la locomotive obéit aux exigences de son conducteur. Pareil au clavecin, il a sa gamme, ses touches ; et par lui il n'y a plus, il ne peut plus y avoir de métal qui soit, pour ainsi dire, rebelle. Les adhérences sont plus profondes, mieux mesurées, infiniment plus entières ; aussi ne comprendrions-nous plus un établissement de quelque importance sans ce précieux outil. Il a même subi, depuis son origine, quelques heureuses modifications. Nous avons mentionné les plus notables, et ce n'est plus le lieu d'y revenir.

— Il est une autre cause sensible de progrès dans la carrière de la grande industrie, que nous ne saurions, sans injustice, passer sous silence, d'autant mieux que nos industriels ne peuvent eux-mêmes la dire : c'est leur propre capacité, devenue plus générale, plus étendue.

Aujourd'hui, on en est heureusement venu parmi nous à cette sage pensée, que, pour être un homme considérable et honoré dans le pays, il n'était pas besoin de porter l'épée, d'endosser l'hermine, de se couvrir de la toque, de faire partie d'un corps savant. On a justement cru qu'ailleurs aussi pouvaient être le patriotisme, le savoir, l'utilité nationale ; que le travail industriel, comme tout autre labeur, pouvait être un titre à la considération publique, à une juste renommée.

Et c'est avec bonheur et fierté que nous constatons ici que les Brunel, les Stephenson, les Cabrol, les Émile Martin, les de Vergès, les Flachat ne sont plus des hommes clair-semés parmi nous sur le terrain de l'activité industrielle.

C'est honorablement commencé, et il faut tout faire pour que ce progrès continue. L'École polytechnique et l'École des arts et manufactures doivent être autant la brillante pépinière des services industriels que des services publics.

Jusqu'ici l'homme de la théorie s'est généralement trop tenu à distance des applications pratiques ; mais de leur côté les hommes de la pratique ont beaucoup trop dédaigné les secours, les spéculations lumineuses de la science. Rapprochons, rapprochons bien plutôt, comme le font les Anglais, l'expérience et la science, et tous, nous gagnerons à cette noble et désirable alliance.

— Un dernier motif de notre marche industrielle ascendante est à noter ; il est même pour nous d'autant plus flatteur qu'il est le résultat d'une bonne inspiration : oui, la bienveillante hospitalité française a aussi son côté utile. Nous aimons d'autant plus à faire ressortir ce point de la question, que, dans ces derniers temps, ce vieux et si honorable privilége de la terre de France avait été un peu menacé.

Il ne faut pas seulement tenir à peser le pain que mange l'étranger ; il faut encore savoir prendre en considération les idées, le travail qu'il nous apporte. Qui donc pourrait au juste calculer les millions que l'idée de Watt et celle de notre Jacquart ont déjà fait produire sur la terre ; et qui pourrait dire qu'un de ces hommes qui peuvent un jour en appeler à notre hospitalité ne nous en promet pas autant ?

Et d'ailleurs, sans nous égarer sur le terrain souvent trompeur de l'espérance, voyons plutôt ce que nous pouvons tenir comme un bien déjà réalisé.

Est-ce que l'esprit genevois, si habilement calculateur, ne

nous a pas un peu initiés à la science financière, si peu connue jadis de nous ?

Est-ce que l'industriel anglais ne nous a pas donné de bonnes leçons pour l'exécution prompte et hardie de nos grands travaux publics ? Et les ouvriers anglais eux-mêmes n'ont-ils pas plus d'une fois, et avec profit, initié nos propres ouvriers à une habileté de main plus grande, à des mœurs plus tranquilles, à une hygiène meilleure ?

La patience allemande, la persévérance belge ne nous ont-elles pas aidés à monter, à poursuivre les brillantes industries qui font la fortune et la gloire de nos contrées du Nord et de l'Est ?

Ainsi, à l'avenir, comme par le passé, à l'étranger qui s'offre à nous comme malheureux, persécuté, disons, par devoir humain : « Entrez ! » A l'étranger qui se dit possesseur d'une idée, d'une invention, d'une main habile, répondons également : « Entrez, la terre de France a été et sera toujours un asile ouvert au malheur, au génie, au travail. »

Mais le pain pour nourrir tous ces nouveaux venus ? Oh ! le pain ne nous inquiète guère : seulement apprenons à faire de l'agriculture comme on commence à faire de l'industrie ; c'est-à-dire qu'elle soit intelligente, encouragée, raisonnée.

— Notre tâche nous semblerait incomplète si, tout en constatant les brillantes conquêtes que nous avons faites, nous ne finissions pas par signaler à l'attention des esprits attentifs la lacune infiniment regrettable que nous apercevons dans notre état économique.

L'esprit commercial en France ne répond nullement, par sa portée, son élévation, sa tenue, à l'esprit industriel. Ces grands commerçants, qui sont le levier puissant et l'honneur de l'Angleterre, de la Hollande, nous ne les avons malheureusement pas.

Nous trouverions fort déplacé, fort présomptueux, très dangereux pour la société et pour l'intérêt privé lui-même, qu'on voulût être magistrat, médecin, militaire, sans préparation, sans preuves bien démontrées de capacité ; et nous trouvons tout naturel que, sans préliminaire aucun, on vienne, on ose engager sa fortune, son honneur dans les relations d'affaires , où pour réussir, tant de choses sont à prévoir, à savoir ! Comment cela se fait-il, se peut-il ?

Le commerce n'est pas seulement le résultat d'une *règle de proportion* ; il est aussi , il est surtout l'application jour- nalière des connaissances les plus variées de géographie , de statistique, d'économie sociale , de notions positives en fait de produits de la terre et des manufactures : il est, en un mot, l'exercice continuel d'un vaste savoir qui s'apprend et ne se devine pas.

Et si cela est vrai, incontestable, comment s'expliquer que nous regorgions en France d'écoles spéciales de toutes sortes, et que nous n'ayons encore, qui soit réellement digne de compter, ce qui est loin d'être à notre éloge, qu'une *seule* école montée sur une large échelle ? Et faut-il dire plus, que dans cette école de commerce on trouve peut-être bien tout autant d'étrangers que de nationaux (1).

On nous opposera sans doute l'exemple de l'Angleterre, où les écoles spéciales de commerce n'ont pas l'importance que comporterait, d'après nous, la situation du pays. Nous disons bien vite que la comparaison manque ici d'exactitude.

En Angleterre, l'éducation classique n'absorbe pas les pre- mières et les plus belles années d'un jeune homme qui se destine aux affaires. En Angleterre , les professions se per- pétuent assez généralement dans les familles et s'apprennent ainsi dès le plus jeune âge ; des lectures frivoles détournent moins les parents, les jeunes gens des sujets sérieux ; des revues savantes, des traités excellents, des relations de voya- ges bien faites, des documents de toutes sortes, le goût inné chez l'Anglais de la locomotion , tout cela forme de bonne heure et ouvre merveilleusement l'esprit du commerçant anglais.

Pour nous qui n'avons ni ces mêmes avantages, ni ces mêmes goûts, ni ces mêmes mœurs, avisons à y suppléer par une éducation première mieux entendue, et ne livrons pas ainsi aux chances d'un pur hasard l'avenir de nos jeunes gens.

---

(1) Ecole spéciale de Commerce de Paris, dirigée par M. Blanqui aîné, membre de l'Institut.

L'industrie ne pourra être prospère et prendre tout son essor que lorsque l'esprit commercial lui prêtera une aide suffisante et mieux raisonnée.

Tel est l'aperçu des points les plus saillants dans notre économie industrielle que l'on nous a demandé d'éclaircir. Un puissant intérêt s'y rattache et nous ne croyons pas sans utilité et sans quelque portée les idées que nous venons d'émettre.

CHAPITRE VIII.

IMPORTANCE DE LA CHIMIE ET SES PROGRÈS RÉCENTS.— PRODUITS CHIMIQUES PROPRES AUX ARTS INDUSTRIELS ET MANUFACTURIERS. — PRODUITS PROPRES AUX BEAUX-ARTS. — PRODUITS PROPRES A L'ART DE L'ÉCLAIRAGE ET DU BLANCHISSAGE ; BOUGIES STÉARIQUES ; SAVONS DIVERS. — PRODUITS PROPRES AUX USAGES ALIMENTAIRES ; COLLES ANIMALES ; GÉLATINES ; CONSERVE DE VIANDES ET DE FRUITS. — PRODUITS PROPRES A L'HYGIÈNE ET AUX MOYENS DE SALUBRITÉ PUBLIQUE ET PRIVÉE ; EAUX ET POUDRES DÉSINFECTANTES ; BLANC DE ZINC. — PRODUITS PROPRES A FORMER DES ENGRAIS , PLANS ET DEVIS D'UN FOSSE A FUMIER.

Si nous passons de ce pas à l'examen, à l'appréciation de produits chimiques, c'est qu'en cela nous suivons simplemen la règle que nous nous sommes prescrite, celle de procéde par l'importance des fabrications.

Nous savons fort bien qu'aux yeux du grand nombre, c ne sont pas ces minces rayons chargés de quelques bocau qui ont le plus d'attrait ; mais, pour les hommes réfléchis e connaisseurs, il n'en est pas de même. Ils savent, eux, qu là, comme dans les métaux, les outils, les machines, son aussi des éléments précieux, indispensables, de puissance r productrice et d'une infinie richesse.

De toutes les sciences qui forment aujourd'hui le vaste e semble de nos connaissances, il n'en est peut-être pas do la face ait plus changé, depuis cinquante à soixante an que la chimie. A quelle distance même ne seraient déjà p du progrès actuel, s'ils revenaient tout à coup parmi nous, les Fourcroy, les Lavoisier, les Bertholet, ces illustres maîtres, ces pères de la science!

Après tant d'éléments nouveaux, ajoutés aux éléments les plus anciennement connus ; après les procédés si avancés, et de jour en jour plus précis, plus rigoureux, de l'analyse des corps dits inorganiques, quel avenir n'aperçoit-on pas dans les études et la marche de la chimie organique! Progrès et découvertes qui placent la médecine, la physiologie végétale, l'agriculture surtout, sur un terrain tout à fait nouveau et des plus intéressants.

L'homme lui-même, malgré son orgueil, malgré sa supériorité incontestée d'ailleurs sur tous les êtres de la nature, est forcé de se reconnaître un composé d'atomes qui, pour la plupart, se retrouvent dans chacun des corps qui l'entourent. Cette charpente admirable, si bien coordonnée, ces nerfs si sensibles, ce cerveau si puissant, ces tissus si moelleux et souvent si beaux ; eh! mon Dieu, eux aussi renferment du fer, du soufre, du phosphore, du calcaire, etc., etc.; et l'on peut vraiment dire aujourd'hui qu'il est autant une vérité scientifique qu'un axiome de morale, ce passage si connu de nos Livres Saints : *Memento, homo, quia pulvis es, et in pulverem reverteris.*

A tous égards donc et pour ce que nous tenons déjà pour bien acquis, et pour ce que nous sommes à la veille de conquérir, donnons aux produits, aux travaux de la chimie, le rang qu'ils méritent d'occuper, l'attention sérieuse qu'ils comportent. Dans beaucoup d'arts, sans doute, le creuset, l'analyse, le dosage exact des matières premières jouent un rôle qui paraît tout simple et donnent les meilleurs résultats : mais combien aussi reste-t-il de points importants de notre activité industrielle que le jet brillant de la science nouvelle n'a pas encore éclairés! Hâtons-nous, hâtons-nous! le temps et la richesse perdus ne se retrouvent pas; et la vie de l'homme est si courte!

Malgré ses applications incomplètes, nous avons toutefois le plaisir de dire que l'industrie des produits chimiques, comparée à l'industrie des autres peuples, est l'une des plus avancées. Sur plusieurs points nous l'emportons, et sur les

3

autres moins perfectionnés , nous craignons peu la concurrence.

Dans l'industrie des produits chimiques, il y a deux côtés importants à considérer : le mérite même de la fabrication et le prix commercial. C'était surtout ce dernier côté qui laissait quelque chose à désirer. On a en cela progressé, et nous en félicitons sincèrement nos industriels qui, pour atteindre ce résultat, ont pris la voie qui était la meilleure : c'était d'arriver à manufacturer la série entière d'utilité de la matière qui passe dans leurs mains ; par là, le travail de la fabrique se complique un peu ; mais aussi combien les conditions de revient changent et s'améliorent ! Nous aurons à faire ressortir plus tard cet habile calcul chez quelques-uns de nos plus importants exposants.

— Nous sommes heureux de retrouver toujours dignes du premier rang, toujours empressés de nous faire constater leur louable fabrication, MM. Kuhlmann frères, du Nord, pour leur noir animal, leurs résidus ammoniacaux pour engrais, leur gélatine; les mines de Bouxwiller, Bas-Rhin, pour leurs sulfates de fer, leurs excellentes qualités d'alun épuré et ordinaire ; madame veuve Bobée et M. Lemire, de Choisy-le-Roi , pour leur acide pyroligneux , les acétates de cuivre, les produits pharmaceutiques, à bon droit et depuis longtemps recherchés; M. Lefebvre, du département du Nord, pour ses cérases toujours infiniment bien fabriquées.

A ce rang d'élite, d'autres industriels cherchent naturellement à se faire reconnaître, à s'élever : ce sont ces efforts qu'il nous semble plus particulièrement de notre devoir de constater.

— Javel est déjà vieux de renommée, car il date de 1776 ; et, chose remarquable, c'est que, dans cette longue existence, et malgré les divers bouleversements qui ont fatigué le pays, troublé, arrêté tant d'industries, cet établissement n'a jamais cessé de marcher.

Javel s'est présenté très tardivement sur le terrain des Expositions ; c'est, selon nous, un tort.

Dans un temps où la concurrence est si ardente, souvent si téméraire et présomptueuse, parfois si peu loyale, il faut que ceux qui n'aiment pas à dévier des sages et bonnes règles de la production et du commerce sachent aussi, en temps opportun, se produire et venir dire : « Voilà ce que nous faisons, pourquoi nous le faisons, comment nous procédons. »

Invité par un ami à visiter Javel, sans connaître aucunement M. Fouché-Lepelletier, son propriétaire, nous avons accepté, sans lui dissimuler toutefois notre rôle de scrutateur, au besoin de censeur. Nous nous félicitons de notre démarche, pouvant aujourd'hui compter sur nos tablettes un bel établissement de plus. Comme garantie de notre impartialité dans le témoignage que nous croyons pouvoir donner, nous engageons les membres du jury à faire comme nous.

Ce qui nous paraît caractériser le mérite de Javel, le voici en peu de mots :

Constatons tout d'abord l'appropriation intelligente des diverses parties de la fabrique de manière à ménager les exigences de la main-d'œuvre. Quand on voit cette masse de produits qui sortent de tous côtés et sous des formes si diverses, on est amené à s'étonner du petit nombre des ouvriers chargés de cette large fabrication.

Quant aux mesures de salubrité, ce point pour nous en toutes choses fort important, plus important encore aux portes de Paris, elles y sont parfaites. C'est à peine si l'on se croirait dans un établissement de produits chimiques. Ainsi, même à la bouche d'un four qui dévore dans la journée 1,500 kilogrammes de soufre, on n'éprouve nul malaise. En bien des lieux ailleurs, même en Angleterre où cependant l'on n'épargne rien pour monter le mieux possible les établissements industriels, l'inconvénient de pareilles fabrications se fait sentir jusque sur les végétations avoisinantes ; ici, au pied même des bâtiments, se trouvent des céréales, des arbres, des fleurs qui ne diffèrent en rien des produits du même genre placés dans les circonstances les plus favorables.

L'Administration est en droit aujourd'hui de se montrer assez exigeante pour pouvoir arriver à la suppression des causes d'insalubrité dans les établissements de semblable catégorie ; car elle a un argument péremptoire à donner à ceux qui objecteraient des raisons tenant à la nature même de l'industrie ; elle peut fort bien leur dire : « Voyez Javel. »

Un autre caractère que nous aimons à noter dans la constitution économique de Javel, c'est la filière de produits se servant les uns des autres d'aide, d'aliment : c'est ainsi que rien n'est à charge, ne se perd.

La réputation de la fabrication de Javel est faite depuis longtemps, et nous croyons inutile d'en parler. Quant à la masse des produits, elle est considérable ; on en jugera facilement lorsque nous aurons dit qu'il faut, entre autres matières premières, un million de kilogrammes de soufre et vingt-quatre bateaux de charbon contenant chacun 2,400 hectolitres. Les principaux produits de l'usine sont l'acide sulfurique ordinaire du commerce, l'acide sulfurique pour le carmin d'indigo, celui pour l'épuration des huiles, les acides chlorhydrique, oxalique, azotique, la soude, l'eau de Javel, les savons, façon de Marseille et autres, etc.

Quant aux moyens de production, ils nous paraissent aussi intelligemment et grandement organisés que bien conduits. Une immense chambre de plomb, la plus grande, croyons-nous, que nous ayons jamais vue, car elle jauge 100,000 pieds cubes, deux vases en platine coûtant 50,000 fr., chacun, un système très curieux et tout à fait nouveau d'appareils en vases de terre pour la distillation de l'acide sulfurique et pouvant, selon M. Fouché, remplacer avec profit les appareils en plomb : voilà ce qui nous semble bon à noter.

Il est vrai que l'on nous a dit, car nous aimons aussi à juger les choses autrement que par nos yeux, que par les ressources seules de notre esprit : prenez garde, Javel est sans doute un fort bel établissement, mais que n'a-t-il pas coûté ! Pour nous, nous l'avouerons, c'est là plutôt un éloge qu'un sujet de blâme, tant que l'on n'aura pas ajouté que l'établissement est une mauvaise affaire. Nous aimons, au contraire, l'homme assez courageux, assez confiant en lui-même pour mettre dans son établissement son honneur, sa fortune, sa vie, et pour y voir après lui l'avenir de ses enfants. C'est avec ce sentiment que l'on marche sûrement, que l'on va loin. C'est ainsi que font de l'industrie, du commerce, les Anglais, les Hollandais, les Belges, qui, en cela, il faut le dire, sont encore nos maîtres.

Si M. Fouché a pu accumuler plus de deux millions dans Javel, tant mieux pour lui, pour le pays. Ce n'est guère dans cette nature de produits que nous craignons de voir les écus et l'intelligence s'accaparer avec danger pour le public.

En France, malheureusement, nos industriels n'ont qu'une ardeur, une activité pour ainsi dire provisoires. Entrevoir, poursuivre, atteindre ce qu'ils appellent l'heure du repos, voilà le but qu'ils se proposent.

Et ce repos, quel est-il souvent? c'est l'occasion de perdre étourdiment, dans ce que l'on ne sait pas faire, ce que l'on a laborieusement et honorablement gagné dans une carrière connue et beaucoup trop tôt légèrement quittée.

Ainsi, loin de blâmer, félicitons, honorons, au contraire, les hommes qui chez nous prennent à cœur et à juste honneur d'étendre, de perpétuer de belles, de profitables industries.

— MM. Poisat oncle et compagnie, à la Folie-Nanterre, que le jury précédent a déjà fort honorablement mentionnés, continuent à se faire remarquer par l'importance et la bonne qualité de leurs produits. Nous regrettons de manquer de détails sur l'importance et les résultats réels de leurs acides gras, obtenus par la distillation et destinés à la fabrication des produits d'éclairage.

— Ici encore mérite de trouver place une fort honorable maison d'Alsace qui continue avec succès l'industrie, déjà ancienne dans ses mains, des produits chimiques; c'est celle de M. Kestner de Thann, occupant plus de 240 ouvriers. Au sein de tant d'établissements manufacturiers, c'est une heureuse production que celle-là; aussi a-t-elle une prospérité de plus en plus croissante. Les évaluations suivantes attesteront suffisamment l'importance de la fabrication de M. Kestner; il produit environ, chaque année, 2,000,000 de kilogr. d'acide sulfurique; 1,400,000 kilogr. d'acide chlorhydrique; 1,300,000 kilogr. de sulfate de soude; 2,400,000 kilogr. de soude brute, carbonate de soude, cristaux de soude.

L'Alsace est loin de pouvoir consommer cette grande production; Lyon, Paris et Rouen lui servent également de débouché.

— M. de Grimaldi, directeur des salines de Dieuze, continue à imprimer à ce vaste établissement une habile impulsion ; indépendamment de sa grande spécialité, il a plusieurs produits chimiques.

— Saint-Gobain nous occupera plus tard par la célèbre spécialité qu'on lui connaît : cependant nous ne pouvons ici entièrement le taire ; et ce n'est pas un petit mérite pour nos autres établissements que de continuer à lutter avec ce fier colosse aux écus inépuisables, dit-on : reconnaissons, toutefois, que dans la bouche même de ses rivaux, ce n'est point là son seul mérite. Ses produits chimiques sont avec raison recherchés.

— Les produits chimiques employés dans le travail des beaux-arts et dans la partie des plus fines teintures, occupent aussi parmi nous un rang fort distingué. Tout le monde connaît aujourd'hui la belle découverte que fit parmi nous, il y a quelques années, M. Guimet, de Lyon, en remportant avec tant d'éclat et de succès le prix fondé par la Société d'Encouragement en faveur de celui qui créerait un produit capable de remplacer l'outremer.

Un art aussi capital, on le devine bien, n'en est pas resté à son point de départ. En France, en Allemagne, on a cherché, étudié, perfectionné avec ardeur les procédés de l'importante découverte.

MM. Zuber et compagnie, de Mulhouse, se présentent dans la lice avec un avantage que l'on aime à constater. Il leur a été d'autant plus facile d'arriver à de grands et réels résultats que, dans leur belle papeterie de papier peint, ils sont à même d'employer souvent ce produit.

Indépendamment de leur outremer artificiel qu'ils préparent et combinent de manière à le rendre propre au plus grand nombre d'usages possible, ils ont créé une fabrication de jaune de chrôme qui se fait remarquer par sa beauté autant que par la modicité de son prix. N'est-ce pas bien remarquable, en effet, pour la chimie moderne, que d'être arrivé à pouvoir donner à l'industrie et aux beaux-arts pour 3 à 10 fr. le kilogr. ce qui coûtait, il y a quelques années, 2 à 3,000 fr. ?

— M. Lange-Desmoulin nous présente un bel assortiment de couleurs, parmi lesquelles nous tenons à faire remarquer son jaune de chrôme, son vermillon, son carmin.

— M. Paillard, de Paris, comme M. Lange-Desmoulin, réunit les couleurs et de plus la plupart des objets que réclament les arts de la peinture et du dessin.

— M. Giroux se fait plus particulièrement remarquer pour les couleurs propres au genre aquarelle, genre qui a pris depuis quelques années un assez grand essor.

— M. Ringaud jeune nous présente une intéressante spécialité, bien que moins relevée que celle que nous sortons de signaler ; c'est celle des couleurs propres à la teinture des étoffes. Là aussi, il y a une grande et parfaite utilité, et l'on ne saurait trop travailler à l'étendre, à la perfectionner.

CHAPITRE IX.

IMPORTANCE DE LA CHIMIE ET SES PROGRÈS RÉCENTS. — PRODUITS CHIMIQUES PROPRES AUX ARTS INDUSTRIELS ET MANUFACTURIERS ; ETC.— *Suite.*

— Nous ne séparerons pas, dans le rapide examen que nous pouvons en faire, la bougie stéarique et les savons. Ces produits tiennent pour ainsi dire à nos besoins quotidiens, intimes ; ils conviennent plus particulièrement l'un et l'autre à l'industrie parisienne ; ils sont le but d'une grande rivalité, d'un progrès constant, et sont recherchés par le pays comme par la consommation étrangère.

M. de Milly, par les belles apparences qu'il a su donner à sa bougie, par l'éclat pur que jette sa lumière, la régularité précieuse de sa marche, ses prix modérés, nous semble toujours digne de la récompense élevée qu'on lui a décernée. Mais peut-être aussi doit-il un peu à cet insigne honneur la foule de concurrents venus à sa suite. Malheureusement pour eux, ils nous semblent n'avoir pas aperçu le côté important qu'il fallait attaquer.

Au lieu d'ouvrir et de méditer Dumas ou Payen, ils ont préféré feuilleter le *Dictionnaire de l'Académie*, et chercher un mot pour le moins aussi sonore que le mot sur lequel, par hasard, indifférence ou bonheur, était peut-être tombé l'inventeur habile de la bougie de *l'Etoile*. Ainsi nous avons eu successivement la bougie de *l'Eclair*, la bougie de *la Comète*, la bougie de *l'Etincelle*, la bougie du *Phare*, la bougie de *l'Espérance*, enfin la bougie de *l'Univers*. Ici, on le devine, force était bien de s'arrêter...

Le consommateur, par bonheur, a plus d'esprit que tout cela. Il préfère, il encourage le plus habile, et il a parfaitement raison. En ceci encore, qu'on laisse donc les mots de côté, et que l'on s'attache davantage à la réalité, au positif des choses.

—Les savons de toute espèce, et particulièrement les savons de luxe, ne se fabriquent nulle part, aujourd'hui, comme à Paris. On ne se donne même plus la peine de les couvrir de l'étiquette étrangère, tant on est en droit de compter sur leur propre mérite.

MM. Oger, Demarson, la Société hygiénique, nous montrent de fort remarquables produits. Nous trouvons mauvais toutefois que ces habiles fabricants aient cru devoir ne pas tenir compte de l'invitation du Gouvernement et du jury pour mettre le public dans le secret du prix courant de leurs produits. Le savon, c'est comme le pain : chacun doit savoir ce qu'il coûte à fabriquer, ce qu'il vaut réellement.

N'est-il pas étrange que l'on nous vende à nous, confiants acheteurs, une tablette de savon, par exemple, quarante et cinquante centimes, lorsque le producteur la cède en gros au prix de quatre-vingts centimes, à un franc vingt centimes le kilogramme, et cela, qualités rosées, parfumées, superfines, etc...; et combien de ces tablettes n'y a-t-il pas dans un kilogramme ...

Sous ce rapport, nous félicitons MM. Legrand, Vallée, Girard, qui ont été plus ponctuels sur la consigne, plus hardis dans leur métier, et, au fond, disons aussi plus habiles. Le commerce, l'industrie bien entendus, vivent surtout de rondeur, de franchise.

Notre devoir est sans doute de servir, d'encourager les industries, et c'est notre bonheur lorsque l'occasion en cela se présente favorable ; mais il entre dans notre mission aussi de stipuler quelques conditions raisonnables pour le consommateur.

— Les colles fortes, les gélatines sont encore des produits qui tiennent à distance les étrangers et les rendent assez souvent nos tributaires. Ils conviennent très volontiers eux-mêmes qu'ils ne peuvent arriver à cette incontestable perfection dont la plupart de nos produits portent le cachet; et cela grâce aux conseils de la science et au bon esprit de nos industriels à la prendre plus souvent pour guide.

— MM. Estivant aîné, Estivant-Donau, de Givet, Lefébure, de Paris, nous présentent des produits que nous avons dû remarquer.

— Parmi les gélatines de table et celles propres aux besoins recherchés de certaines industries, nous retrouvons au premier rang M. Grenet, de Rouen, que nous gronderons toutefois sur un point. A quoi bon ces dessins, cet éventail en gélatine? Nous n'aimons les tours de force chez personne en industrie, et bien moins encore chez les hommes d'un mérite réel, qui doivent se garder de gaspiller en futilités leur argent, leur temps, leur intelligence.

— A côté de M. Grenet, figurent non moins honorablement MM. d'Enfert frères, de Paris, Faussemagne, de Lyon, Humbert et compagnie, de Dieuze (Meurthe), Pitoux, de Paris.

— La gomme arabique artificielle de M. Augan, pour le besoin de certaines fabrications, demande à être soigneusement examinée par le jury. Assurément nous ne tenons pas à tout vouloir fabriquer et à ne rien recevoir des mains de l'étranger : ce serait songer à anéantir maladroitement toutes relations commerciales; mais cependant il y a un point qu'il ne faut jamais perdre de vue : c'est l'avantage de suppléer les choses d'un arrivage difficile, douteux : le commerce avec l'Inde et l'intérieur de l'Afrique se fait un peu dans ce sens et avec ces inconvénients.

— Merci à M. Pouget de son envoi de colle de poisson. C'est la première fois peut-être que Cayenne fait acte de présence au Palais de l'industrie. Si, comme nous l'espérons, cette industrie est susceptible de développement dans ces parages poissonneux, on ne saurait trop l'encourager. Pour nous, dans Cayenne et la Guyane nous voyons heureusement autre chose que le désert et les tristes souvenirs de Sinnamary. Le temps peut-être un jour plantera-t-il sur ce vaste espace quelques jalons de civilisation avec plus de moyens de travail.

— Les fécules, les farines légumineuses, les pâtes pour potages, nous rappellent ici les noms et les louables efforts de MM. Saint-Étienne père et fils, Groult, Chatillon et Moussu, de Paris.

— Une autre partie de cette même branche de travail ne saurait être oubliée : c'est celle qui tient à la conservation des aliments ; mais elle est, comme on le devine bien, plus spécialement du ressort du jury. Aussi nous contenterons-nous de lui indiquer MM. Girard-Liothaud, de Tours, Fastier, de Neuilly, Dupas, Desobry, Fly, de Paris, Thiot, de l'Ain.

— Il n'est personne qui ne se rappelle le grand effet que produisit partout la belle découverte de M. Labarraque ; elle a justement immortalisé son nom et rendu en bien des circonstances d'incontestables services.

Mais est-ce là la limite des moyens d'assainissement et de désinfection des substances en décomposition et des lieux malsains ? et la science, à cet égard, a-t-elle dit son dernier mot ? Nous sommes loin de le penser.

C'était déjà un grand pas de fait que d'arriver à détruire ce poison ambiant qui se trouve dans tous les endroits où il y a décomposition de corps organiques, particulièrement dans les fosses d'aisance, source continuelle de dégagement de gaz délétères.

Cependant, le procédé Labarraque a un grave inconvénient : c'est de laisser une odeur persistante, à lui propre ; c'est aussi, ce que chacun de nous a plus d'une fois éprouvé, d'exciter une assez vive irritation sur la membrane pituitaire, provenant de l'effet du chlore répandu en excès dans l'atmosphère, ou de l'acide hydrochlorique également en suspension dans l'air atmosphérique.

Dans cet état de choses, dont on ne saurait contester l'exactitude, voici deux hommes, MM. Raphanel et Ledoyen, pharmaciens comme M. Labarraque, qui viennent promettre de produire le même effet désinfectant et sans les inconvénients propres au procédé de leur savant confrère. Indépendamment du côté hygiénique, ils garantissent un avantage matériel d'une notable importance ; c'est de rendre immédiatement usuel et propre à la culture le résidu des latrines ; en un mot, et pour présenter la chose comme plus saisissante à l'esprit des Parisiens, ils pensent pouvoir rendre inutiles et Montfaucon et Bondy.

Devant l'annonce d'un pareil résultat, nous avons dû naturellement demander des explications et une justification ; car nous n'aimons ni à croire de confiance ni à juger en aveugle.

La justification de MM. Raphanel et Ledoyen nous a paru d'autant mieux répondre à nos justes exigences, qu'elle dérive en grande partie de documents sortis des mains de la haute Administration anglaise.

Ce Gouvernement, on le sait, ne se précipite pas à la légère après les innovations ; mais il voit, il observe froidement, il étudie judicieusement les choses, et lorsqu'elles lui paraissent bonnes, mûries par de suffisantes épreuves, voulues par les besoins, il va résolûment au but, il applique bien et suit avec persévérance.

Ici donc, après avoir vu, compris, on voulut essayer en grand. Lord Morpeth, le ministre spécial que la découverte regardait et qui avait tenu à suivre de ses yeux les premières épreuves du procédé, proposa à l'inventeur d'aller aider à combattre une terrible épidémie qui décimait la population de Québec.

Un Français ne recule naturellement pas là où il y a l'occasion d'un grand bien à faire, l'amorce d'un péril glorieux à courir ; et tout aussitôt M. Ledoyen partit pour le Canada avec le colonel Calvet, commissaire délégué du Gouvernement, pour suivre toutes les opérations. Le colonel périt à la tâche avec bien d'autres victimes. M. Ledoyen eut à tous égards plus de bonheur. Il put faire bénir de nouveau le nom et le génie français sur cette terre qui a été la nôtre et où, Dieu merci, nous ne sommes pas encore oubliés.

Quel est ce puissant substitut du chlorure ? C'est une solution de nitrate de plomb qui a la propriété de rendre insoluble le principe de la fermentation (la matière azotée). Et là où il n'y a pas de fermentation, il ne saurait y avoir dégagement de gaz. Mais lorsque la fermentation putride a commencé, la solution a la propriété de l'arrêter immédiatement et de décomposer aussi les gaz qui se sont formés en donnant naissance à de nouveaux composés qui n'ont nulle action malfaisante ou désagréable sur nos organes.

Il paraîtrait qu'un litre de cette solution au nitrate de plomb serait parfaitement suffisant pour désinfecter cent litres de matières, et qu'en mettant régulièrement dans les latrines une quantité proportionnelle aux déjections, on prévient tout travail de fermentation.

N'oublions pas de dire que la solution ne coûterait, prise par demi-hectolitre, que trente centimes le litre.

Comme remède curatif, MM. Raphanel et Ledoyen lui prêtent, en bien des circonstances, une vertu réelle, par exemple pour aider à la cicatrisation des plaies.

Telles sont les courtes indications que nous pouvons ici donner. Mais elles nous paraissent suffisantes pour nous faire espérer que les membres du jury et du Conseil municipal de Paris ne seront pas moins empressés que lord Morpeth, le gouverneur du Canada et le gouvernement anglais, pour nous révéler quelle peut être la portée de la découverte qu'on soumet à l'appréciation du public français, après lui avoir fait subir le baptême de l'initiation, de l'expérimentation étrangères; ce qui ne serait, au reste, pas nouveau dans l'histoire des grandes découvertes dont l'honneur revient à la France, à commencer par la merveilleuse découverte de la machine à vapeur.

— Après avoir si bien fait les honneurs de l'Exposition au plomb, sous sa forme de nitrate en solution, nous voici tout disposé à nous mettre en guerre avec lui lorsqu'il se présente à nous comme oxyde. Cela prouve tout au moins notre esprit d'impartialité.

Lorsque naguère, dans notre revue des métaux, nous témoignions notre désir que, dans l'intérêt du bien-être de la classe ouvrière, l'on pût arriver à substituer, avec un égal avantage pour l'industrie et les arts, l'*oxyde de zinc* à l'*oxyde de plomb* ou *céruse*, nous étions loin de penser que la question fût véritablement aussi avancée.

C'est dire combien nous avons été agréablement surpris, lorsque, quittant les métaux, outils et machines, nous nous sommes mis à étudier nos autres richesses, et que nous nous sommes trouvé en face de la curieuse et intéressante exposition de la *Société anonyme du blanc de zinc*, et de celle de M. Leclaire, l'heureux et opiniâtre inventeur de la découverte.

La Société anonyme et M. Leclaire ont trois montres distinctes. La première est un encadrement d'échantillons de peintures à la céruse des diverses fabriques et qualités françaises et étrangères. C'est peut-être peu généreux à M. Leclaire que d'avoir fait peindre deux figures, moitié au blanc de céruse, moitié au blanc de zinc, et d'avoir ensuite soumis à un courant d'hydrogène sulfuré ces figures, qui, à la suite de l'épreuve, produisent, il faut bien le dire, un effet fort étrange, et que le public paraît suivre avec beaucoup d'intérêt. On dit que la céruse se plaint très fort; mais tant que l'on ne s'inscrira pas en faux contre l'exactitude du procédé, qui paraît avoir été mis à exécution devant des personnages aussi sérieux que notables, nous ne savons trop comment on s'y prendra pour neutraliser la conclusion naturelle de cette curieuse épreuve des vertus des deux oxydes.

Ce que les partisans de l'oxyde de plomb ont de plus court et de plus décisif à faire, c'est, ce nous semble, de bien vite se mettre en cherche pour trouver un préservatif à cette sensibilité impressionnable de la céruse, ou bien de reconnaître en cela la supériorité de son jeune et audacieux rival.

Le deuxième tableau est la réunion d'échantillons de papiers peints où il n'est entré que du blanc de zinc; ces papiers sont de teintes fort diverses, et on ne saurait en contester l'agréable effet.

Le troisième tableau représente la peinture de bâtiment. Il est divisé en panneaux qui mettent encore ici en vue les effets divers de la céruse et du blanc de zinc. Les connaisseurs sont ainsi mis à portée de bien juger.

Ce n'est pas à nous à prononcer sur le mérite des deux concurrents; mais, du moins, sommes-nous dans l'obligation de constater que M. Leclaire semble ne pas craindre la lutte, puisque d'office et de sa propre main il prépare les moyens de comparaison. A-t-il fait cela avec toute l'impartialité voulue? C'est au jury qu'il appartient de s'assurer de la loyauté du mode d'exécution.

Nous tiendrions également à ce que le jury s'assurât s'il est bien vrai qu'à Paris il entre en moyenne, par année, trois cents ouvriers peintres dans les hôpitaux, atteints du mal de plomb, et qu'il en périt quarante-cinq sur mille.

Nous dirons de M. Leclaire ce que nous avons dit de M. Mercier (de Louviers) : c'est qu'il a, lui aussi, le mérite de se trouver à la tête d'une association ouvrière; elle est même d'une date assez ancienne, puisqu'elle est antérieure à la révolution de février. Les événements n'ont rien changé à sa marche, à ses conditions, à sa bonne tenue.

M. Leclaire a été ouvrier lui-même, et c'est à ce souvenir qu'il avoue devoir et la pensée de remplacer le blanc de plomb et les efforts tentés pour améliorer le sort de ses camarades d'aujourd'hui : c'est doublement honorable pour cet industriel, et le ruban qu'il porte à sa boutonnière, nous le voudrions savoir partout aussi méritoirement gagné.

— Nous voici sur un objet qui, peut-être bien jusqu'ici, n'a pas fixé l'attention de bien du monde ; et cependant nous le mentionnons avec le même empressement que nous avons mis à signaler les fontes de MM. Diétrich, la locomotive de MM. Derosne, une machine-outil de M. Calla. Quel est donc cet objet ? Ce n'est autre chose qu'une toute petite brochure de l'habile directeur des mines de Bouxwiller, M. Schattenmann; mais elle renferme de si bonnes choses sur l'art de construire les fosses à fumier, que nous voudrions la voir imprimer à 500,000 exemplaires, et adresser à tout citoyen cultivant trois hectares de terre et possédant quelques animaux.

Ce n'est point seulement à créer un produit qu'est le mérite de l'industrie; c'est encore, c'est bien plus à conserver une richesse acquise ; et n'avons-nous pas tous les ans à pleurer sur nous ne savons combien de millions allant en pure perte de l'étable et de la cour des cultivateurs dans les fossés, dans les mares, dans les rivières, et des rivières à la mer?

Nous voudrions pouvoir citer en entier cette excellente brochure, et mettre sous les yeux de tous le plan de fosse qui l'accompagne, et des plus faciles à comprendre; mais nous nous contenterons, contraint que nous sommes à nous restreindre par défaut d'espace, de lui emprunter cet important passage, qui donnera sûrement envie aux hommes sérieux de la lire en entier :

« Les composts, qui ont une si grande et si ancienne renommée, sont composés de fumier, de terre et de chaux. L'emploi de la chaux avec le fumier est une pratique funeste, car elle rend l'ammoniaque caustique et volatile au plus haut degré, et entraîne la perte de la partie *la plus énergique* du fumier. Lorsque les terres exigent de la chaux, il faut l'y porter séparément, et éviter, autant que possible, son contact avec le fumier. »

La *Société des sciences, d'agriculture et arts* du Bas-Rhin a accordé une médaille d'or à ce projet. Nous espérons que le jury y joindra son suffrage. Les œuvres de l'homme ne se jugent pas au poids, au volume, mais bien par leur degré d'utilité, d'opportunité.

A ce titre, honneur aux quatorze pages de M. Shattenmann !

Javel, dont nous nous sommes occupé dans notre dernière revue, a eu avec raison, dans ces derniers temps, l'excellente pensée de se compléter par la production des engrais chimiques. C'est là, en effet, qu'est un immense avenir pour les établissements de ce genre.

Avant vingt ans d'ici, le bon cultivateur croira aussi essentiel, aussi rationnel de consulter, pour l'engrais de ses terres, le chimiste, que de prendre l'avis, pour ses animaux malades, du médecin vétérinaire.

L'urine humaine, le plus riche en principes fertilisants, le phosphate de chaux, résidu de la fabrication des colles animales, le sang coagulé, tout cela, dans les mains intelligentes de M. Fouché-Lepelletier, constitue d'excellents engrais, et dont nous conseillons l'essai aux cultivateurs, persuadé que de là ils arriveront bientôt à leur fréquent et profitable emploi.

Ainsi la voilà assez bien justifiée, croyons-nous, cette importance que nous avons voulu tout d'abord attribuer à la chimie moderne, et comme science d'une infinie portée, et comme le levier le plus puissant de l'industrie et de l'agriculture des temps à venir. — C'est surtout aux hommes jeunes, plus résolus et mieux disposés, par cela même, à comprendre la marche et le progrès des tendances nouvelles, que nous adressons nos idées, et que nous confions ces espérances de bien public.

CHAPITRE X.

LAINES, FILATURE, DRAPERIE.

Sedan, Louviers, Elbeuf, Orléans, Angers, Mazamet, Montauban, Limoux, Bischwiller.

Un homme d'un excellent esprit, mais ne voulant voir qu'un des côtés de la société, et malheureusement le moins sérieux, nous disait, en nous voyant vivement préoccupé de ce que nous avions à dire ici : Pourquoi donc vous inquiéter autant de cette partie de l'Exposition ? Les draps sont toujours les draps ; drap noir, drap bleu, drap vert, drap garance ; là est vraiment toute la différence... Parlez-nous bien plutôt soieries, châles, porcelaines, cristaux, orfévrerie ; voilà où brillent dans tout leur éclat, l'habileté, le génie inventif des Français. Voilà par quoi vous intéresserez le lecteur.—Nous ne commettrons point une pareille injustice.

Loin de n'avoir rien à dire, nous nous croyons arrivé, au contraire, au moment de parler d'une des plus honorables comme des plus capitales industries du pays. Qui donc, pourrait-on nous dire, qu'elle n'intéresse pas ? Si elle pare de ses replis soyeux et brillants le millionnaire, le jeune élégant, elle couvre et réchauffe par son épais tissu l'ouvrier, le soldat, le cultivateur, le marin.

Depuis la laine que font croître nos moutons, jusqu'à la couleur dont on sait si bien la revêtir, tout, à peu près tout, appartient au sol, au travail de la France. Le cultivateur, le mécanicien, le savant ; le nord, le centre, le midi, tout se mêle à ce beau travail de la laine. Et nous demandons alors si pareille industrie n'est pas digne de quelque place ici ; si elle n'appelle pas l'intérêt du public, les encouragements éclairés, la sollicitude constante du Gouvernement ?

Lorsque, en 1847, nous eûmes étudié l'Exposition de Bruxelles, où brillaient au premier rang les draps de Verviers; lorsque, au sortir de là, nous voulûmes voir les produits d'un réel mérite d'Aix-la-Chapelle et de ses environs, nous n'étions pas, nous l'avouerons, sans quelque inquiétude sur la possibilité de pouvoir toujours et sûrement rivaliser avec d'aussi habiles voisins.

Aujourd'hui cependant nous respirons plus à l'aise; et au sortir de cette double galerie des draps français si beaux, si variés, si nouveaux, nous battons avec empressement des mains : et vienne la visiter désormais qui voudra, peu nous importe !

Il est bien vrai que nos industriels se plaignent toujours un peu et des droits dont sont frappées les laines, et du coût des machines, et de la cherté du combustible; mais, tout en se plaignant, ils vont toujours, ils progressent néanmoins, ils ne se ruinent pas trop; et ils sont au fond comme la France que, malgré ses grandes et ses petites révolutions, l'on retrouve heureusement toujours la France, c'est-à-dire en mesure d'effacer ses revers passagers, empressée de conquérir de nouveaux succès.

Ce qui nous fait surtout un plaisir sans mélange, c'est de retrouver à peu près toutes les vieilles célébrités fidèles au rendez vous aussi bien qu'au progrès, MM. Cunin-Gridaine à leur tête. Cela est bien, très bien. Et, en effet, pour les hommes de capacité et de cœur, le pays, le bien public ne doivent-ils pas passer avant toutes choses au monde ?

Ce qui nous inquiète seulement un peu, c'est de pouvoir arriver à rendre justice à tout le monde, tant on jette à nos yeux du nouveau, de la variété, du perfectionnement !

Le classement de cette belle industrie n'est même plus ce qu'il a été si longtemps et ce qui simplifiait si bien les appréciations. Ainsi Sedan ne fabrique pas seulement que des noirs; Louviers ne se tient plus autant dans les régions du riche, du très beau : il cumule un peu. Mais aussi, et en revanche, Elbeuf n'est pas seulement le solide Elbeuf; il est devenu élégant, essentiellement *nouveautés*.

A côté de ces têtes de colonnes, se présentent aussi de nouveaux venus qui comptent déjà comme vieilles recrues, et qui nous en voudraient sûrement si nous ne les faisions pas, par quelques mots, figurer dans notre revue.

Enfin, nous promettons à tous de faire de notre mieux, et si nous oublions quelques individualités méritantes, nous tâcherons du moins de mentionner les glorieux bataillons dont elles font partie ; et alors elles seront en droit de dire : Je faisais partie de l'Exposition de 1849, comme nos vieux braves aiment toujours à se dire et à nous répéter : J'étais de Fleurus, d'Héliopolis, de Wagram.

— Lorsqu'on en est réduit à voir si peu d'exposants de laines brutes, l'on ne croirait jamais que nos moutons se comptent par millions. Nos cultivateurs font ici preuve d'une apathie impardonnable. Ils se plaignent sans cesse qu'on les délaisse ; mais pourquoi alors ne pas faire acte de présence là où ils peuvent se montrer avec avantage, se faire écouter à bon droit, prendre acte de leurs titres, de leur nombre ? Ne savent-ils donc pas qu'*on n'écoute bien que les forts ?*

— M. Paturle, qui sait mieux que personne ce que vaut, ce que rapporte la laine, a raison d'occuper ses loisirs et d'employer ses ressources à élever, à perfectionner la race ovine. Il nous offre d'heureux résultats du croisement de la race mérinos avec la race dishley. Quelques échantillons de ses produits sont fort remarquables.

— M. Guénebault continue à soigner la qualité de ses laines. Elles sont d'une fort bonne nature, et cette production fait honneur au département de la Côte-d'Or.

— M. Delaville-Leroux nous offre de belles toisons prises dans son nombreux troupeau, qu'il a beaucoup perfectionné avec l'aide des béliers de Naz. Cet habile cultivateur appartient à l'Indre-et-Loire. C'est, en effet, dans ces contrées où l'on jouit d'une bonne température, où les terres ne sont pas trop chères, que l'on devrait plus particulièrement s'adonner à l'éducation, au perfectionnement de la race ovine.

— L'établissement de Grignon mérite une honorable mention pour divers échantillons, notamment pour une toison, provenant d'une bête dishley-mérinos. Elle est fort distinguée.

— Parmi les anciens exposants brillamment mentionnés par le jury, et qui le seront encore, nous n'avons besoin que de noter MM. Godin aîné, de la Côte-d'Or, Monnot-Leroy, de l'Aisne, Portal, de l'Aude, Terrasson, de la Charente, Durand, de Seine-et-Marne.

— M. Graux de Mauchamps est toujours la spécialité hors ligne, et malheureusement trop rare parmi nous, pour ses laines longues. Nous tirons de notre portefeuille quelques brins pris au hasard, ils mesurent 20 à 24 centimètres ; nous les étirons, et nous ne savons rien de plus résistant ; c'est, en outre, soyeux, brillant au plus haut point ; et si c'est réellement au hasard qu'est due cette race particulière, il faut dire que c'est un bien heureux hasard qui s'est présenté là à M. Graux de Mauchamps. En Angleterre, pareille trouvaille eût été une chose hors prix, et le succès bien autrement acclamé qu'il ne l'est parmi nous.

A voir seulement nos beaux tissus, on doit conclure que nous devons compter d'habiles filateurs. Et, en effet, sous ce rapport, nos fabriques sont fort bien secondées ; nous pouvons même, non sans avantages, rivaliser avec ce qu'il y a de plus avancé à l'étranger.

Ainsi, citons bien vite, car l'espace va nous manquer, pour laines cardées et peignées, MM. Lucas frères, à Bazancourt (Marne) ; Tranchard-Froment, à Neuville-les-Wassigny (Ardennes) ; Croutelle neveu, à Pontgivart (Marne) ; Bertherand-Sutaine, Lachapelle et Levardet, également de la Marne ; Sourd frères, Dobler et fils, de l'Ain ; Screpel-Roussel, Carlos-Florin, de Roubaix ; Larroque frères et Jacquemet, de Bordeaux ; Fournival fils et compagnie, de Paris. Tous ces filateurs ont déjà fait leurs preuves. A leur suite, citons MM. Senlis père et fils, dont le Gouvernement est venu largement seconder l'habileté ; Cariol-Baron, de Maine-et-Loire, pour des filés de laine cardée et peignée fort variés, fort soignés ; Franc père et fils, de l'Ain ; Grün, de Guebwiller ; Pradine et compagnie, de Reims.

— Maintenant, nous voilà tout à vous, habiles travailleurs de ces lainages, de ces filés. Voyons attentivement ce que vous en avez su faire.

MM. Berlèche, Chesnon et compagnie, par l'importance de leurs affaires au dedans comme au dehors, par l'excellence de leurs produits, par l'échelle entière de la fabrication qu'ils parcourent d'une manière si hardie, si heureuse, sont peut-être bien la tête des maisons de Sedan, là cependant où il y en a tant d'autres en belle et enviable position. Sur le chapitre des étoffes de fantaisie, nous croyons difficile d'aller plus loin. Pour justifier ce témoignage, nous aimons à nous appuyer sur une pièce gris-perlé mélangé, à rayures, sur un tissu croisé mélangé, sur une troisième pièce à rayures, couleur noisette.

— Des célébrités plus anciennes, plus en vue, s'étonne-ront peut-être, car qui de nous n'a pas à confesser ses fai-blesses d'amour-propre? de nous voir tout de suite passer à M. de Montagnac; mais, vraiment, la main sur la conscience, et la voix publique aidant, nous ne savons trop si nous ne tombons pas juste. Ses draps, ses nouveautés, tout est soigné, plaît à la main, séduit les yeux, est fait avec goût, et nous sommes persuadé qu'une immense vogue est réservée à cette maison, si elle continue à se développer avec la supériorité qui nous la signale et la sépare d'elle-même depuis la der-nière Exposition.

Une pièce gris-perlé à côtes ; un grain de poudre, noisette clair, qui ne laisse rien à désirer ; un grand carreau mélangé, fond bois, pour habillement d'hiver, viendraient au besoin à notre aide.

— MM. Cunin-Gridaine père et fils sont toujours des pre-miers pour leur belle et bonne draperie. C'est corsé, soigné, sans défaut aucun.

— S'il y a quelque chose à préférer dans l'excellente fa-brication de MM. F. Bacot, ce sont les noirs et les bleus.

— MM. P. Bacot ont toujours des produits recherchés pour notre consommation comme pour le placement avanta-geux à l'étranger. A propos d'exportation, nous engageons nos fabricants à se tenir bien au courant du genre de fabri-cation des Anglais et des Belges pour répondre aux besoins et au goût des peuples qu'ils fournissent. A cet égard, nous savons leur sollicitude grande. Quant à nous, au contraire, nous manquons bien souvent d'informations précises, prises aux sources, nous arrivant à temps. La vie de nos fabricants est, en général, trop casanière, trop peu élargie par les voyages, les études, les documents économiques.

— MM. Rousselet et fils font bien, et ils passent, de plus, pour se faire distinguer par la modération de leurs prix. C'est là une considération dont nous aimons à leur tenir compte. Il est seulement dommage que nos fabricants n'aient pas été assez hardis pour initier le public à l'amélioration qui se fait généralement remarquer, sous ce rapport, depuis la dernière Exposition. Les Belges, il est vrai, ne donnaient guère non plus ce secret qu'au tuyau de l'oreille, à ceux qui voulaient le savoir ; mais, aujourd'hui, nous ne voyons guère à qui le mystère profite, si ce n'est à messieurs les tailleurs, pour qui cependant fabricants et consommateurs ne devraient pas sembler être faits et sacrifiés.

— MM. Leroy et fils, Raulin et compagnie, font beaucoup pour l'exportation. C'est une ancienne maison qui travaille bien et sur une large échelle.

— Les satins et les draps continuent à placer M. Renard sur la ligne avantageuse où déjà nous le savons depuis plusieurs années.

— MM. Blanpain frères et M. Paret ne sauraient être oubliés.

— L'honneur de Louviers et la vérité des faits réclament également pour que nous mettions en tête de la fabrication dont nous avons à relever le mérite, MM. Jourdain et fils. Cette maison se distingue tout d'abord par une immense fabrication : draps militaires, draps ordinaires, étoffes de goût. Ensuite, chez eux, le mérite même de l'exécution est incontestable.

Un genre devenu fort à la mode de nos jours, et qui se maintiendra sans nul doute, le drap pour paletot, est traité par MM. Jourdain avec beaucoup de bonheur : les prix sont raisonnables aussi, et un paletot, même le plus cossu, ne devrait vraiment pas coûter ce qu'on nous les fait généralement payer.

Parmi les draps fabriqués avec les belles laines de Naz, nous avons dû noter un bleu fort beau. Les draps provenant de la laine de Saxe sont parfaits.

Nous ne devons pas oublier non plus les tartans que fabriquent MM. Jourdain. Il n'est pas une femme qui ne dût posséder un pareil vêtement dans sa garde-robe. D'abord, c'est moëlleux, fait avec goût ; c'est surtout le vêtement du matin, de la promenade, des voyages, vêtement que le bon sens indique, que la santé conseille, que la dépense n'interdit jamais.

Les dames anglaises savent très bien cela, et les fabricants anglais ont depuis longtemps compris ce besoin et l'ont largement et très heureusement satisfait.

— MM. Poitevin et fils sont toujours dignes d'eux-mêmes. Ils conservent avec grand avantage leur spécialité de *nouveautés unies*. Leurs draps sont d'une qualité parfaite, et nous savons qu'ils sont fort raisonnables dans leurs prix.

Nous devons noter deux draps pour paletots : l'un noisette clair, l'autre couleur lentille, dit tissu articulé. Nous ne pouvons oublier non plus les élégantes cachemiriennes pour paletots d'été, robes de dames. Le drap pour gilets est un article de beaucoup de goût et dont l'usage prendra et restera.

— M. Chennevière est l'homme d'activité, de résolution, de la fabrique de Louviers. Le premier il s'est écrié, dans ce centre d'un genre un peu trop luxueux et uniforme : En avant! en avant! cherchons quelque chose de nouveau, et nous le trouverons! Et il a réalisé tout d'abord ce qu'il conseillait de tenter : excellent moyen de persuader les autres. Il a un peu dérouté, il est vrai, ses confrères par sa théorie du bon marché et de la variété; mais, tout en le critiquant, on l'a imité, et aujourd'hui on lui rend justice.

— MM. Dannet frères vont moins vite que M. Chennevière, mais leur progrès n'en est pas moins constant et digne d'éloges.

— M. Marcel reste fidèle à sa spécialité bien connue pour sa production moyenne, et il aura raison tant qu'il y réussira aussi bien.

— Le bon marché, la bonne confection, nous font un devoir d'encourager les débuts de M. Renault. Nous citerons notamment son drap dit *édredon*, pour paletots, ainsi qu'un drap noir corsé, bien préparé, et dont le prix nous semble bien modéré. On voit que M. Renault sera de l'école Chennevière.

—Comment nous sortir des complications d'Elbeuf? C'est ici que nous comprenons l'embarras d'un général au lendemain d'une grande victoire; les noms, les preuves de mérite se pressent sous sa main, se rappellent à son esprit, et cependant il ne peut mentionner tout le monde.

Faisons comme le général : entrons dans les rangs et cherchons encore une fois les plus chargés, non pas heureusement de blessures, mais de produits. Les batailles du travail valent bien les autres, et elles sont plus douces à raconter aussi.

— MM. Chauvreulx, Chefdrue et fils sont des industriels infatigables à trouver quelque chose de nouveau. Leur drap édredon nous rassure complétement contre les rigueurs de l'hiver prochain, quelles qu'elles soient. On ne saurait rien voir de plus corsé et en même temps de plus souple que ce genre de fabrication dont la mode s'emparera sûrement pour paletots et fortes redingotes. Leurs autres produits sont non moins dignes d'être notés.

—Une autre spécialité qu'on ne saurait contester à MM. Sevaistre aîné et Legrix est celle des nouveautés pour pantalons et gilets. Nous n'avons rien vu nulle part de plus varié, de mieux exécuté. Les Anglais, assurément, sont fort avancés sur ce point; mais nous doutons qu'aujourd'hui MM. Sevaistre eussent à redouter leur concurrence, surtout sur l'article du beau casimir chamois qui pare si bien la montre de ces habiles fabricants.

— M. Charles Flavigny est bien l'un des industriels qui ont le plus fait dans Elbeuf pour donner l'élan au genre *nouveautés*. L'importance de sa fabrication y a beaucoup gagné et se nourrit toujours par là. Mentionnons aussi un autre mérite dans le chef de cette maison qui, pour nous, on le sait déjà, n'est pas un faible mérite; c'est le sentiment de paternité qui le préoccupe toujours pour améliorer le sort, pour accroître le bien-être de ses ouvriers. Cette sollicitude, c'est un devoir, sans doute, mais c'est une bonne action aussi; et nous nous en voudrions de ne pas la signaler partout où elle est aussi connue, aussi manifeste.

— Maintenant, pardonnez-nous si nous groupons vos mérites non moins divers qu'incontestables, vous qui allez suivre, messieurs Dumor-Masson, Barbier, Delarue, Touzé, Flamant et Gavoisey, Osmont-Bertèche.

—Abbeville est tout l'opposé de l'importante cité d'où nous

sortons. Ici, un seul homme résume toute la fabrication. Elle n'en est pas moins, pour cela, fort importante. Bien qu'il soit hors de concours en sa qualité de membre du jury, M. J.-B. Randoing n'en est pas moins justiciable de notre juridiction; et certes il peut se rassurer, jamais juge n'aura été mieux disposé. L'ancienneté de cette maison, bientôt séculaire, sa recherche du progrès, sa louable persévérance à étendre ses relations au dehors, tout ici est pour nous à inscrire et à louer.

— Quittons maintenant les Ardennes, l'Eure et la Seine-Inférieure, qui nous ont peut-être bien un peu trop accaparé, et voyons le savoir-faire plus modeste, l'industrie naissante s'essayant ailleurs.

— Sur la route du midi, Orléans tient à ce que nous recommandions MM. Hazard père et fils, qui ont tenu ce qu'ils promettaient à la dernière Exposition.

Angers nous prie d'arriver jusqu'à lui : il nous dit qu'il est la sentinelle avancée d'une contrée qui s'essaye, non sans succès, dans la voie du progrès industriel, surtout du progrès agricole. La nature bretonne est froide, lente un peu, mais elle est opiniâtre aussi. Et l'opiniâtreté, pour nous, est plutôt une qualité qu'un défaut. Nous la préférons en bien des cas à cette *imaginative* fougueuse qui compromet souvent même les meilleures choses.

Reconnaissons, en effet, qu'il y a à Angers une vie, une initiative qu'il est bien de nourrir, de travailler, d'étendre avec le temps vers l'ouest. Nous avons déjà mentionné M. Cariol-Baron ; nous ne saurions oublier M. Oriolle. Il a des filés ordinaires dont nous devons constater l'excellente qualité, et nous nous garderons bien aussi de passer sous silence un tissu chaîne fil, trame laine, parfaitement établi, et qu'il livre à 1 fr. 50 c. le mètre, grande largeur. 1 fr. 50 c. le mètre, entendez-vous? avec cela, la paysanne laborieuse se fait, moyennant 3 fr., un chaud jupon; avec 2 fr. de plus un juste-au-corps : habillement complet, 5 fr. Nous savons bien que la paysanne ne lira pas ceci; mais nous savons, nous, qu'elle sarcle nos blés, qu'elle garde nos moutons, qu'elle vendange nos vergers, et c'est assez pour que nous soignions, à notre tour, ses intérêts, son bien-être.

Beaucoup de gens, nous le savons très bien, maudissent la presse ; mais voyons, est-on bien juste ? Si parfois elle est un brûlot, chose infiniment regrettable sans doute, est-ce qu'elle n'est pas souvent aussi un aspersoir rafraîchissant qui honore l'industrie heureuse et capable , qui met en vue le mérite modeste, pousse aux bonnes actions, nous les revèle avec bonheur ?

Ici , par exemple, ne serions-nous pas fâché de ne pouvoir dire qu'indépendamment de sa louable fabrication M. Oriolle nous a donné un bon exemple de paternité et d'esprit de conduite comme chef d'industrie ? Victime, en 1846, d'un affreux incendie, il eût pu, après trente ans de travail, et avec une brillante fortune, savourer ce repos, ce *far niente* que nous avons déjà eu occasion de flageller : eh bien ! lui s'est dit qu'il avait un fils qui devait perpétuer son honorable industrie ; qu'il avait, en outre, quatre cents ouvriers qu'il avait nourris jusqu'ici, et qui, de leur côté, l'avaient enrichi de leurs sueurs ; et, tout aussitôt, il s'est remis à l'œuvre comme il l'avait fait trente ans plus tôt : et une nouvelle et brillante fabrique est sortie des débris fumants de la première ; elle marche : les ouvriers la bénissent et Dieu, nous l'espérons, la gardera d'un nouveau malheur.

— Le Midi sommeille un peu, nous le lui disons à regret : si ce n'étaient M. Houlès père, qui en soutient brillamment l'honneur à Mazamet, M. Garisson, à Montauban, M. Morin, à Dieu-le-Fit (Drôme), M. Mouisse, à Dimoux, qui nous donnent tous de nouvelles preuves d'habileté et de persévérance, qu'aurions-nous à en dire, de ce Midi, notre patrie bien-aimée, et que nous serions si heureux d'avoir à mentionner glorieusement et souvent ?

— Le Nord, au contraire, nous presse d'aller constater un succès nouveau pour lui, ou, tout au moins, qui ne remonte qu'à une date fort peu ancienne.

Bischwiller progresse à ce point qu'il pourrait bien donner quelques moments d'insomnie aux plus habiles, même de l'Eure et de la Seine-Inférieure.

Au premier rang de cette hardie et nouvelle fabrication, marche M. Kuntzer : c'est là une habileté de plus en plus ascendante qui parle d'elle-même, et qu'il ne faut que vouloir chercher pour la remarquer.

—MM. Ruef et Bicard, de la même localité, suivent de près M. Kuntzer; ils ont des draps zéphirs croisés à 9 fr. 25 c., et des cuirs-laine pour paletot à 12 fr. : prix qu'on chercherait vainement ailleurs. Nous ne trahissons ici le secret de personne, car ils ont eu le bon esprit d'écrire ces prix en toutes lettres.

Nous regrettons toutefois de ne pouvoir dire quel est le prix-courant de la journée de l'ouvrier à Bischwiller; car ce bon marché notable, nous le maudirions au lieu de le vanter s'il n'était pris que sur la sueur et aux dépens des bras du travailleur.

Nous appelons sur ce point, que le temps ne nous a pas permis d'approfondir, la sollicitude du jury.

CHAPITRE XI.

ÉTOFFES NON FOULÉES EN PURE LAINE OU MÉLANGÉE.

Un dernier mot sur l'industrie des draps. — Roubaix. — Tourcoing. — Lille. — Reims. — Paris.

Tout en cherchant à compléter nos études sur les objets très nombreux encore que doit embrasser notre revue du jour, nous avons tenu à savoir si quelque oubli involontaire et par trop saillant n'était pas à relever à la suite de notre dernière revue; et nous aimons à reconnaître que quelques noms et quelques œuvres fort honorables ne sauraient rester dans une ombre complète.

Ainsi Elbeuf tient, comme Louviers, à compter un Chennevière dans ses notabilités. Au lieu de le trouver mauvais, nous aimons, au contraire, ce sentiment de justice et d'esprit national; il est bon en toutes choses; il est louable surtout lorsqu'il nous vient de la part de loyaux confrères. C'est donc avec un parfait empressement que nous constatons ce que doit la fabrique d'Elbeuf de bon souvenir à M. Théodore Chennevière pour le mouvement que son activité a su imprimer à la partie de la *nouveauté*. Il est aussi le premier qui ait su avec succès appliquer à l'industrie drapière le procédé du métier Jacquart.

—MM. Couprie méritent d'être mentionnés pour leur spécialité de draps noirs, et M. Lemonnier-Chennevière pour ses draps et nouveautés.

— Parmi les fabricants nouveaux, nous noterons volontiers MM. Delalande et Blanquet, et Mme Parnuit-Dautresme : les premiers exposent, comme type du travail Jacquart, des tartans écossais fort recommandables et des étoffes à pantalon d'une excellente exécution. La maison Parnuit a un assortiment de gilets d'un goût parfait.

— Au profit de Louviers et à l'honneur de l'industrie, nous tenons à enregistrer ici le début infiniment louable de M. Marcel-Houel. Disons d'abord que cet industriel a commencé à l'âge où les autres ne songent qu'au repos. Ce n'étaient certes point les raisons de fortune qui le portaient à cette activité ; car il a pu dès le principe consacrer à son industrie plusieurs centaines de mille francs qui étaient parfaitement à lui ; de plus, un véritable succès a couronné ses efforts.

Ce courage, cet amour du travail, ce désir d'attacher son nom à un labeur utile, s'accorde trop bien avec nos propres idées pour ne pas tenir à l'offrir en exemple à beaucoup de nos compatriotes, à nos jeunes gens surtout qui, à peine entrés dans la lice, rêvent déjà l'improductif bonheur d'une vie opulente et oisive.

— Le Calvados doit tenir à revendiquer pour Vire les services rendus par M. Lenormand. Il est à la tête d'une excellente fabrication, et ses prix sont remarquables par leur modération.

— Nous n'oublierons pas non plus MM. Mieg et fils, du Haut-Rhin, pour leur spécialité de draps propres au travail des cylindres dans les fabriques. Ils sont d'une fort bonne confection et d'un excellent usage. Cette maison est l'une des plus anciennes de l'Alsace, et toujours travaillant dans la même partie.

— Maintenant, soyons tout entier aux autres branches de l'industrie lainière, qui, pour nous comme pour tous, ont un immense intérêt d'argent et d'utilité publique.

Il a été un temps où, après avoir parlé du drap, on était, pour ainsi dire, arrivé au terme du travail de la laine. Aujourd'hui, cet état de choses est bien changé. Grâce à l'habileté de l'industrie anglaise, grâce aussi à notre propre activité, qui, à la fin, a glorieusement suivi nos voisins dans ces nouvelles voies, c'est à peine si l'on se trouve arrivé à la moitié de la production et de la richesse lainières.

Par où commencer l'importante étude de ce monde nouveau qui s'offre à nous, et qui, d'année en année, s'agrandit d'une manière si notable ? Notre choix, d'après notre manière de voir et de sentir, sera bientôt fait. Nous voulons d'abord penser à ceux-là que l'on nous semble avoir un peu trop négligés dans la presse, dans la mention des jurys, dans la distribution des rémunérations publiques ; à ceux-là qui, laborieux, résolus, patriotes, ont travaillé avec bonheur, sans doute, pour eux, mais avec profit aussi pour le pays.

Ainsi le point d'activité industrielle qui, en ce moment, sera celui de notre prédilection, c'est Roubaix. Cette cité, naguère une bourgade, a su tellement progresser, qu'aujourd'hui elle dépasse en nombre la population de quarante villes chefs-lieux de département. Comme centre industriel, sa place serait honorable partout ; elle est bien plus digne encore au point où elle est arrivée dans ce département du Nord, si actif, si populeux, si puissant, que la France peut avec orgueil le présenter à tous, à tous, entendez bien, amis comme ennemis !

Roubaix, comme toutes les supériorités d'un mérite réel comprenant leur puissance, leur avenir, a voulu être lui, a tenu à s'élever par des routes qui ne fussent pas des routes battues.

Laissant tranquilles et parfaitement libres dans leur action les spécialités déjà connues, déjà en voie de prospérité, Roubaix a fait du *Roubaix* ; il a tenu à ce qu'on demandât du *Roubaix* ; il a agi, de plus, de manière à ce qu'on voulût en demander longtemps ; c'était ne pouvoir mieux faire.

Avec les bras de trente mille hommes laborieux mis habilement en mouvement, et trente millions de créations diverses qui forment son inventaire annuel, on va loin, et l'on peut espérer de vivre longtemps. Toutefois, dans ce beau centre, nous notons, à regret, une lacune : c'est l'absence d'un foyer intellectuel qui, comme à Mulhouse, à Angers, en d'autres centres encore, vienne grouper les forces, élever les idées, ennoblir le succès, en porter au loin la renommée. Aujourd'hui, on ne crée pas seulement par le travail des bras ou de la mécanique ; les idées, les sentiments ont aussi une immense puissance, un mobile dont on ne saurait nier le ressort et dont il faut avoir le bon esprit de vouloir tenir compte. A cela près, les choses sont bien ; et cette illustration naissante, que le jury de 1844 a commencé à mettre en vue, espérons que le jury d'aujourd'hui ne la négligera pas.

— Après avoir ainsi, autant qu'il peut dépendre de nous, honoré la cité, passons à l'appréciation du mérite particulier.

Ici, c'est un peu comme dans cette fourmilière laborieuse d'Elbeuf ; notre choix n'est pas mal embarrassant. Nous espérons, toutefois, qu'avec le soin que nous mettons à étudier les produits, et aussi à l'aide de notre balance ordinaire, nous sortirons assez bien d'embarras. Si l'on nous demande quelle est notre balance, oh ! mon Dieu, nous répondrons qu'elle n'est pas d'un système précisément bien nouveau ; elle est, tout au contraire, d'assez ancienne date, et depuis longtemps formulée par ces mots : *Vox populi*, *vox Dei*. Ainsi, nous tenons grand compte, pour le côté moral surtout, de ce qui se dit au dedans comme dans l'entourage d'une fabrique ; et de même que des soldats ne s'illusionnent guère sur le mérite, la bravoure de leur général ; des ouvriers, des employés non plus, s'ils s'égarent parfois, ne sont pas longtemps injustes, ne sont pas tous ingrats.

C'est ainsi que, par l'appréciation de nos yeux et les indications que nous recevons, nous arrivons à mettre à l'un des premiers rangs M. Delattre. Le mérite, la masse de ses produits, les distinctions brillantes que lui ont values ses précédents succès, la foule d'ouvriers qui est toujours inscrite à l'avance pour remplir les lacunes qui viennent à s'ouvrir, tout cela abrège singulierement notre tâche. Toutefois, parmi ses plus beaux produits, nous devons citer un satin vert broché, un bleu fort beau, un paille que les Anglais, aujourd'hui, ne font pas mieux.

M. Delattre est maire de Roubaix ; il a de nombreuses relations d'affaires ; il est d'une ville où tout le monde se connaît ; et cependant, de divers côtés, l'on nous a dit : *Il n'a pas un ennemi.* En tout temps, c'est heureux ; en temps de discordes civiles, c'est plus beau encore. Nous ne connaissons ni croix, ni médailles qui vaillent ce témoignage.

— Bien près du rang honorable où nous laissons M. Delattre, nous plaçons volontiers M. Lagache. Ses produits sont réputés de première qualité. S'il leur reconnaissait un défaut capital, on assure qu'il serait le premier à les condamner courageusement aux oubliettes. Pour les avoir tels, M. Lagache a un système que nous recommandons à tout industriel de Roubaix, comme de partout ailleurs ; c'est de payer équitablement le mérite, les soins de l'ouvrier.

M. Lagache vend beaucoup, et il vend ainsi par deux raisons qui devraient encore entrer dans l'évangile de tout industriel. D'abord, il est infiniment loyal : ainsi, ce qu'il livre, comme pris à la mesure, est de l'exactitude la plus scrupuleuse. Ce qu'il donne pour laine est laine, etc., etc. Un premier acheteur d'un produit nouveau de M. Lagache n'a pas à craindre des conditions meilleures faites aux seconds acheteurs, pour écouler plus facilement la marchandise ; ce système est encore fort louable et mérite de porter graine.

M. Lagache cherche aussi à ce que l'intermédiaire dont il se sert ait sa part de profit ; c'est encore ce que nous aimons en lui. Il paraît, en un mot, que si Montyon eût établi un prix de probité industrielle, il y aurait infiniment de chances pour Roubaix et pour l'honorable industriel dont nous nous occupons. Le jury ne sera pas assurément insensible à ce genre de mérite, lorsque surtout il s'allie à une capacité réelle.

— M. Dervaux est, à ce que nous pensons, le fabricant le plus considérable de Roubaix. Il possède, avec un savoir fort remarquable, l'art qui fait la fortune de cette importante localité, celui du mélange de la laine, du fil, du coton, de la soie ; il fait bien, il varie beaucoup, il donne du bon marché. Il occupe de mille à onze cents ouvriers ; son chiffre d'affaires peut aller à deux millions.

— MM. Lefebvre-Ducatteau frères ne laissent que l'embarras du choix parmi leurs satins-laine et leurs étoffes à gilets ; articles infiniment variés et gracieux. Leurs valancias teints en pièce sont d'une rare exécution. La fabrication de cette maison dépasse 1,500,000 fr.

— Nous voulions, tout d'abord, faire honneur à Roubaix de son bon marché, en mentionnant les prix de divers articles fournis par les exposants eux-mêmes, d'autant mieux que là, généralement, la main-d'œuvre est maintenue à un bon prix ; mais nous renonçons à ce détail, en prévenant, toutefois, les consommateurs que l'on a des étoffes Roubaix, pour pantalons et gilets, à des prix excessivement modérés. Ainsi, on livre de magnifiques brochés, laine et soie, depuis 8 jusqu'à 12 fr. le mètre, et il ne faut pour le gilet que 60 à 70 centimètres ; des satins-laine, premier choix, se vendent dans les mêmes proportions. Dans les étoffes chaîne coton, soit pour pantalon, soit pour redingote d'été, c'est un tiers moins cher environ. Dans les vêtements pour dame, l'abaissement des prix est non moins notable : ainsi nous indiquerons des mérinos doubles, en broché magnifique, des valancias, des stofs perfectionnés, grande largeur, depuis 4 fr. jusqu'à 6 fr. ; ces prix mettent la robe au coût moyen de 22 à 25 fr.

— M. Dutilleul-Lorthiois, qui occupe plus de quatre cents ouvriers, mérite d'être signalé pour sa parfaite fabrication. Nous pouvons en dire autant de madame veuve Cordonnier, de MM. Mazure-Mazure, Montagne, Pin-Bayart, Screpel-Roussel, César Screpel, Tettelin-Montagne, Ternynck, Charvet.

— L'article Orléans, aujourd'hui si bien exécuté, doit beaucoup aux bons soins et à l'habileté de M. Léon Dathis. Au lieu d'être un défaut, comme on l'a pensé un temps, par suite d'une vicieuse fabrication, la chaîne coton donne de la force et de la perfection à ce tissu.

Il faut reconnaître aussi qu'en ceci l'article Roubaix doit une partie de son mérite si réel aux progrès qu'ont su faire l'apprêt et la teinture sur coton ; on en est venu à ce point de perfection, que la solidité de la couleur sur coton est au moins aussi sûre et aussi belle que sur laine. Les Anglais ont eu longtemps seuls ce secret, que Roubaix a le mérite d'avoir su, à son tour, conquérir et employer avec infiniment de bonheur.

— MM. Delfosse frères, ces habiles créateurs du satin-laine, continuent leur excellente fabrication et méritent toujours une place à part.

— MM. Wibaux-Florin, Delemasure-Delton, Pollet, Delespaul, honorent également la fabrique de Roubaix.

— Tourcoing subit l'heureuse influence de ce puissant voisinage ; MM. Duvillier-Delattre, Laurent frères et sœurs en sont la preuve incontestable.

— Nous reviendrons prochainement sur le compte de Lille, à propos de la belle et nationale industrie du fil et des toiles de lin. Notons cependant ici les produits de M. Charvet. Il y a parmi eux une étoffe pour pantalon mélangée, fond gris et perlé, ainsi que des dessins à carreaux, qui méritent d'être cités. Nous devons de semblables éloges à M. Claro, pour ses satins fond noisette, gris perlé, feuille morte.

— M. Loyer-Vasseur, branche vigoureuse et détachée, depuis la dernière exposition, de la maison Lefebvre-Ducatteau, a formé à Lille un important établissement pour la spécialité des gilets particulièrement propres à la saison d'hiver. Étudiée de près, cette fabrication est fort remarquable. La modération des prix est pour elle un mérite de plus.

— Nous comptions renvoyer tout ce qui pouvait regarder la teinture et l'apprêt au chapitre des impressions sur étoffe ; cependant nous sommes amené à reconnaître qu'ici il est juste de faire une exception.

Le passé, le présent, toute l'œuvre de Roubaix et des localités avoisinantes, se trouvent tellement liés au passé, au présent, à l'œuvre de M. Descat-Crouzet, que nous ne pouvons raisonnablement qu'en faire une commune appréciation.

M. Descat, tout le monde en convient autour de lui, est l'un des hommes qui ont le plus fait pour le développement non moins remarquable qu'incessant de la ville de Roubaix. Ayant deviné avec une heureuse perspicacité ce qui faisait le réel succès, ce qui était la cause principale du bon marché des articles les plus répandus et par cela même les plus profitables de la production lainière anglaise, M. Descat a voulu en doter la contrée qui l'intéressait le plus. Recherches, dépenses, établissements industriels, persévérance, rien n'a été négligé, et le succès est si réel qu'à l'heure qu'il est, nous allons, pour plus d'un article important, défier chez eux nos maîtres eux-mêmes.

Cet éclat, cette solidité de la teinture, ce type de l'apprêt intelligent, gracieux, combiné selon les circonstances, habilement adapté aux sortes et conditions de la matière première, au genre de fabrication, et que bien des fois nous avons admiré, envié de l'autre côté de la Manche, nous le retrouvons avec bonheur, cette fois-ci, dans notre Palais de l'industrie ; nous le signalons particulièrement dans les produits de Roubaix ; et comme, le plus souvent, sur cette demande : « A qui la teinture ? à qui l'apprêt ? » il nous a été répondu : « A M. Descat, » il faut bien rendre justice à qui de droit, justice d'autant plus méritée que ce bon exemple se reflète ailleurs, et que chaque jour il gagne du terrain.

M. Descat est, de plus, pour nous, la personnification la plus réelle de ce principe d'économie industrielle que nous recommandons en toute circonstance : la *spécialité*. On s'étonne quelquefois de ne pas obtenir notre assentiment, lorsqu'on nous vante des établissements qui peuvent *tout faire*. Eh bien, non : dans le plus grand nombre des cas, nous ne pensons pas que ce soit là un bien à poursuivre, une conquête à célébrer.

Dans les travaux de l'industrie comme dans les conceptions de l'intelligence, *universalité* et *supériorité* ne sauraient, ce nous semble, marcher longtemps et profitablement ensemble. La vie de l'homme est trop courte, ses heures et sa course, ici-bas, trop sévèrement comptés pour qu'il doive tout vouloir embrasser. La puissance même de Dieu ne s'arrête-t-elle pas devant les limites du temps ?

Au reste, pourquoi se plaindrait-on ? Est-ce que la plupart des spécialités n'ont pas, dans les mains habiles, un essor assez grand pour aller loin et satisfaire une raisonnable ambition ?

Les travaux du teinturier, de l'apprêteur, sont modestes, assurément ; et cependant voyez ce que M. Descat en a su faire, même dans un centre fort limité et venant, pour ainsi dire, de naître. Depuis qu'il a mis la main à l'œuvre, c'est-à-dire depuis trente ans environ, M. Descat a pu voir passer dans ses mains, faire travailler et circuler 60 à 70 millions ;

il a occupé 20 à 25,000 ouvriers. Ces millions, cette armée industrielle, tout cela n'est-ce pas beau à conduire, à faire vivre et fructifier?

Avec sa modeste spécialité, M. Descat a pu faire, nous a-t-on dit, une très brillante fortune; il a voulu, ce qui est plus honorable encore, aider à faire la fortune de parents, d'amis, d'hommes capables, mais sans moyens suffisants pour se développer; il a contribué de son mieux, comme MM. Delattre et Lagache, au bien-être de la grande famille ouvrière qui l'entourait.

Avec cette même spécialité, M. Descat enfin est arrivé au plus grand honneur qu'un bon et utile citoyen puisse atteindre, celui de représenter le pays.

C'est ainsi que Roubaix, par ses œuvres qui commencent à être appréciées, par quelques-uns de ses hommes qui demandent à être mieux connus, mérite dans le pays une place qu'il n'a pas encore, et que la justice du temps finira, nous l'espérons bien, par lui départir.

— Reims ne doit, sans doute, pas apprécier comme nous Roubaix. Le travail des lainages façonnés et mélangés a sensiblement nui à ses lainages unis. Cependant il figure assez honorablement au sein de notre riche industrie.

MM. Andrés père et fils ont de bonnes flanelles blanches et de couleur. Un affligeant incendie a seul arrêté l'emploi qu'ils faisaient, avec succès, du système mécanique pour la fabrication des tissus à laine douce. M. Machet-Marotte présente des mérinos doubles de bonne qualité; ses couleurs sont très franches et sa collection fort variée.

—M. Dauphinot-Pérard, qui doit à son seul mérite et à sa louable persévérance la belle position qu'il a acquise, en est toujours digne. Nous avons remarqué son mérinos écru, montre que tout le monde ne tiendrait pas à faire. Ses autres produits sont non moins distingués.

—M. Benoît-Malot a un bel assortiment de mérinos écossais. M. Buffet-Perrin exécute très bien ses satins d'été pour pantalon. Ils ont à la fois de la main et un bon apprêt. La force du tissu caractérise les produits de M. Fortel-Larbre; c'est, du reste, un industriel qui progresse toujours.

— Mais la palme de Reims revient de droit à M. Patriau

pour la variété, le bon goût, la parfaite exécution de ses divers produits. Rien de mieux que ses piqués blancs qui n'ont rien, ce nous semble, à redouter de la comparaison avec les piqués anglais, autrefois sans égaux. Les gilets brochés, laine et soie, sont d'une perfection rare.

M. Patriau a un secret de bien faire à la portée de tout le monde : c'est d'être très difficile sur l'exécution du travail ; mais aussi il sait payer tout ce que le bon travail vaut.

— Paris vient clore notre revue du jour par de fort notables produits. M. Morin a des tissus laine et soie, à longues raies, fond gris et autres pour robes, qui ne peuvent qu'habiller très élégamment. M. Croco a ce même genre pour robes, des piqués et étoffes laine et soie pour gilets fort bien assortis.

M. Pagès-Baligot a peut-être bien la primauté pour la spécialité des gilets cachemire et écossais. Cependant les produits aussi nombreux que parfaitement exécutés de MM. Dauphinot-Baligot, Alexis Cocu et Aubeux présentent un ensemble fort digne d'intérêt et ne peuvent que rehausser encore la renommée du bon goût parisien.

CHAPITRE XII.

INDUSTRIE LINIÈRE.

Situation présente. — Appel au patriotisme de la Société d'encouragement. — Filature du lin. — Toiles à voiles. — Toiles unies. — Linge de table damassé. — Tissus de lin pour vêtements d'homme. — Toiles dites du Nord pour robes. — —Lille. —Roubaix. —Halluin. —Bouxwiller. —Tourcoing. —Paris. — Angers. — Pau. — Laval. — Flers.

Nous voici en présence d'une industrie qui devrait être la plus vivace et la plus florissante du pays, comme elle en est une des plus anciennes. Et, en effet, n'a-t-elle pas tout pour elle : le brillant du tissu, les conditions de force et de durée, les avantages de salubrité, l'abondance possible sur notre sol de la matière première?

Cependant, à voir la longue enfance de la production linière parmi nous, à considérer les points faibles qui retardent encore sa marche, on dirait que rien de ces circonstances, si éminemment favorables, n'a été par nous compris. Et peut-être bien a-t-il fallu que l'étranger vînt mettre sous nos yeux les fruits de son initiative, la preuve de ses succès, pour nous pousser à l'imiter, à le suivre dans la voie brillante et fructueuse qu'il s'est ouverte.

L'Angleterre exporte aujourd'hui pour plus de 100 millions de francs en fils et tissus de lin. Et nous, que faisons-nous en cela? Eh! mon Dieu, nous nous trouvons très heureux que, pour nourrir nos naissantes filatures, notre toute petite voisine, la Belgique, consente à nous pourvoir, chaque année, de quelques millions de kilogrammes de lin.

La France, avec 53 millions d'hectares de terre et 36 millions d'habitants, ne pouvant suffire à produire ni le grain qu'il lui faut pour s'alimenter, ni la laine, ni le lin nécessaires à faire ses vêtements, c'est à ne pas croire, si nous n'avions sous nos yeux ces chiffres désolants.

Nous ne trouvons pas mauvais sans doute que, pour ajouter à l'essor de quelques nouvelles et brillantes industries, l'on soit allé chercher le mouton de Ségovie, la chèvre du Thibet, l'étalon du Sahara; que l'on fasse poursuivre en ce moment la vigogne, l'alpaga dans la chaîne des Andes; mais avec cela, et même tout d'abord, n'avait-on pas à nous apprendre à cultiver le lin aussi bien que le Belge, à le filer aussi habilement que l'Anglais, à le travailler aussi finement que le tisserand de Silésie?

Nous avons sans doute fait quelque chose pendant ces dernières années dans cette branche de travail; mais, comme toujours, nous l'avons fait sans méthode, ensemble et prévision.

Ainsi nos mécaniciens, les Pihet, les Decoster, les Schlumberger ont créé d'ingénieuses machines; nos filateurs à leur tour en ont su tirer un heureux parti; le tissage a progressé aussi; mais qu'a fait ici le cultivateur, la tête de colonne de cette importante et désirable industrie? Qui l'a guidée, éclairée dans sa marche?

En Belgique, le cultivateur a du moins l'habileté, nous dirons même la passion de la culture du lin; il vous montre ses champs liniers, comme le Bordelais vous montre ses pampres dorés, le Provençal ses oliviers, ses figuiers.

Chez les Anglais encore, on a vu dans ces derniers temps les grandes sociétés d'agriculture d'Angleterre, d'Écosse, d'Irlande, aidées par les grands filateurs, cherchant à n'être pas à la merci des lins de la Belgique, de la Russie, s'occuper avec l'ardeur la plus louable, la plus persistante, à accroître, à perfectionner par de puissants encouragements la production du lin.

En France, nous ne trouvons aucune trace de ce même et patriotique effort. Nous sommes à cet égard ce que nous étions il y a un demi-siècle. Et nous sommes tenté de nous demander de bonne foi à quoi servent nos sociétés, nos comices agricoles. Le Palais de l'industrie, au reste, est là qui justifie cette sévère admonestation ; car c'est vainement que nous y cherchons ces lins en brin, ces lins teillés, ces lins peignés, lins de toutes sortes qui faisaient l'orgueil de la dernière Exposition de Bruxelles. Ah ! c'est que là l'on comprend ce que la terre peut et doit produire de richesse réelle ; c'est que là l'on parle peu et l'on agit beaucoup ; aussi ce pays, grâce bien plus à ses goûts laborieux qu'à la fécondité de son sol, a-t-il résolu l'étonnant problème de pouvoir donner, avec 3 millions d'hectares de terre, la plus large, la plus riche subsistance, à 4 millions et demi d'habitants. Proposer aujourd'hui à la France de nourrir 80 millions d'estomacs, ne serait-ce pas commencer l'un des contes des *Mille et une Nuits* ?

Mais qu'on ne croie pas toutefois que notre plaisir soit simplement de mettre en vue les défauts de notre caractère, le résultat si souvent négatif de notre esprit de conduite. Nous tenons, au contraire, à voir, à indiquer en toutes choses le but.

Voici donc l'expédient que les circonstances nous paraissent conseiller. Ce que pendant un temps l'omnipotence des rois, l'opulence et le savoir des corporations religieuses ont fait, c'est aujourd'hui à l'esprit d'association, c'est aux hommes de la science à l'enseigner, à le prescrire. Aussi, ferons-nous un appel pressant au patriotisme de la *Société d'encouragement*. C'est à cette institution qui depuis tant d'années suit la marche et favorise si heureusement le progrès de nos diverses industries, à prendre en sous-œuvre ce que d'autres ont à tort oublié ou négligé.

Il faut à l'industrie linière la matière première, et il la faut en quantité comme en qualité. La quantité, rien ne s'oppose à sa production ; la masse, la nature ce nos terres la promettent également. La qualité, elle dépend du soin, du nombre de bras, de la nature, de l'abondance des engrais, bien plus que de toutes autres conditions. C'est donc sur ces deux points qu'il importe de porter nos forces et notre attention.

Nous savons que le Belge, intéressé à soutenir l'antique et bienheureuse réputation de ses lins, en reporte tout le mérite aux vertus merveilleuses des eaux de la Lys. Mais vraiment, nous ne croyons pas à l'indispensable nécessité de ce baptême local pour la perfection du lin. Nous croyons bien plus positivement au talisman du cultivateur flamand. Et comme preuve de ce fait, nous pouvons dire que nous avons eu, il n'y a pas longtemps, dans les mains, des échantillons de lins d'Irlande excessivement remarquables. Ce produit perfectionné doit nous donner à penser, et nous exciter vivement à progresser ; car l'Anglais filant, tissant, apprêtant ses propres lins, n'en sera qu'un rival de plus en plus redoutable pour la France.

Jamais donc la *Société d'encouragement* n'aura pris sous ses ailes protectrices une plus sérieuse, une plus nationale branche de travail.

Gémir sur le sort de la fileuse à la main, serait céder à une *sensiblerie* qui n'est plus de saison, parce qu'elle ne conduirait à rien, et que, de plus, elle est en opposition directe avec la marche de tout progrès. Autant que personne nous désirons, dans la métamorphose des industries, un temps de transition pour le classement des bras inoccupés ; mais ici ce temps a existé, il n'a même été que trop long.

— Passant à l'appréciation des produits liniers, nous nous arrêterons naturellement d'abord sur les articles de la filature. MM. E. Féray, d'Essonne, Fauquet-Lemaître, de Bolbec, Nicolas Schlumberger du Haut-Rhin, Scrive frères, de Lille, la Société anonyme de la filature de la Somme sont

toujours dignes de leurs précédentes et très honorables distinctions.

— Parmi ceux qui suivent de près les notables industriels
que nous venons de mentionner, nous nous empressons de
nommer M. Mathieu-Delangle, à la fois filateur et tisseur ; et
le plus flatteur éloge que nous puissions faire de lui, c'est,
sans doute, de répéter les paroles qu'en ont dites ses compatriotes en adressant ses produits au jury central : «Les
salles de l'Exposition ne s'ouvriront pas à beaucoup de manufacturiers plus méritants. » Au même rang, nous plaçons
M. Dautremer. Ses filés fins, jusqu'au n° 270, sont fort remarquables ; ses numéros ordinaires sont d'une bonne con-
texture.

— MM. Cohin et compagnie, directeurs du Comptoir de l'industrie linière dans le Pas-de-Calais, ont des fils ordinaires
d'une fort bonne qualité. MM. Bocquet et compagnie, dans la
Somme, la filature rouennaise, au Petit-Quevilly, MM. Chau-
vel aîné, de Lisieux, Vétillard père et fils (Sarthe), Fouré,
de La Rochelle, Hopwood, à Boulogne-sur-Mer, méritent
également d'être cités.

— Dans la région de la suprême élégance, nous citerons,
mais sans prétendre avoir la main et le coup d'œil propres à
juger sa production, madame Savreux, de Paris. On concevra notre indécision, en apprenant que ses filés, propres à la
dentelle, sont cotés de 5 à 6,000 fr. le demi-kilogramme.

En somme, notre examen sur ce premier point du travail
linier est assez satisfaisant ; car il paraît qu'aujourd'hui nos
fabricants trouvent assez généralement les qualités diverses
propres à leurs besoins, et que, par suite de cette satisfaction,
l'on s'occupe assez peu de fils étrangers, dont le commerce
et la contrebande étaient, dans un temps, des plus florissants.

— Nous ne faisons pas tout à fait comme le public, qui
court aux plus brillantes choses et laisse assez indifférem-
ment de côté les plus utiles, parce qu'elles parlent moins à
ses yeux, à son imagination.

Ainsi, en fait de toiles, nous mentionnerons tout d'abord
les produits fort remarquables de MM. Lainé-Laroche et
Joubert-Bonnaire, d'Angers (Maine-et-Loire), pour les usages de la marine. Pendant longtemps l'Angleterre, la Hol-

lande, l'Irlande, nous imposaient leur voilure ; aujourd'hui, nous n'en sommes plus réduits à cette dure nécessité de recourir, pour un produit aussi important, à la fabrication étrangère. Il y a, sans doute, sur ce point progrès à faire ; mais la voie est ouverte, et le bien déjà opéré nous fait espérer un plus grand bien encore.

— Dans les toiles d'un usage ordinaire, nous mentionnons un progrès réel pour les qualités comme pour les prix. Nous devons, sans aucun doute, ce double avantage au progrès de la filature.

La *Société linière du Finistère*, établie à Landerneau, doit être signalée pour l'importance de sa fabrication comme pour la qualité de ses produits, tous d'une consommation usuelle. Elle fournit beaucoup à l'État pour les services de terre et de mer ; elle occupe environ deux mille ouvriers ; et, malgré la difficulté du moment, elle n'a pas cessé un instant sa fabrication, qu'on estime à 2,000,000 fr. Cette Société a, de plus, le mérite d'avoir essayé, en Bretagne, le mode de culture des Belges pour la production des lins ; et le résultat a été reconnu fort bon, ce qui ne nous surprend aucunement.

— M. Bance, de Mortagne, dont la spécialité fut si remarquée par le jury et le public de 1844, a continué ses succès. Il nous présente une immense toile à tableaux qu'on n'a pu offrir aux yeux qu'enroulée sur elle-même et s'élevant dans les airs comme une longue colonne. Indépendamment de son étendue, nous avons vu des artistes relever le mérite du tissu.

—La montre de M. Lemaître–Demestère, à Halluin (Nord), nous a frappé par la modicité du prix de ses toiles ordinaires et demi–fines ; c'est à ce point que nous avons dû nous assurer que c'était bien tout fil. Nous sommes sans doute très persuadé qu'un jour viendra où les toiles de fil ne coûteront pas plus cher que les toiles de coton ; mais ce ne saurait être que lorsque la production du lin sera plus abondante et mieux entendue. Nous n'en devons pas moins, en attendant ce moment fort désirable, constater toute amélioration au profit de l'acheteur, et notamment de l'acheteur aux ressources modestes.

— M. Adrien Grenier se présente à nous avec un double

mérite. Disons d'abord qu'il est fils de ses œuvres. De simple ouvrier qu'il était, il s'est élevé à une position des plus honorables. Ses produits sont ensuite d'une qualité qui les fait vivement rechercher par le commerce.

—MM. Féray et compagnie, d'Essonne, n'ont que leur vieille gloire à soutenir dans la partie des damassés. Sans entrer dans le détail de leur large fabrication, nous noterons toutefois l'excellente exécution du dessin en écusson portant pour exergue une inscription latine. Cette inscription est fort gracieusement encadrée dans l'ensemble de la composition. Tout à côté, nous avons aussi remarqué un dessin à larges fleurs enceintes d'un large anneau ; le tout est d'un effet délicieux.

Non loin de MM. Féray, et peut-être quelque peu importun par son voisinage, se trouve M. Casse : car lui a hardiment mis ses prix. Faut-il croire à ces prix ? Un moment, nous l'avouerons, nous avons douté de leur entière sincérité, vu le profond changement, nous dirons presque la révolution que cette modification hardie doit introduire dans le commerce du linge, façon damas. Aussi avons-nous dû prendre nos précautions pour couvrir et la responsabilité du *Moniteur* et nous abriter nous-même contre toute surprise.

A voir l'assurance de M. Casse, qui ne nous semble pouvoir jouer ici qu'une partie sérieuse, puisque depuis plus de trente ans il est le chef d'une importante industrie, on est autorisé à dire que son exposition et ses conditions si nouvelles sont faites pour mériter toute l'attention du jury. Il ne s'agirait de rien moins que d'une diminution de 25 à 30 p. %. sur les prix courants ordinaires.

Et ce n'est pas seulement le prix qui est ici digne d'attention, c'est aussi la nouveauté, c'est de plus la perfection du travail. Grâce à une modification apportée dans la construction du métier Jacquart, M. Casse peut faire des dessins *sans répétition* les plus compliqués, sans plus de frais que les dessins *répétés* et les plus ordinaires.

Son service appelé *l'Arc de l'Etoile*, pour douze couverts, représentant le monument triomphal, mentionnant le nom des plus célèbres généraux, chaque nom dans son médaillon particulier, inscrivant outre cela les plus mémorables batailles, ce service est coté 78 francs.

Les autres produits, non moins parfaits, suivent cette proportion. Nous le répétons, cela est à voir et à sérieusement étudier.

M. Casse paraît compter sur une prochaine et large exportation. Nous la croyons possible comme lui, s'il maintient partout les conditions en ce moment offertes.

— Dans cette même et si intéressante branche de travail, signalons comme belle et excellente confection les produits de MM. Scrive frères et J. Dansel, à Halluin; Grassot et Joannard, à Lyon; Parent frères, à Armentières; Auloy Millerand, à Marigny (Saône-et-Loire), Duhamel frères, à Merville.

— M. Bégué et Madame Laudet font de louables efforts pour soutenir la vieille et honorable réputation des toiles unies et ouvrées du Béarn. Le dessin de Madame Laudet, représentant le château de Pau, est un fruit parfait de la localité.

— Maintenant, si nous passons aux tissus de fil pour vêtements, nous sommes ramené en plein département du Nord.

Chargé qu'il est de distinctions de toutes sortes, nous n'avons qu'à dire que M. F. Debuchy poursuit le cours de ses succès. Cependant indiquons aux hommes de goûts les tissus pour gilets et pantalons, surtout les derniers exécutés.

— M. Désiré Debuchy fait les purs fils et les mélangés, et le tout avec une grande perfection. Nous noterons particulièrement ses cotonnades bleues, qu'il expédie en masse pour la Nouvelle-Orléans. Le bon marché se joint à l'excellence du tissu.

— A Tourcoing, nous trouvons M. Jourdain-Defontaines qui se recommande et par le bon marché et par la qualité de sa fabrication; il fait beaucoup pour l'étranger dans les prix de 1 franc 75 centimes à 2 francs 50 centimes.

— Roubaix va briller encore ici dans la personne de MM. Terninck frères et Wibaux-Florin : les premiers sont à distinguer pour les articles riches, notamment pour les coutils-satins blancs et nouveautés ; les seconds pour les tissus destinés à la fatigue.

— Lille nous impose aussi le devoir de parler de M. Henri Charvet, créateur de la toile du nord, tissu très répandu, très goûté, et que plusieurs centres industriels se sont hâtés d'imiter : ses étoffes à pantalon sont également fort recherchées ; et pour toute cette fabrication, il occupe plus de cinq cents ouvriers.

— M. Delespaul, qui a débuté à Roubaix par être tisserand, est aujourd'hui un fabricant important. Il faut noter parmi ses produits un satin-coton mouliné sans envers, pour chaussures, et dont le prix, malgré le mérite de la fabrication, est loin d'être élevé. C'est un homme qui expose pour la première fois, et que nous tenons d'autant mieux à mettre en vue, qu'il est extrèmement modeste.

— MM. Pin-Bayart et compagnie fabriquent beaucoup pour la consommation du Mexique ; leurs produits sont remarquables par le bon marché. Ils sont cotés de 1 franc à 1 franc 20 centimes ; articles pour pantalon.

— Un tissu peu séduisant à la vue, mais important par son utilité, est le molleton de M. Duvillier, de Tourcoing, grande largeur, mélange fil et laine, et destiné à l'habillement des femmes de la campagne ; c'est une étoffe d'une remarquable solidité.

La Mayenne a quelques produits qui ne sont pas sans mérite. MM. Tirouflet et Daveaux, à Laval, présentent des étoffes pour gilet et pantalon en pur fil et fil et coton, qui sont d'une fort bonne et solide exécution. Laval doit à MM. Marie et compagnie l'introduction des métiers Jacquart ; leurs produits, matières mélangées, sont nombreux et bien confectionnés.

MM. Diot et Nourry, de Flers (Orne), adoptent, en le simplifiant, le genre Roubaix, et la Bretagne goûte fort cette solide et économique fabrication. MM. Lehujour et Retout suivent cette même direction et s'en trouvent bien.

Nous finirons en réparant avec plaisir un oubli que nous avons fait lors de la mention des tissus de laine. M. Joseph Pollet, de Roubaix, a tout droit à une mention pour ses divers produits, notamment pour ses croisés de satin qui ont eu une vogue méritée sous le nom de satin Montpensier. Ses autres tissus en laine, pour robes, tiennent un bon rang dans les produits de Roubaix.

CHAPITRE XIII.

INDUSTRIE COTONNIÈRE.

Un mot d'explication. — Filature du coton. — Tissus blancs unis et ouvragés. — Tissus teints. — Toiles et mousselines imprimées. — Roueaneries. — Lille. — Mulhouse. — Sainte-Marie-aux-Mines. — Rouen. — A QUAND UN MONUMENT A LA MÉMOIRE DE JACQUART ?

Après le sort d'un chef de gouvernement, d'un ministre d'État, d'un membre du jury central de l'Exposition, tous personnages essentiellement prédestinés à faire, à côté de quelques rares heureux, un grand nombre de mécontents, je ne connais pas de condition moins enviable que celle du journaliste chargé de rendre compte des produits de l'industrie.

En vain s'épuisera-t-il l'âme et le corps à voir, à interroger, à écouter, à retenir; en vain voudra-t-il être exact, impartial, mémoratif; rarement il fera dire de lui qu'il est tombé juste. Celui à qui il aura donné trois lignes en aurait voulu six; à qui six, prétendait à douze, croyait mériter la colonne entière; que sais-je encore?... Et puis on veut bien accepter les éloges... mais un conseil, un mot de critique, un rival préféré, l'étranger offert en exemple... Oh! cette hardiesse, rien ne semble l'autoriser, ne vous la fait pardonner.

N'allez pas croire que ce soit là ce que nous appelons, nous, gens du métier, un expédient d'entrée en matière; c'est un fait vrai, parfaitement exact: ou, si vous en doutez, écoutez plutôt ma simple et récente histoire. Elle ne changera certes rien à nos dispositions d'impartialité, de bienveillance; elle n'est pas non plus pour nous un mécompte; car l'étude du cœur humain a aussi été l'une de nos études; et le cœur humain ne change pas : mais enfin elle est bonne à conter, cette histoire.

Un des premiers jours de la semaine, le hasard m'ayant poussé à la rencontre de deux honorables exposants dont je pensais avoir suffisamment mentionné les produits, relevé le mérite, voici la leçon qu'en toute humilité je dus recevoir, mais, qu'en ma qualité de pécheur endurci, je ne compte pas trop pouvoir mettre à profit.

« Nous aimons assez votre genre d'appréciation : vous allez droit au but, vous n'oubliez rien d'important. Nous sommes sensibles à vos éloges ; nous acquiesçons volontiers à quelques-unes de vos vues pour provoquer, amener le progrès. Cependant nous ne vous dissimulerons pas que vous vous êtes montré un censeur un peu rigide pour nous... Si en quelques points vous avez raison au fond, ce n'était pas chose à dire : le temps aurait fait disparaître nos légers défauts. Êtes-vous sûr ensuite que M. A..., que M. X... fassent aussi bien que vous le dites, et mieux que nous? Et puis l'on trouve que vous tenez trop à faire valoir, à nous opposer le savoir-faire, la supériorité de l'étranger. Vous devez penser que nous avons notre susceptibilité d'industriels, notre amour-propre national. Merci, toutefois, de vos intentions ; nous les croyons parfaitement droites ; mais vous devez comprendre aussi que, dans un journal, dans le *Moniteur* surtout... »

Je comprends très bien vos observations, messieurs, et dans le *Moniteur* aussi je vous réponds.

Un jour je naviguais sur la mer du Nord, faisant la traversée de Glascow à Liverpool avec de nombreux compagnons. L'on parlait de beaucoup de choses, comme on le fait alors que l'on est forcément étreint entre le ciel et les profondeurs de la mer. Moi, j'écoutais ; c'est toujours utile ; c'est sage, surtout en terre étrangère. On vint un moment à parler de la France. On la ménagea peu, cette pauvre France! c'est, du reste, le tort assez commun des Anglais, dont le patriotisme est passablement exclusif. J'écoutai encore. Je souffris longtemps. A la fin, et lorsque la mesure fut par trop comble, les paroles suivantes bondirent de ma poitrine oppressée :

« Vous êtes, messieurs, une grande et admirable nation. Je vous remercie du fond de mon âme des utiles leçons que chaque jour je puise au milieu de vous ; j'en rapporterai avec bonheur le souvenir et le profit au milieu des miens; mais croyez aussi que sur la terre il y a place pour d'autres puissantes nations que la vôtre. Je jure qu'un jour viendra où la France, ma patrie, vous égalera, et en plus d'une chose, peut-être bien, saura trouver le moyen de vous surpasser. »

Un *jamais* général, aussi retentissant que la vague qui battait le navire, couvrit aussitôt ma voix ; je n'y répondis que par ces mots : « Dieu et l'avenir prononceront. »

Ce serment, un peu téméraire peut-être, n'est cependant jamais sorti de ma mémoire. Depuis ce jour, au contraire, j'ai travaillé à ce que tout ce que je puis avoir en moi d'âme, d'intelligence, de moyens de toutes sortes servît à l'accomplir ; et pour me seconder, je secoue volontiers toutes les faiblesses, je remue tous les sentiments, je pose au grand jour tous les bons exemples ; j'appelle enfin à mon aide tous les hommes pour qui les mots de *France* et de *patrie* ne sont pas de vains mots.

Le patriotisme des temps modernes n'est heureusement plus ce sauvage patriotisme des temps anciens, qui faisait chaque jour sortir de la bouche même du sage Caton son impie blasphême que *nous connaissons tous* ; qui portait par d'atroces représailles le héros de Carthage, encore enfant, à jurer sur le corps de son père le sac et la destruction de Rome.

Nous, plus humains, plus chrétiens que ces impitoyables grands hommes, nous devons aspirer, non pas à détruire la patrie des autres, mais à élever, mais à glorifier notre propre patrie par la grandeur, par la pureté de ses propres œuvres.

— Revenons maintenant des rives de l'Océan au Palais de l'industrie ; et sur ce terrain mouvant aussi, nous allons trouver aux prises et luttant avec une égale ardeur la Flandre et l'Alsace, ces nobles rivales, ce double orgueil de la France industrielle.

Les juges du camp auront ici un rôle assez difficile à remplir, tant l'ardeur des lutteurs est vive, tant les mérites sont balancés. Cependant la Flandre nous semble avoir quelques chances de plus pour arriver la première au but.

— Parmi les filateurs, MM. Vantroyen et Mallet ont passé par une épreuve qui eût fait pâlir plus d'un industriel moins fort, moins sûr de lui-même. Leurs produits ont paru au jury départemental tellement supérieurs que, pour l'honneur du département, comme pour la sauvegarde de l'industrie nationale, on a voulu leur donner le plus large certificat d'origine qu'il fût possible de trouver.

A cet effet, on a nommé deux commissaires spéciaux, habiles industriels eux-mêmes, pour ainsi dire des rivaux, et, malgré cela, avec empressement acceptés ; c'étaient MM. Degrimonpont et Th. Barrois. Devant eux se sont abaissées toutes les barrières. Ils ont tout vu, tout fait marcher, tout étudié à loisir, et, en gens honnêtes, et loyaux concurrents qu'ils sont, ils ont déclaré que tout était exact et digne des plus grands éloges.

Nous serions embarrassé de déclarer de quel côté se trouve ici le plus beau rôle ; nous disons seulement : honneur à la cité, honneur au département, qui ont pu fournir un concours aussi remarquable, aussi dignement justifié.

— Dans le plateau de la Flandre viennent encore très fortement, très dignement peser MM. Cox. Depuis longtemps ils sont, avec MM. Vantroyen, l'honneur de l'industrie lilloise. Nous ne saurions mieux faire, pour les recommander, que de dire qu'ils sont toujours dignes des éloges qu'en faisait le jury de 1844 ; éloge aussi concis que flatteur, et que nous aimons à répéter : « MM. Cox exposent des numéros 130 à 400 métriques, des fils doubles pour dentelle du nº 200 au nº 500 anglais, produits admirables dont la ténuité échappe à l'œil et qui semblent ne plus laisser de place au progrès ; produits auxquels rien d'analogue ne peut être comparé. »

— M. Fauquet-Lemaître est toujours le roi filateur dans la Seine-Inférieure. Ses soixante mille broches font remarquablement bien, et ne peuvent que produire beaucoup. M. Léveillé, à côté de lui, a su s'élever et se faire distinguer par ses cotons filés et teints. Il y a eu double mérite à cela.

— L'Alsace arrive sur nous avec ses gros et épais bataillons. Le corps principal, c'est aujourd'hui M. Naegely qui le commande. Il ne compte rien moins que 80,000 broches. Suivent de près avec vingt, trente, quarante, soixante mille broches et de notables files, MM. Hartmann, N. Schlumberger, Herzog, courageux et digne enfant de ses œuvres ; MM. Gros, Odier et Roman ; Dollfus Mieg et compagnie ; Henri Hofer et quelques autres encore.

— Dans les Vosges, MM. Sellière ; à Essonne, MM. Féray, méritent encore d'être comptés.

— Nous avons vu avec plaisir, dans la montre de
M. Schlumberger, le résultat du travail de l'ingénieuse machine de Josué Heilmann, pour le peignage des cotons, laine
longue. Pour mieux convaincre les manufacturiers de ses
bons effets, un service de machines est monté chez eux, qui
produit chaque jour 200 kilog. de laine, à 40 kilog. par
chaque machine. Jusqu'à ce jour, nous n'avions vu nulle
part une meilleure préparation du coton.

Notons aussi l'épurateur de M. G. A. Risler, machine devant remplacer avec avantage les batteurs et permettant la
suppression partielle ou totale des cardes, suivant le plus
ou le moins de netteté que l'on exige dans la préparation.

— Considérée dans sa généralité, notre filature est sur un
bon pied ; nous dirons même qu'elle s'est mieux soutenue
dans ces derniers et difficiles temps qu'après la crise de 1830.
La fabrication a été sans doute ralentie ; mais on ne s'est
pas découragé, on a marché ; il y a même pour la perfection
du produit d'assez notables progrès à porter en ligne.

Pour les toiles unies et ouvragées, écrues ou blanches,
elles ont naturellement suivi le mouvement en avant de la
filature : solidité, finesse, netteté du tissage, variété de
forme, tout cela s'y trouve. Le bon marché n'y manque pas
non plus ; et cela doit être, car la Belgique, l'Angleterre,
l'Allemagne aussi nous serrent de près, et sur les marchés
étrangers nous avons beaucoup à faire, nous ne devons pas
le cacher, pour soutenir la concurrence.

Comme nous retrouvons dans de plus riches produits les
producteurs de cette fabrication importante, nous croyons
inutile de les désigner en particulier. Qui peut le plus peut
le moins, c'est évident.

— Nous voici dans la séduisante Mulhouse : en abordant
ses riches rayons, je vais au reste complaire à d'autres ; car
voilà bien des fois que les femmes me disent, impatientes
qu'elles sont en bien des choses, en fait de toilette surtout:
« Attaquez donc Mulhouse ! »

Le difficile est ici, non pas de voir, d'admirer, mais de
pouvoir être juste envers tous, assez concis pour comprendre bien des noms, assez retenu pour ne pas sacrifier l'utile
au beau.

Passons sous silence le premier exposant mulhousien qui se trouve en ligne : créateur de magnifiques étoffes, damas laine et soie pour meubles, nous ne faisons certes pas fi de lui ; nous le réservons seulement pour un autre lieu.

— Le succès, les honneurs de toutes sortes ne portent pas MM. Hartmann père et fils à sommeiller ; ils semblent, au contraire, puiser dans leurs précédents une nouvelle force pour marcher, se soutenir, progresser encore. Nous ne pensons pas avoir rien vu de plus séduisant que les deux premières rangées de la montre de ces habiles industriels : beauté du tissu, arrangement du dessin, assortiment, pureté des couleurs, tout est bien ; et ce sera beaucoup mieux de le voir que de nous lire.

— Comme leur digne pendant, et tout en face, se sont posés MM. Dollfus, Mieg et compagnie. Nous demandions ici à une femme renommée pour son bon goût, quel serait son choix, sa prédilection. Elle nous a répondu avec beaucoup de naturel et de sincérité qu'elle se contenterait de puiser dans quatre pièces dont il nous souvient encore. Dans la rangée du milieu, la première est un fond blanc, dessin feuille olive, couleur violette ; la seconde, un dessin à raies transversales avec bandes à fleurs blanches ; dans la rangée du bas, se trouve une mousseline à grands carreaux bleus avec guirlandes blanches ; la quatrième fantaisie repose sur un dessin fond rose, fleurs roses aussi, mais plus foncées. Le reste des produits est d'une bonne et large confection.

— Comme compagnons d'ancienneté, de succès, nous ne pouvons que comprendre dans ce premier rang hors ligne MM. Gros, Odier, Roman et compagnie. Wesserling est toujours digne de lui-même ; ses couleurs roses conservent leur supériorité. Dans la seconde travée, il y a des pièces à larges fleurs, fond violet et fond vert, qui sont parfaites.

— Parmi les nombreux produits de MM. Kœchlin frères, nous avons dû remarquer leurs mousselines laine imprimées avec dessins à palmes, genre cachemire. Ce produit trouve un large débouché en Angleterre. La première pièce placée à la gauche du visiteur est d'une parfaite exécution. Leurs étoffes coton méritent aussi une mention comme dessin, comme couleur.

5

— Dans les toiles imprimées pour meubles, nous devons à MM. Schwartz et Huguenin un bon choix de dessins et de couleur; l'apprêt ne laisse, non plus, rien à désirer. Les Belges, les Anglais ne sauraient, aujourd'hui, nous battre sur ce terrain. Nous ferons remarquer, notamment, le dessin avec fleurs lilas, et une seconde pièce avec fleurs roses.

L'étoffe du même fabricant, mélange laine et coton, également pour meubles, est parfaitement imprimée.

—MM. Thierry-Mieg, à Mulhouse, et Schlumberger jeune, à Thann, ont de bonnes étoffes pour meubles. C'est une branche d'industrie qui, chez nous, avait besoin d'efforts; on a eu raison d'y songer, et ceux qui la soigneront ne peuvent que s'en bien trouver.

— M. Charles Steiner, à Ribeauviller, doit être mentionné pour sa modeste collection de mouchoirs coton, imprimés. Il faut aussi que nous songions au luxe des campagnes, qui n'en existe pas moins pour être plus simple, plus facile à satisfaire.

— N'oublions pas non plus MM. Scheurer-Roth, de Thann; Bleich-Steinbach et Mantz, de Mulhouse, qui ont des produits variés et d'une bonne confection.

— Nous dirons ici, non sans quelque orgueil, et la France apprendra avec plaisir aussi que Mulhouse compte aujourd'hui quelques comptoirs importants en Angleterre. Ils sont non-seulement à Londres pour satisfaire quelques caprices de la mode, mais encore à Manchester même, cette fière dominatrice de la fabrication cotonnière anglaise, pour de là lancer notre élégante richesse vers les divers points du globe.

Merci à Mulhouse de nous avoir si tôt et si bien aidé à accomplir le serment que l'on sait.

— Avec Mulhouse on peut mentionner d'autres lieux encore chargés de satisfaire les besoins du monde élégant. Nous noterons particulièrement Puteaux, joli et laborieux village que tout Parisien connaît. M. Léon Godefroy y possède un fort bel établissement d'étoffes imprimées qui portent naturellement le reflet du bon goût des articles de Paris. Mousselines diverses, châles façon baréges, étoffes pour robes, tout porte d'excellents dessins et des couleurs soignées.

— Il ne faut pas longtemps nous éloigner de l'Alsace, car

nous avons à y noter les modestes mais utiles produits de Sainte-Marie-aux-Mines. MM. Blech frères, Fischer frères, Urner jeune, Kœnig et frères, exposent pour la consommation française comme pour l'exportation des mouchoirs, des cravates jaconnat, façon madras, etc.; tout cela est recherché pour sa solidité, son bon marché, les quantités produites.

— Ce n'est pas nous qui voudrions ici oublier la simplicité rouennaise. Les Anglais nous l'envient plus qu'on ne croit; habiles spéculateurs qu'ils sont, ils comprennent fort bien que là gît une incessante fabrication, une solide richesse, un pain assuré à des masses de travailleurs.

Nous savons gré à M. Kettinger, l'un des colosses de la cité rouennaise, d'apprendre au public que l'on peut s'habiller très convenablement avec des tissus à cinquante-quatre centimes le mètre; qu'un mouchoir d'un teint solide ne coûte pas dix sous. Voilà ce que nous aimons à enregistrer tout autant que les triomphes des Hartmann, des Dollfus.

— Tout autour de M. Kettinger, et comme lui laborieux enfants de Rouen, se meuvent et se font remarquer par leurs produits variés, MM. Daliphard et Dessaint, Lepuard, Charles Bluet, Allais, Barbet, Hazard frères, Chatain fils aîné.

— Dans un genre différent, mentionnons également, au profit de Rouen, M. Aubert fils, pour ses jolis écossais, mélange fil et laine, laine et soie; il est arrivé ainsi aux plus jolies combinaisons, et la mode ne peut que venir seconder et payer ses efforts.

— M. Tricot jeune a de nombreux articles d'exportation, particulièrement pour l'Afrique. On ne saurait trop le féliciter de la manière heureuse dont ces produits sont exécutés. Rouen envoyant aux Africains mêmes leurs burnous, leurs pagnes, leurs hamacs, n'est-ce pas curieux ?

C'est au moyen du métier Jacquart que ce fabricant est arrivé à varier autant et à perfectionner si bien sa production.

Pauvre Jacquart, toi dont l'œuvre immortelle, mise en pièces, servit un jour à nourrir la flamme d'un honteux autodafé; toi qui mourus nécessiteux, méconnu ; du fond de ta tombe qui se cache on ne sait où, pardonne à tes contemporains qui ne surent deviner ton génie ; pardonne surtout à notre génération qui, elle, le connaissant, n'en est pas moins ingrate à ton égard !

Partout je la vois se parer orgueilleusement de l'appui de ton nom, s'armer de la puissance de ton œuvre, et nulle part, dans le monde, que j'ai beaucoup couru, pas même dans ton oublieuse patrie, je n'ai su rencontrer sur mes pas la plus petite pierre, rappelant que tu étais l'inventeur de cette merveilleuse création.

Que veux-tu! si tu avais été un ambitieux égoïste, un brillant, mais inutile et dangereux diseur, un poëte, un chanteur, le marbre, le bronze, le burin seraient venus de toutes parts nous dire ta vie, inscrire tes actes; tu n'as été qu'un génie utile et modeste, et tout se tait... Ainsi le veut trop souvent la justice tardive des hommes.

Que ta mémoire se console toutefois. Le temps, qui répare bien des choses, la raison des peuples, qui se forme, reviendront à toi; et l'avenir, prenant meilleur soin de ta célébrité, reconnaîtra avec plus de justice ce que tu as fait si heureusement pour nous, si gratuitement pour toi.

CHAPITRE XIV.

CHALES. — MOUSSELINES. — DENTELLES.

Châles de Paris. — Châles de Lyon. — Châles de Nîmes. — Mousselines de Saint-Quentin et Tarare. — Dentelles de Chantilly, Alençon, Bayeux, Paris.

Si la France n'a pas inventé le châle, du moins elle est le pays où l'on a su le mieux imiter ce produit si remarquable, si recherché partout, du génie des Orientaux. Nous avons heureusement, dans ce genre de fabrication, atteint une position dont il sera difficile de nous faire descendre. Notre supériorité est même d'autant plus réelle, que nous pouvons largement suffire à tous les degrés d'élégance, aussi bien que contenter les goûts, les besoins les plus modestes.

A Paris, on fabrique le pur cachemire, le genre mélangé, le tissu de laine.

Après le travail parisien, se montre, en s'élevant de jour

en jour, le travail lyonnais. Il admet un peu le mélange cachemire ; puis la pure laine et la laine avec bourre de soie.

Nîmes vient ensuite employant la bourre de soie et le coton ; ce genre de fabrication est fort développé.

Cette large production n'a pas suffi encore. Paris, Lyon sont venus ajouter les châles mousseline-laine et les baréges imprimés.

Il ne nous est pas facile aujourd'hui d'évaluer avec quelque précision le chiffre de cette large fabrication ; mais il ne va pas à moins de quelques dizaines de millions ; et l'on comprend dès lors combien cette importante branche d'industrie mérite d'être étudiée par nous, soutenue par le pays.

En Allemagne, en Belgique, en Angleterre, on a tenté de nous susciter des industries rivales ; mais jusqu'ici ces tentatives ont été impuissantes. Il ne suffit pas d'enlever un tisseur, un dessinateur ; il faudrait encore que ces hommes, hors de l'influence française, du contact parisien, pussent se maintenir à la même hauteur ; et c'est ce que, par bonheur, ils ne font pas. Ce n'est pas toutefois une raison pour nous endormir dans un tranquille repos ; il faut, au contraire, tout faire pour conserver nos avantages et nous donner de nouveaux titres à cette préférence si marquée que l'on nous accorde aujourd'hui dans le monde.

C'est avec plaisir que nous nous trouvons ici en présence des noms les plus connus, des œuvres les plus recherchées du public. Un fabricant de châles n'est pas un industriel qui se forme d'un jour au lendemain. Plusieurs spécialités prennent part à son œuvre. Il faut qu'il sache les apprécier, qu'il puisse les gouverner, et que, de leurs communs efforts, il fasse sortir des ouvrages que le bon goût recommande, que la vogue accepte. Pour ariver là, il faut du temps, des études ; ou, si l'on se hâte trop, on paye souvent très cher l'expérience que l'on acquiert. Lorsque même les plus expérimentés ne réussissent pas toujours, que doit-il en être dès lors de ceux qui précipitent trop leur marche, et qui croient qu'avec de la volonté on peut tout entreprendre et réussir en tout ? Non, l'industrie ne se gouverne pas ainsi. Rien, au contraire, chez elle, ne remplace l'étude d'un mécanisme compliqué, l'observation de certains faits commerciaux, la

connaissance des conditions diverses qui peuvent déterminer le progrès industriel, et le rendre profitable à celui qui
l'essaie.

C'est dire que nous ne saurions mieux faire que de commencer notre revue en rendant justice à l'honorable persévérance et à l'incontestable succès de M. Hébert. A l'œuvre
dupuis plus de trente ans, riche de toutes les récompenses
que les jurys aient pu donner, voilà un industriel qui du
moins ne saurait égarer notre jugement, et dont on peut largement dire quelque bien.

M. Hébert a une foi dont il ne s'est jamais départi, la foi
dans les mérites du genre indien. Cependant il n'en est pas
le servile copiste ; il prend ce qu'il y a de mieux dans les diverses œuvres classiques qui passent dans ses mains, et il
arrive par là à se former ces ensembles qui lui ont valu ses
justes succès, et qui sont toujours de la plus parfaite exécution.

Ainsi, bien qu'il ait senti que c'était une assez profonde
modification à la théorie des maîtres de l'art, M. Hébert,
pour se mettre davantage à la portée des besoins et des
goûts nouveaux, n'en a pas moins emprunté quelque chose
au genre appelé le *coloris doux*. Il a pu par là et ses autres
efforts arriver à une diminution sensible dans ses prix, puisqu'il ne craint pas de la fixer lui-même à 20 p. 0/0. Nous
dirons, de plus, qu'il est un témoignage que chacun de ses
confrères s'empresse de lui rendre , et que nous serions très
fâché de ne pas mentionner de notre côté, c'est son exquise
loyauté. Pour lui, le cachemire est cachemire, la laine est
laine ; il n'aurait garde de les confondre ; et ce n'est assurément pas pour les battre en brèche que s'est faite la fa-
meuse levée de boucliers du hardi et tenace confrère que
chacun ici nommera pour nous. Ce sentiment d'équité se
reporte naturellement sur le sort des ouvriers. M. Hébert est
difficile à leur égard, pour le travail , mais il sait aussi le
payer ce qu'il vaut.

—Comme membre du jury, M. Gaussen est hors de concours ; mais il n'en appartient pas moins à notre juridiction.
S'il mérite des éloges, pourquoi ne les lui donnerions-nous
pas? S'il a pu encourir une juste critique, elle aurait tort de
se taire ; nous tenons à ce que le *Moniteur* soit en industrie

ce qu'il est en politique : l'impassible écho des faits accomplis.

M. Gaussen est jeune ; M. Gaussen n'a pas toujours fait des châles ; nous savons cela aussi bien qu'aucun confrère ; mais nous n'ignorons pas non plus qu'il a fait, non sans succès, depuis quelques années, une étude sérieuse de l'art qui avait enrichi sa maison et mis si honorablement en vue le nom qu'il porte ; et à lui aussi nous dirons merci de ses efforts et du soutien qu'il est venu prêter à l'une de nos plus belles industries. M. Pouzadou, son associé, ne saurait être oublié non plus. Ces messieurs ont une intéressante collection dans laquelle nous avons surtout remarqué un châle noir et un châle carré qui brillent autant par la perfection du tissu que par l'harmonie des couleurs.

— MM. Duché et compagnie sont à la tête de la fabrication pour la hardiesse des compositions, la masse des produits ; leur chiffre d'affaires est considérable et un rare bonheur les seconde.

Lorsque la fabrication faiblissait ailleurs, ils ont su maintenir leur courant s'ils ne l'ont augmenté ; ce n'a pas été là un faible service rendu à la classe si intéressante des ouvriers châliers ; on ne sait pas assez généralement qu'ils ne sont pas dans des conditions ordinaires. L'ouvrier châlier est propriétaire de ses instruments ; son outillage complet ne va pas à moins de 1,500 à 2,000 fr. Il est facile de comprendre ce qu'il souffre lorsque ce capital est inerte dans ses mains. Il lui faut de plus un logement assez grand pour caser convenablement son métier ; autre cause de mécompte lorsque le travail chôme. Aussi engageons-nous le jury à tenir quelque compte, dans son appréciation, des procédés fort honorables, à l'égard de leurs ouvriers, de MM. Duché. En tout temps, c'est digne d'éloges ; au milieu des difficultés qui nous entourent et du travail social qui s'opère dans les faits, dans les idées, elle est bien autrement importante, cette sollicitude des maîtres pour les bras qu'ils occupent.

Les châles à six couleurs de MM. Duché méritent d'être remarqués. Il y a là parfaite entente des couleurs, bon choix de dessins et beaucoup de variété.

— Avez-vous vu le merveilleux châle de MM. Deneirouse

et Boisglavy ? — Oui, je l'ai vu. — Dites-nous bien vite ce
que vous en pensez. — Je pense que c'est nouveau. — Et
que lui prédisez-vous en fait de succès ? — Je prédis qu'il
faut voir : la mode doit prononcer et la mode est bien ca-
pricieuse. — Vous êtes bien difficile. — Je ne suis pas difficile ; j'aime, j'appelle, au contraire, les hardiesses ; mais
quant à prédire dès aujourd'hui quelle sera la fortune de
cette curieuse innovation, je n'ose trop me prononcer, car je
sais sur combien d'autres nouveautés l'opinion publique, cé-
dant à un trop prompt entraînement, s'est trompée. Ainsi,
le papier-verre, pour tentures, devait effacer tous les papiers, et il n'en est plus question ; le drap feutre a effrayé un
moment nos draps tissés, et c'est à peine si le Palais de l'industrie nous en montre quelques échantillons. Dans l'industrie châlière elle-même, le genre Renaissance ne devait-
il pas, il y a quelques années, étouffer le genre indien ? et il
n'en a été rien, comme vous le savez fort bien. Ne vous
étonnez donc pas de mes allures réservées, en semblable occurrence. — Mais, du moins, vous prononcerez-vous sur la
part de succès qui sera faite aux mêmes châles, l'un genre
français, l'autre genre indien ou espouliné ? — Sur cela, je
serai un peu plus hardi. Ainsi, si j'avais le bonheur d'avoir
une femme, et qu'elle eût envie du fruit nouveau, je ferais
tout au monde pour lui persuader que le châle genre français
serait à préférer ; qu'il est aussi beau à l'œil, aussi doux à la
main, d'une durée assez longue pour s'en contenter ; que, de
plus, il attaquerait bien moins sensiblement ma bourse,
puisqu'on l'aurait pour 1,000 à 1,200 fr. Malgré ces bonnes
raisons, je déclare à l'avance que ma femme dirait et finirait,
de guerre lasse, par me persuader que le châle genre indien
est, à tous égards, préférable. — Pourquoi cela ? — Oh ! mon
Dieu, pour pouvoir dire, même à sa meilleure amie : « En
voilà, ma chère, pour 6,000 fr. ! »

Si ces remarquables nouveautés appellent plus particulièrement l'attention et les suffrages du public, nous n'en devons pas moins faire remarquer que, dans cette même
montre, il y a divers produits toujours dignes de l'habile
fabrication de cette ancienne maison.

— M. Chambellan se soutient. Une disposition de châle

fond blanc nous a fait remarquer ses produits comme étant
en progrès.

— MM. Gaussen jeune et Fargeton dénotent toujours le
perfectionnement. On reconnaît bientôt, dans leur manière,
qu'il y a à la tête des travailleurs un chef entendu. Le tissu
ne saurait être plus correct et les dessins sont parfaitement
rendus. Nous citerons d'eux un châle fond blanc et un châle
à fond plein.

— Nous savons dans M. Arnoult un habile fabricant et un
bon négociant. Le jury de cette année lui rendra, sans aucun
doute, les témoignages déjà reçus des précédents jurys. On
trouve chez lui et le bon goût et des dessins bien choisis. Ses
châles blancs sont à remarquer.

— M. Fortier excelle depuis longtemps dans la fabrication
moyenne. L'on nous a dit qu'il emploie avec succès la remarquable laine de M. Graux de Mauchaups. Nous trouvons
qu'il ne saurait mieux faire. Nous avons noté, à l'article des
laines, ce produit comme une des plus heureuses conquêtes
que nos éleveurs de moutons aient pu faire.

Parmi les fabricants nouveaux et qui promettent le plus,
nous citerons volontiers M. Weil pour la bonne fabrication
et le choix intelligent de ses dessins. Quand on commence
aussi bien, on n'est pas sans avenir. Quelques-uns de ses
châles pleins sont d'une exécution fort heureuse. MM. Fabart
et compagnie ont également d'heureux commencements et
une assez large fabrication. M. Chereau est un fabricant à
mentionner pour son courage et sa fabrication.

— MM. Léon frères, qui ont donné les premiers l'impulsion
au genre dit à six couleurs et à petites fleurs, continuent à
bien faire. Ils ont un châle carré qui mérite des éloges. Nous
regrettons de n'en pouvoir dire autant de leur châle chinois
avec filaments d'or. C'est lourd et sans distinction. Nous ne
le pardonnons que s'il est destiné à l'exportation, car alors il
faut se plier au goût des autres, au lieu de vouloir imposer le
sien.

— M. Chinard nous est venu de Lyon. Il fait bien, et ses
conditions de prix sont des plus raisonnables. M. Junot se
soutient avec bonheur. Inventeur du *triface*, il a su en tirer
un fort avantageux parti.

5

— MM. Bonfils, Michel et Souvraz sont les associés en nom d'une association ouvrière à laquelle le Gouvernement a cru pouvoir accorder une allocation. Nous noterons, dans leur montre, d'abord un châle long et fond blanc, puis un châle plein, que fait ressortir un dessin fort gracieux. Nous dirons aux membres de cette association ce que nous avons dit à ceux qui se trouvent dans la même catégorie ; c'est qu'ils doivent ne pas perdre un moment de vue qu'ils ont d'abord à justifier la bonté et l'application d'un principe nouveau de sociabilité encore douteux pour beaucoup d'esprits, même bien intentionnés ; et, de plus, à faire un digne emploi des ressources de la fortune publique, ressources qui, plus que jamais, demandent à être ménagées.

— MM. Boas frères ont un châle qui entre un peu dans la voie Deneirouse. Sauf quelques points un peu hasardés, il est bien dans son ensemble. Un châle carré est encore ici à noter.

— J'entends d'ici la famille châlière parisienne, famille assez communicative, comme on l'est dans toute corporation intelligente, peu nombreuse, et qui arrive par cela même à se bien connaître entre elle, se demander : Parlera-t-il de notre collègue Biétry ? Oui, certes, j'en parlerai ; et je le ferai sans croire compromettre aucunement ma parfaite indépendance.

Je range la loyauté parmi les qualités les plus précieuses du fabricant, du négociant, et je sais dès lors bon gré à celui qui vient nous dire comment on peut relever la fraude, lui faire honte de son œuvre cachée, nous aider enfin à chasser du temple les Pharisiens indignes.

Que quelque intérêt particulier, comme on le répète tout bas, se trouve ici mêlé à l'intérêt public, que m'importe à moi ! je cherche avant toutes choses le bien de mon pays, et j'en prends bien vite les éléments partout où je les trouve.

M. Hébert, le vétéran, le *vir probus* de la partie, selon le dire général, inscrit sur ses châles, en caractères classiques de l'Inde, *cachemire pur*. Personne n'y trouve à redire ; on l'approuve, au contraire, très fort, et l'on a parfaitement raison.

M. Biétry, à son tour, veut généraliser le précepte ; et, pour plus tôt arriver à son but, il en appelle hardiment au levier puissant de la publicité ; comment saurais-je le condamner ?

Pour combattre avec des armes différentes, on n'en est pas moins, ce me semble, digne d'éloges et d'encouragement.

Je sais trop bien la réputation qu'ont parfois au dehors bien de nos produits, pour ne pas chercher à épurer, à corriger ce qu'il y a de vicieux, d'infiniment regrettable dans quelques-uns des moyens employés par nos exportateurs, et cela au détriment de leurs confrères plus loyaux qu'eux, au grand dommage du pays entier.

Un fabricant, un négociant devraient bien se dire qu'ils ne font pas toujours un excellent calcul, même dans leur intérêt propre, lorsqu'ils font sortir une marchandise de leur fabrique, de leur comptoir, s'ils ne tiennent pas avec cela à honneur qu'elle en sorte pure de tout mensonge, de toute tricherie. Un produit fautif, mal réussi, doit être inscrit par toute maison qui veut passer pour honnête, et qui sait bien calculer, bien plutôt au chapitre des *profits* et *pertes* qu'à celui de l'*encaisse*.

On me dira peut-être bien que *ceci encore n'était pas à dire*. Je crois, au contraire, qu'il entre dans notre mission à la fois sérieuse, patriotique, consciencieuse, de donner cette leçon de moralité à qui elle est nécessaire, à qui elle peut être profitable, si ce n'est par pudeur, tout au moins par la crainte d'être dévoilé, flagellé, répudié, comme on jette le plus loin possible l'ivraie, la nielle et tout grain empoisonneur d'une bonne moisson.

Merci, dès lors, à M. Biétry, de sa lutte opiniâtre. Si elle n'est pas tout à fait fraternelle, elle est du moins civique ; et la guerre d'ailleurs est bien plus un acte de courage et de patriotisme que l'élan d'une âme par trop compatissante.

M. Biétry, au reste, aura également nos éloges pour ses bons filés et ses excellentes étoffes en cachemire pour robes.

— Nous ne quitterons pas l'article châle de Paris sans parler d'une invention qui promet d'apporter une notable économie dans cette branche de travail ; elle serait de cinquante pour cent sur la dépense du carton. Un double témoignage parle ici pour la découverte. D'abord les éloges des plus importants fabricants ; ensuite le nom même de l'inventeur, l'une des gloires les plus honorables de l'industrie du châle ; personne ne nous contestera le contraire, lorsque nous aurons nommé M. Bosquillon. Nous pourrons ajouter à cela un rapport de la *Société d'encouragement*, rapport fort bien motivé par M. Alcan.

Nous savons qu'il y a ici une difficulté : c'est celle de l'outillage, qui appartient généralement à l'ouvrier chàlier ; mais, du moment que l'avantage du système nouveau est reconnu, n'y aurait-il pas un expédient très facile pour en faire une prompte et générale application ? et ce moyen ne serait autre que l'intervention des fabricants eux-mêmes dans la dépense. Ils amélioreraient ainsi le sort de leur personnel ouvrier, très digne de leur sollicitude, et de plus ils apporteraient une notable économie dans leur prix de revient.

Ce double objet mérite d'attirer l'attention toute particulière du jury.

— Passons maintenant aux produits de Lyon. Malheureusement, nous avons ici à constater une grande pauvreté, si ce n'est pour la qualité, du moins pour le nombre; et nous ne devinons pas le motif d'une pareille indifférence. Lyon compte quarante à cinquante fabricants de châles, et nous n'avons à constater ici la présence que de cinq à six d'entre eux. C'est infiniment regrettable que cette abstention, et pour Lyon, et pour le pays.

M. Grillet occupe toujours le premier rang comme importance d'affaires, excellence de sa fabrication, preuve de goût. Il embrasse tous les genres, et il fait tout bien.

— M. Rebeyre nous montre des produits à la fois variés et d'une bonne fabrication. Un fort bon coloris se fait remarquer dans ses hautes qualités de châles ; ses châles brochés ont, dans leur genre, un vrai mérite. Les châles imprimés de M. Peillon fils sont d'un bon goût; ses brochés sont également à noter. MM. Monfalcon et Bazonnet se recommandent par une louable exécution et leurs prix modérés. Leurs dessins sont choisis avec goût. Nous noterons à leur éloge un châle long et un châle carré pur laine ; leurs châles imprimés répondent au restant de leur fabrication. MM. Mantellier ont deux châles, dont nous serions fâché de ne pas parler : l'un rouge, l'autre vert. MM. Sandoz et compagnie ont un châle carré, fleurs à palmes, fort bien exécuté.

Nous avons voulu juger Nîmes en dehors de tout entourage trop élégant; et, pour cela, nous sommes tombé devant ses cases en plein dimanche. Nous avons bientôt vu ce que nous prévoyions, c'est-à-dire la foule empressée devant ses produits nombreux, comme le jeudi, jour réservé, se presse l'aristocratie de la richesse et du bon goût devant Gaussen, Hébert, Duché, Deneirouse. Et vraiment ce spectacle n'était pas pour nous sans un vif intérêt. Plus d'une appréciation entendue là, et que d'autres eussent peut-être dédaignée, a été notre guide, et au lieu de cacher la source où nous avons puisé, nous l'avouons, nous l'indiquons ingénument.

Nîmes est vraiment un centre admirable de fabrication à bon marché ; et cependant fabrication variée, s'étendant, se perfectionnant de jour en jour.

Le bonheur n'a véritablement qu'une base tout à fait idéale ! Que de fois nous avons entendu la femme de l'ouvrier dire à son mari, la jeune fille dire à sa mère : Vois donc ce châle, qu'il est joli, qu'il me plairait ! Et ce bonheur ne tenait cependant qu'à trois ou quatre pièces de cent sous ! Ce sont les brodequins et les gants d'une semaine pour bien des femmes, qui cependant se disent et se croient profondément malheureuses à l'encontre du chapitre *toilette*, dans leur budget de ménage.

— MM. Curnier et compagnie sont à Nîmes ce que M. Grillet est à Lyon, toujours les premiers et toujours hommes de progrès. Parmi leur production, fort variée, on nous a paru distinguer un châle vert et un châle bleu. MM. Devèze fils et compagnie suivent en très bon rang. Signalons à leur bénéfice un châle rouge et un fond noir. MM. Constant et fils, Bouët, Pradefoule, Colondre et Ducros, Hugon, Pourcherol cousins, Huguet, se recommandent à divers titres pour leur thibet, leur pur laine, leurs cotons mélangés ; car ici il nous faut de tout, et, par suite, nous tenons volontiers compte de tout.

— Paris nous reprend, et il nous éblouit de nouveau par les preuves irréfutables de sa supériorité.

Quelques colères politiques un peu irréfléchies consentiraient peut-être bien assez volontiers à ce qu'on effaçât Paris de la carte de France ; mais vraiment sait-on aussi ce que l'on enterrerait, indépendamment de Notre-Dame, du Louvre, du Panthéon ? Ne faut-il pas se dire qu'au pied de ces produc-

tions immortelles du grand Art, se forme, se meut, se nourrit un instinct qu'on appelle le goût, qui se comprend mieux
qu'il ne se définit, instinct que nulle part dans le monde
nous n'avons retrouvé, et en échange duquel il faut bien
passer quelque exagération, quelque folie, si l'on veut. Ce ne
sauraient être ni le Samoyède inerte, ni l'Indou sans nerfs,
ni le Peau-Rouge courant après la bête fauve, qui imposeront
les lois du goût, le tribut de la mode au monde entier. En
toutes choses, comme le disait le bon Azaïs, il y a des com-
pensations. Laissons donc Paris ce qu'il est, pardonnons-lui
ses péchés et racontons ses merveilles.

Parmi les producteurs d'étoffes imprimées pour robes,
sous forme châle, nous ne sommes qu'embarrassé de faire
un choix.

— MM. Delamorinière, Gonin et Michelet ont des étoffes
pour robes, châles et mantelets, d'un goût exquis et d'un apprêt qu'on chercherait vainement ailleurs : un châle jaune,
une robe verte avec guirlandes roses justifient pleinement ces
éloges, aussi bien que la robe à volants imprimés, couleur
saumon.

— M. Louis Chocqueel, à La Briche-Saint-Denis, se présente
avec une collection de châles d'autant plus à mentionner,
qu'ils n'ont pas encore reçu leur dernier apprêt. Il faut qu'il
soit bien sûr de lui pour oser une semblable hardiesse. Dessins, couleurs, harmonie, fondu des tons, tout est ici à louer,
et c'est presque à rendre jalouse la grande facture du châle.
Ses robes mousseline-laine et baréges ne déparent pas les
châles.

— M. Félix Chocqueel a une fraternité, si ce n'est d'origine, tout au moins de savoir-faire, avec le précédent industriel que nous quittons. Il appartient à Saint-Denis. Ses
robes, ses écharpes, ses châles sont également à mentionner.

— M. Léon Godefroy, précédemment cité pour ses étoffes
imprimées, à la suite de celles de Mulhouse, le sera encore
ici pour sa collection de châles, que n'efface pas le voisinage
dangereux de M. Louis Chocqueel.

— Ce serait peut-être bien le cas de nous arrêter : minuit
a sonné et la fatigue nous gagne ; mais, d'un autre côté,
nous nous disons que les portes du Palais de l'industrie sont

à la veille de se fermer sur nous; et alors il faut avancer encore d'un pas, et mousselines et dentelles sont condamnées à marcher à la suite des châles, et à être par eux quelque peu éclipsées.

Tarare, Saint-Quentin, Chantilly, Alençon, Bayeux nous en voudront; mais qu'ils nous pardonnent plutôt : ce n'est point notre faute si nous sommes trop bref à leur égard. Le public sera plus juste et se souviendra, sans aucun doute, de leurs brillantes œuvres.

Les mousselines de Saint-Quentin et de Tarare conservent toujours leur incontestable supériorité. Nous ne voulons certes pas ôter leur valeur réelle aux mousselines anglaises : comme tissu uni, elles l'emportent sur les nôtres peut-être bien ; mais combien, ici, nous regagnons le terrain perdu par la partie ouvragée! c'est le peintre effaçant le mérite de la toile pour n'y laisser voir que le passage de son pinceau, l'éclat de ses couleurs.

— A Tarare, nous citerons comme très méritants MM. Estreignat, Fion fils, Brun frères et Denoyel.

— A Saint-Quentin, MM. Lehoult et compagnie ont toujours leur même supériorité qui les place, depuis nombre d'années, en tête de la riche industrie de Saint-Quentin. M. Daudeville arrive à la suite, et a su se placer en fort honorable position.

— Paris a sa part encore ici dans les produits de MM. Lévy Sédillot et Lepelletier.

— C'est bien léger, la dentelle; mais c'est bien lourd, l'argent qu'il faut pour la payer! En voulez-vous une preuve? Demandez à M. Lefébure ce que vaut son morceau de prédilection. Il vous répondra avec un admirable sang-froid : 10,000 francs. Et notez bien que c'est pour couvrir, non pas de rondes et belles épaules, mais bien un lit! Que devra donc être le reste de l'ameublement? C'est à faire croire que nous marchons à pleines voiles vers l'âge d'or. Par exemple, nous trouvons moins effrayant et d'un goût parfait la mantille espagnole, en blonde, du même fabricant, aussi bien qu'une écharpe en dentelle d'Alençon.

— Ne quittons pas Alençon, puisque nous venons de le nommer, sans mentionner l'une de ses gloires, M. Docagne.

Que de femmes nous avons surprises en extase, l'une devant ses volants, l'autre devant ses voiles, celle-ci enviant le bonheur de couvrir ses joues d'une délicieuse barbe ; tout cela, comme de raison, *point d'Alençon!*

—M. Pagny, de Bayeux, a un châle qui nous a semblé faire beaucoup de caprices. Il est léger, harmonieux, et devrait servir de modèle à bien des fabricants. Il est vrai que le dessin est de M. Couder. Une écharpe, un volant, sont fort beaux aussi.

MM. Pigache et Mallat ont une écharpe d'un seul morceau sur laquelle il est juste de porter l'attention des connaisseurs. C'est encore un dessin de bon goût. MM. Rosset et Normand, de Paris, ont un volant et une voilette que les dames s'accordent à dire d'une admirable exécution. Nous, un peu profane en pareille matière, nous aimons à répéter leur jugement, tout enthousiaste qu'il nous paraisse parfois.

M. Violard, de Paris, expose des dentelles de divers genres ; un beau châle noir, qu'on aurait pour 1,200 francs ; du volant, nous a-t-on dit, pour surplis d'évêque, à 1,000 francs le mètre ; des dentelles cachemire quelque peu à la mode ; enfin des imitations de dentelles d'Angleterre qui nous semblent en effet bien copiées, mais qui prendront difficilement en France, à cause de la lourdeur des dessins.

Nous finirons cette revue du monde élégant par une réflexion toute philosophique : c'est que la France, quoi qu'en disent les esprits un peu trop moroses et alarmistes, n'a perdu ni le goût de produire les jolies choses, ni le plaisir de les admirer, ni l'envie de les posséder.

CHAPITRE XV.

INDUSTRIE DE LA SOIE.

Soies grèges et filées. — Découverte du major Bronski. — Nécessité de la faire étudier. — Lyon, ses crises, les remèdes. — Étoffes d'ameublement. — Satins. — Tissus façonnés. — Velours. — Crêpes de Chine. — Rubans. — Le Gard. — L'Ardèche. — Les Basses-Alpes. — La Gironde. — Lyon. — Saint-Étienne. — Saint-Chamond. — Paris.

En me chargeant du soin de décrire les plus brillants faits

de la production française, je me suis surtout promis de mettre en vue, et d'exciter à marcher plus rationnellement, plus résolûment, deux industries que je regarde comme les plus naturelles, comme les plus avantageuses, si l'on sait bien faire, que puisse nourrir notre pays. La première, je l'ai déjà nommée et chaleureusement encouragée à prendre un plus grand essor : c'est l'industrie linière. La seconde, nous y voici.

L'industrie de la soie peut avoir, sans doute, comme toutes choses, tour à tour des succès, des revers ; mais quelles que soient les causes de ses secousses, on la verra toujours nous revenir ; car elle va trop bien à notre soleil, à nos champs, à tous nos instincts pour ne pas nous rester et chercher à prospérer.

La soierie est une de ces royautés qu'on ne saurait détrôner ; car elle règne au nom d'un des principes les plus forts, les plus certains qu'il y ait sur la terre, le sentiment du beau. Nulle nation mieux que la France ne comprend ce culte et ne tient heureusement à lui rendre hommage. La république la plus populaire, les tribuns les plus spartiates que l'on puisse supposer n'en tiendraient pas moins à ce qu'on demandât à la soie leurs drapeaux, leurs écharpes, leurs ondoyantes bannières.

Occupons-nous donc bien vite de cette intéressante industrie, qui a pour elle le passé, qui tient le présent, et qui est sûre aussi de maîtriser l'avenir, quel que soit celui que le ciel et les destinées nous réservent.

La soie a eu du moins ici une plus grande habileté de manifestation que le lin ; car elle se présente à nos yeux et à notre appréciation sous toutes les formes, depuis le cocon, qui sert de brillant tombeau à l'ingénieux ouvrier qui l'a travaillé, jusqu'au ruban superbement moiré, signe de l'honneur et du mérite français.

Le jury de 1844 a eu raison de dire : «Le moulinage, qui n'était naguère qu'une occupation mécanique et presque infime, s'est élevé au rang d'une profession industrielle distinguée.» L'Exposition de cette année confirme pleinement ce flatteur témoignage.

Le Gard brille ici par de nombreux produits. Un homme

aussi intelligent que persévérant, M. Chambon, est toujours à la tête du moulinage et de la filature. On lui doit de nombreux perfectionnements dans le premier travail des soies, et le jury ne pourra, dans l'impuissance où l'on est d'ajouter à ses récompenses, que vouloir le remercier de s'être présenté de nouveau, comme bon modèle à suivre, parmi ses nombreux rivaux.

— Nous pouvons appliquer à MM. Tessier frères, comme non moins mérité par eux, l'éloge donné à M. Chambon. Ils perpétuent fort honorablement dans leur famille une industrie qui y est implantée depuis longtemps, et ils ne pouvaient mieux faire.

— Après ces chefs de file, viennent, soit à Saint-Hippolyte, soit à Saint-André-de-Valborgne, soit à Saint-Jean-du-Gard, MM. Mourgue et Bousquet, Carrière, Roux frères et Cabri, Gibelin et fils, Molines, Majorin fils.

— Dans une autre partie de la grande contrée sérigène, contrée peut-être la plus estimée par ses hautes qualités, nous aurions voulu retrouver présent M. Louis Blanchon, de Saint-Julien-en-Saint-Alban (Ardèche), qui emporta d'emblée, à sa première exposition de 1844, la médaille d'or, tant sa supériorité était reconnue par ses rivaux, par ses juges; malheureusement il se repose sur ce premier laurier, et cela ne nous semble pas bien. Il eût mieux fait de suivre le patriotique exemple de MM. Chambon et Teissier frères. Heureusement que de la même localité, et pour nous en faire apprécier le mérite, se présentent les produits de MM. Barrès père et fils. Leurs soies jaunes, gréges et ouvrées dénotent une excellente préparation, et se placent très favorablement à Lyon et à Saint-Étienne. La maison Barrès est fort ancienne, bien qu'elle fasse sa première apparition au Palais de l'industrie. Nous pensons qu'elle y sera remarquée. MM. Pradier, d'Annonay, Deydier, de Niel, Menet, de Boulieu, méritent aussi d'être mentionnés comme de dignes représentants de l'Ardèche.

— Les Basses-Alpes doivent savoir bon gré de leur établissement de Manosque à MM. Buisson, Robert et Champanhet. C'est une première manifestation de progrès dans un pays assez insouciant et fort retardé.

— Il est assez singulier qu'en quittant le pays classique de la soie, nous venions toutefois à tomber, dans la Gironde, sur un produit fort notable, et que nous sommes tenté vraiment d'appeler la perle des soies blanches. Par malheur, cette soie est jusqu'ici aussi rare que les perles elles-mêmes.

Est-ce par impuissance? Non pas, mais bien parce que le possesseur de l'heureux produit en garde devers lui le secret, et tient sous le boisseau les moyens reproducteurs. Il est permis d'espérer qu'il n'en sera pas toujours ainsi.

Le major Bronski, Polonais, a eu l'excellente pensée d'appliquer à l'amélioration du ver à soie le principe du croisement des races qui a immortalisé, chez nos voisins, les travaux et le nom de Bakewel. Croiser des insectes! nous dira-t-on peut-être! Pourquoi donc pas? Est-ce que, depuis l'homme jusqu'au plus épais mollusque, il n'y a pas pour tous les êtres une même loi d'ordre, de vitalité, de progrès?

Ce petit insecte, d'ailleurs, savez-vous bien qu'en France il vient mettre en mouvement, chaque année, 300 à 350 millions; que, dans le reste de l'Europe, il vivifie 5 à 600 millions; et alors n'était-il pas digne de toute l'attention du microscope intelligent du major Bronski, du scalpel hardi du docteur Auzoux, des études profondes du savant Darcet, du dévouement persévérant et popularisateur de Camille Beauvais?

En France, nous avons le malheur de ne pas trop vouloir sonder le fond des choses; et de là aussi tant de négligence, tant de fausses opérations, et, par suite, tant de déplorables mécomptes.

Du mélange habilement calculé, persévéramment suivi des races connues sous les noms de *novi, sina* et *syrie,* est-il résulté une race particulière, ayant son type, promettant de se maintenir? La soie qu'elle donne se distingue-t-elle des autres soies par sa blancheur, son éclat, son cristallin, sa nervure? Le ver, de son côté, est-il plus fort, moins sujet aux maladies, notamment à la muscardine, cette peste fréquente et si fâcheuse des magnaneries, même les mieux tenues? Voilà ce qu'il faut étudier et ce qu'il importe au plus haut degré à la France de savoir. Nous disons au plus haut degré, parce que nous savons, à n'en pas douter, qu'en Portugal, en Espagne, en Égypte, en Turquie, dans la Russie méridionale elle-même, on s'occupe beaucoup de la culture du mûrier, de la production et du travail de la soie. N'ayons pas, de notre côté, l'incurie et le malheur de nous endormir et de nous laisser ainsi déborder. Nous ne sommes déjà que trop faibles sur d'autres points bien essentiels cependant.

M. Bronski, au reste, ne prétend pas faire avec l'Etat un mystérieux marché. Il demande, au contraire, de passer par toutes les épreuves, même comparatives, que la prudence pourra ici conseiller. Cela, ce nous semble, vaut la peine d'être essayé, car ici les témoignages déjà donnés aux résultats obtenus sont trop nombreux, trop déterminants pour ne pas que l'autorité publique à son tour intervienne, et nous apprenne à quoi il faut s'en tenir.

Pour mieux éclaircir cet intéressant problème d'économie à la fois agricole et industrielle, ne serait-il pas même désirable qu'une commission d'hommes spéciaux fût choisie au *cœur même* du pays où l'éducation des vers à soie est la plus générale, la plus connue, la plus riche en résultats, comme dans le Gard, dans l'Ardèche? Et si là on en venait à proclamer hautement que les moyens de perfectionnement trouvés par M. Bronski sont une conquête réelle, dont l'application, la généralisation sont infiniment désirables, qui voudrait dès lors ne pas dignement payer et sa pensée utile et le long travail qu'il a fallu pour la suivre et la mener à bon terme?

C'est au jury, selon nous, à préparer les voies à cet acte de justice, s'il est mérité. Le Gouvernement a déjà prouvé plus d'une fois qu'à ses yeux les grands services rendus au pays, à l'humanité, n'ont pas besoin du passe-avant de la nationalité. C'est là juger les choses de haut, et c'est parfaitement vu.

— Nous serions injuste si, parlant progrès sérigène, nous ne disions rien des améliorations notables apportées dans les appareils de moulinage par M. Michel, de Saint-Hippolyte-du-Fort (Gard). Depuis quelques années, c'est de son établissement que sont sortis la plupart des appareils perfectionnés, et à leur aide qu'ont été préparées les plus belles sortes de soie qui brillent au Palais de l'industrie. M. Michel a commencé par être ouvrier; ses commencements ont été pénibles; il ne s'est pas rebuté, et il est arrivé. Nous le re-

commandons, pour son courage et son habileté, à la sollicitude du jury.

— M. Langevin a une spécialité de préparation de soie que
nous ne voudrions pas passer sous silence, d'autant mieux
qu'elle a été déjà fort honorablement mentionnée. Ses filés
provenant de la bourre de soie servent particulièrement aux
fabricants de châles.

— Lyon est toujours non seulement pour la France, mais
encore, on peut le dire sans trop d'orgueil, pour le monde
entier, la reine des cités industrielles pour la mise en œuvre
de la soie. Malheureusement de terribles événements ne
viennent que trop souvent ici consumer le temps, interrompre
la pensée, troubler le courage des travailleurs.

Lyon, depuis un demi-siècle, semble s'être, comme à plaisir, assis sur un volcan ; et si, comme celui qui trouble souvent les délices de la vieille Parthénope, ce volcan ne se cache
pas dans les entrailles de la terre, il n'en est pas moins redoutable pour cela ; car c'est dans les replis insondables du
cœur de l'homme qu'il vit, qu'il grandit ; que de là, et à un
jour donné, il déborde furieux... Et l'on sait ce qu'il faut de
peine, d'activité, de terribles expédients pour combattre, arrêter sa lave écumante.

N'y aurait-il donc pas un moyen, si ce n'est d'éteindre tout
à fait ce dangereux foyer, du moins d'en tempérer les ar-
deurs, et de donner à ses feux une moins dévorante issue ?
C'est à vrai dire ce que nous pensons.

Il manque, selon nous, à Lyon, ce que nous avons dit qu'il
manquait à l'une des plus importantes cités industrielles du
Nord, Roubaix, un noyau de force morale, un ressort de puissance intellectuelle, qui, pendant que les plus positifs travaillent et s'évertuent à produire, viennent, de leur côté,
pousser d'autres hommes à éclairer leur marche, à améliorer leur sort, à modérer les impatients, à consoler, aider les
plus souffrants, et enfin qui sachent ajouter à la machine sociale ce que le mécanicien ajoute à sa machine de fer, un poli,
un coulant, des échappatoires à l'excès de force, qui empêchent les faux mouvements et préviennent ainsi les bri-
sures, les explosions.

Nous croyons l'avoir dit ; mais, nous pouvons le répéter

sans crainte d'épuiser le sujet, nous vivons dans un temps où la force matérielle n'est pas tout, ne résout pas tout. Comme les astres les plus puissants, elle aussi a parfois ses déviations, ses éclipses. Et dès lors, pour s'éclairer, pour prévenir toute surprise, il faut savoir, il faut pouvoir compter sur autre chose.

Nous savons bien que Lyon compte quelques associations, quelques institutions, dont le but est louable; mais les hommes honorables qui en font partie comprennent-ils bien quelle serait aujourd'hui leur véritable mission? Savent-ils comment l'on rendrait moins brûlant le terrain sur lequel ils dorment? combien, pour en arriver là, les heures sont vite à compter? Ont-ils sondé aussi ce que le mal, autour d'eux, a de portée; ce que, pour l'avenir, enfin, il nourrit de menaçant?

C'est peut-être chose à se demander. Ce qui semble nous y autoriser, c'est que nous venons de voir le premier corps scientifique de cette cité si considérable, la plus industrielle du pays, et aujourd'hui si profondément travaillée par les divisions intestines, demander aux esprits méditatifs le récit de la vie d'une femme sur laquelle la tombe vient à peine de se fermer (1). N'y avait-il pas à proposer ici un sujet d'études plus sérieux, plus opportun, plus fructifiable et pour Lyon et pour la France?

Comment les industriels anglais se sont-ils élevés à ce degré de hauteur qui les signale en tout point aujourd'hui dans le monde? Lyon doit le savoir mieux que personne.

Aux Lyonnais donc, et surtout aux Lyonnais hommes de cœur et d'intelligence, sont plus pertinemment dévolus qu'à personne le repos ou le trouble, le développement ou la décadence de leur célèbre cité.

Les jalons de la route à suivre, je les leur jette en courant : c'est à leur patriotisme et à leur intérêt à vouloir faire le reste.

Les produits de la fabrication lyonnaise sont aussi variés cette année que bien exécutés; et, malgré les circonstances,

_____

(1). Éloge de madame Récamier, proposé par la Société des sciences et arts de Lyon.

c'est mieux vraiment que nous ne le pensions et qu'on ne l'attendait généralement.

— On retrouve M. Yémeniz complet, c'est-à-dire avec son bon goût et sa rare habileté, dans sa belle portière or et soie. On ferait difficilement mieux dans la partie des étoffes d'ameublement. Ce précieux travail honore à la fois et l'industriel qui l'a exécuté et le propriétaire qui va le posséder. M. de Luynes est homme de goût et faisant, comme tous le savent, le plus honorable usage de son immense fortune. C'est là une de ces sommités, non seulement qu'on ne saurait jalouser, mais qu'on tient encore à honorer et à présenter aux riches de la terre comme un bel exemple à suivre.

— MM. Lemire père et fils brillent, comme par le passé, dans cette même partie de l'ameublement.

— Au rang le plus distingué, il est tout aussi juste de placer les remarquables satins de M. Heckel aîné. L'industrie lyonnaise doit être fière d'une pareille fabrication, et nous ne sommes nullement étonné qu'elle soit aussi recherchée par les besoins du dedans que par les acheteurs du dehors.

— Pour le bel uni comme pour le façonné, M. Teillard est tellement en progrès, que le chiffre de ses affaires est aujourd'hui considérable. On parle chez lui de 1,000 à 1,200 métiers, et l'on évalue son mouvement commercial à 4 millions au moins.

— MM. Joly et Croisat ont des produits d'un excellent goût et très variés. Ils ont la spécialité des étoffes pour robes et ombrelles. Ce dernier article a une importance plus grande qu'on ne le pense généralement.

— MM. Potton et Rambaud n'ont rien perdu de leur excellente renommée. Leurs soieries façonnées seront toujours leur meilleure recommandation.

— M. Bonnet, si honorablement remarqué par les précédents jurys, et pour ses tissus et pour ses filés soie, industriel qui doit tout à lui-même, ne sera pas oublié cette fois-ci encore. Et, parmi les hommes qui vont pouvoir nous consoler des noms connus que nous ne retrouvons pas, nous notons bien vite celui de M. Ponson. Il a si bien fait, qu'il s'est déjà rangé au rang des industriels les plus importants, et pour les qualités qu'il produit, et pour les quantités qu'il lance dans la circulation. Gloire sans doute d'abord aux vétérans qui soutiennent l'honneur du vieux pavillon; mais merci aussi aux jeunes soldats qui se forment et grandissent sous leurs ailes pour ne jamais laisser les rangs trop éclaircis.

— Nous devons très rapidement encore citer M. Balaidier, pour sa collection de velours façonnés ; MM. Groboz, pour leurs ornements d'église ; MM. Monnayeur et Moras, pour ce même genre de fabrication, aussi bien que M. Vanet ; enfin MM. Potton et Rambaud, pour leur belle collection de foulards.

— La peluche est aujourd'hui un produit important. Longtemps nous l'avons demandée à l'étranger ; aujourd'hui nous lui en expédions : c'est heureux à dire. Le pays doit beaucoup, pour ce remarquable succès, à M. Martin qui, de la modeste récompense de bronze de 1844, passera, nous l'espérons, à la plus brillante que le jury ait à donner.

— Dans la Moselle, MM. Schmalz et MM. Barth, Massing et Plichon font toujours de fort belles peluches ; M. Narot fait également bien ce même article.

— Nous ne pouvons quitter Lyon et sa soierie sans mentionner les importants ateliers de teinture de M. Guinon. Une profonde connaissance de son art, un soin particulier mis en tout, sont des titres qui lui ont valu l'entière confiance de ses compatriotes, et qui ne lui mériteront pas moins l'approbation de ses juges.

— Lyon et Paris se partagent la fabrication du châle de Chine, soit uni, soit brodé. C'est un article toujours et fort élégamment porté, particulièrement dans ses hautes qualités. Nous noterons avec plaisir, dans ce genre, les produits de M. Person, de Paris. Le châle exposé par lui a une broderie fort distinguée, et dont nous ne saurions trop recommander l'imitation. Trop souvent, en cela, on exagère l'ornement. M. Person sait éviter ce défaut, et nous l'en félicitons.

— Quand on ne veut examiner que les détails d'une industrie et ne prendre pour mesure de sa portée que ce que l'on peut lui demander pour son propre usage, sans doute on en limite bien vite dans sa pensée l'importance ; mais si l'on sait, au contraire, grouper les besoins isolés et juger alors les choses par leur ensemble, on est bien plus précis, bien plus rapproché de la vérité.

C'est ainsi que les métiers qui font le ruban se comptent par milliers, et qu'il ne faut pas évaluer à moins de 20 ou 25 millions la valeur de ce léger et élégant tissu. Paris et Lyon se partagent ici la vogue et la fabrication. Le métier Jacquart, le battant-brocheur, d'autres moyens encore sont venus ajouter à la perfection du travail, et, dans les hautes qualités, rien ne se fait d'aussi beau, d'aussi recherché qu'en France. Nous ne pouvons qu'inviter les femmes à faire, par goût et par plaisir, ce que nous avons fait par devoir : elles s'arrêteront volontiers devant les rubans de MM. Vignat, Larcher-Faure, Balay, Grangier frères, Passerat fils et compagnie, Baret, Monier père et fils, de Saint-Étienne et Saint-Chamond ; signalons aussi pour leur bon goût les rubans moirés de M. Dutrou, de Paris.

— Il nous reste à mentionner un dernier article qui s'appelle aussi gaze, mais qui ne regarde cependant pas la toilette des dames, bien qu'il ait valu à son auteur la médaille d'or, que tout le premier nous lui aurions donnée, et qu'il nous semble mériter toujours. M. Hennecart, de Paris, fait la gaze pour la bluterie, et la sait faire avec une rare perfection.

— Ainsi, la voilà achevée, l'étude de cette belle industrie de la soie, qui vaut en France près du tiers de notre colossal budget; et nous l'avons assez charitablement traitée, ce nous semble. Mais ce n'est point trop que de faire cela pour elle.

Lorsque, comme nous, on l'aura examinée sous tous ses rapports, sous le point de vue national surtout; lorsque l'on aura aussi comparé ce qu'elle peut exécuter avec ce que font de mieux à l'étranger, même les plus habiles, comme les Anglais, les Allemands, on concevra l'estime et l'intérêt que nous aimons à lui témoigner.

On se rendra mieux compte aussi du désir profond que nous éprouvons de voir enfin Lyon se hâter de vouloir fermer ses plaies encore saignantes, et de songer avec cela, et par des moyens moraux, et par des expédients économiques sagement étudiés, avec ménagement appliqués, à détourner de son sein, déjà si meurtri, de nouvelles blessures.

Nous savons, et c'est là un profond regret pour nous, que de nombreux et fort habiles ouvriers en soie sont passés depuis quelques mois à l'étranger.... Puissent-ils nous revenir bientôt, ramenés par le calme, par l'amour du pays! Nous ne voudrions pour rien au monde que les colères populaires vinssent ajouter à la tache que les faiblesses d'un roi longtemps dominateur, et à son tour dominé, n'ont que trop bien collée aux pages de notre histoire.

CHAPITRE XVI.

INDUSTRIE DE L'AMEUBLEMENT.

Velours et étoffes d'ameublement, — Tapisseries. — Tapis. — Moquettes pour tapis et meubles. — Broderies à la main. — Dessinateurs industriels. — Papiers peints. — Tapis et toiles cirées. — Stores. — Aubusson. — Nîmes. — Tourcoiny. — Amiens. — Bordeaux.

Le savant rapporteur général du jury de 1834, M. Charles Dupin, disait avec beaucoup d'à-propos : « La vanité seule est flattée par la magnificence du dehors des édifices ; le bien-être, le comfort de l'existence résultent d'un intérieur qui satisfait commodément à tous les besoins de la vie domestique.» Aussi est-ce avec empressement que nous venons aujourd'hui nous occuper de cette partie si intéressante et si bien remplie de l'Exposition actuelle.

Les étrangers paraissent s'étonner parfois de notre recherche dans la partie de l'ameublement. Cela prouve simplement que nous leur sommes supérieurs en fait de civilisation et de goût. Quoi de plus naturel en effet que de se préoccuper un peu du soin de sa maison, d'accroître le plus possible le charme de la vie intérieure ?

Le salon où l'on reçoit parents, amis, étrangers qu'on tient à bien accueillir, pourquoi ne chercherait-on pas à le faire beau, attrayant pour tous ? La chambre à coucher, cet asile intime des affections les plus chères, n'est-il pas naturel de l'arranger de manière à s'y plaire, à s'y sentir rappelé, retenu par plus d'un lien ? En donnant à une salle à manger un air de gaîté, de fraîcheur convenable , ne semble-t-il pas qu'on ajoute au mérite, à la succulence des mets qui couvrent la table ? Le cabinet de travail, sanctuaire des méditations, des affaires, est-ce un mal si, par son arrangement et quelques objets de goût qu'il renferme, il contribue à reposer l'esprit qui se lasse, lui aussi, s'il est toujours et trop fortement tendu ?

Cette recherche du chez soi est simplement le savoir-vivre, le bonheur intime bien entendus. A l'œuvre donc, industriels et artistes qui avez le sentiment de ce qu'il nous faut en cela ; ne craignez pas d'être des producteurs trop féconds ; visez surtout au bon goût, à la variété, plutôt qu'à l'opulence et à la recherche ; la vogue aura bientôt patronné ce que vous ferez d'heureux en ce genre. De notre côté, nous allons faire de notre mieux pour reconnaître et mettre en vue ce que déjà vous avez fait de bien.

Assurément nous serions indulgent quand bien même nous ne serions pas servi dès ce moment à notre gré ; mais nous disons toutefois avec franchise qu'il n'est pas besoin d'user de beaucoup d'indulgence. En ceci encore, le résultat a dépassé nos espérances ; les étrangers eux-mêmes le reconnaissent et nous ne serons pas plus difficile qu'ils ne le sont.

Déjà, dans la belle partie des soieries nous avons mentionné divers articles d'ameublement fort importants et tout à fait dignes d'éloges ; nous n'y reviendrons naturellement pas.

— En fait de damas laine et soie et étoffes diverses ouvragées pour le même usage, notre richesse nous semble grande, et nous n'avons véritablement que l'embarras du choix. M. Schlumberger nous présente de fort beaux damas à larges dessins et d'une harmonie de couleurs parfaitement entendue. Nous citerons notamment une pièce fond plein, rouge et jaune ; une seconde même style, bleu et couleur bois.

— Amiens, qui quitte peu à peu, et nous ne savons pourquoi, le terrain industriel sur lequel il s'est longtemps et brillamment signalé, se rappelle cependant à nous par les beaux velours et les moquettes pour meubles de MM. Henry Laurent et fils. C'est toujours la même pureté de coloris, la même entente des bonnes règles de la fabrication. Nous félicitons très sincèrement MM. Laurent de suivre leur carrière. Elle leur a donné un beau passé ; ils ne sauraient mieux faire et pour eux et pour nous que de continuer à marcher sur les mêmes errements. MM. Payen et compagnie, MM. Berly, d'Amiens, ont des velours et moquettes que nous tenons à noter. Ces articles les placent sur un bon rang et appelleront sans doute l'attention du jury.

— MM. Mallard et compagnie, MM. Moursault, MM. Fanfernot et Dulac, M. Dauchel fils aîné, M. Dufau, de Paris, ont des étoffes pour meubles dont la nouveauté et la bonne exécution méritent d'être signalées.

Mais, dans ce même genre, Nîmes nous semble mériter une place tout à fait à part. Une maison débutant, si ce n'est dans la région des affaires, du moins au Palais de l'industrie, se signale par un produit fort remarquable au profit du monde riche et élégant, monde qui n'a pas encore disparu, quoi que les peureux en disent, et qui voudra toujours ce qui est beau, ce qui dénote le bon goût.

MM. Rouvière-Cabanne, Milhaud, Martin et Grill sont les inventeurs et les fabricants du tissu *gobelin-anglo-chiné*, qui mérite à tous égards de fixer l'attention des connaisseurs et du jury; il réunit à la fois la richesse, le goût, la solidité. Rien ne ressemble davantage aux tapisseries des Gobelins, et le prix auquel on peut le vendre en fait un article de commerce propre à entrer dans les consommations des ameublements recherchés.

Les difficultés que l'inventeur a eues à surmonter ont dû être fort grandes. Il paraît que force a été à lui de créer même les outils propres à cette fabrication, qui diffère essentiellement de tout ce qui s'est fait jusqu'à ce jour. L'on connaît déjà nos habitudes, celles d'encourager surtout les hommes et les produits nouveaux; à ce titre, nous tenons à mettre en vue ce fruit fraîchement épanoui de la production française, qui nous paraît avoir de belles chances de succès.

La même maison expose de nouvelles moquettes fines pour meubles. Si le prix n'en est pas tenu trop élevé, elles seront bien vite acceptées à cause de l'emploi sans limite des couleurs qui doit en relever la grâce et l'éclat.

A nulle autre cité mieux qu'à Nîmes ne doit aller la mise en œuvre de la soie. Elle est aux pieds des Cévennes, voilà pour la matière première; ses eaux sont belles, son soleil toujours pur, conditions essentielles des brillantes et durables couleurs ; l'imagination ne manque pas non plus à la nature provençale ; c'est le complément des fabrications luxueuses que le bon goût et une incessante variété doivent nourrir et perpétuer. Hommes si bien partagés par le Ciel, comprenez donc la valeur des présents qui vous sont faits ! Les poëtes ont souvent chanté votre bonheur, vos exploits : c'était bien pour le passé... Aujourd'hui, pardonnez à un esprit sérieux de vous pousser dans une autre voie : la navette, le pinceau lui semblent pour vous aussi nobles et autrement profitables que la dague et la lyre. La loi du travail, c'est la grande loi de l'avenir ; avec le travail, les passions emportées se calment, les habitudes sérieuses prennent de l'empire, le patriotisme s'élève et s'épure, le bien-être de chacun augmente.

— Maintenant passons aux grands maîtres, aux vieilles comme aux jeunes célébrités qui abordent à la fois le tapis, la tapisserie. Comme membre du jury, M. Sallandrouze-Lamornaix ne saurait concourir ; mais il ne s'est pas cru dispensé pour cela de faire ses preuves d'habileté ; nous avons à le féliciter de cette pensée. On lui a fait l'honneur de pouvoir décorer le salon présidentiel ; cette préséance était toute naturelle ; seulement la faveur a-t-elle été, peut-être bien, un peu trop exclusive.

Les tapis de M. Sallandrouze ont toujours cette large facture que nous leur connaissons. Si nous avions toutefois un choix à faire, nous serions assez porté à donner la préférence à celui qui est placé au côté nord. Le dessin et son bel encadrement ne laissent rien à désirer.

Le tapis *treillage* a de l'originalité ; mais ici encore, comme à l'égard de la hardiesse de M. Deneirouse, nous faisons quelques réserves. M. Sallandrouze fait si bien les fleurs que nous préférerions qu'il laissât nos pieds et nos yeux les fouler, les aspirer à leur gré. Les fleurs, c'est comme le rossignol, comme la gazelle, qui n'en sont que plus charmants, plus ravissants, laissés en toute liberté. Gardons-nous donc, même sur la toile, de les emprisonner.

Quant aux portières qui décorent si bien le salon, il n'y a que des éloges à leur donner. C'est tout à fait oriental.

— Il y a quelques jours, à propos d'une ville d'Alsace qui a su prendre un notable essor, nous disions qu'il se pourrait bien que Bischwiller vînt à donner quelques insomnies même aux plus habiles d'Elbeuf, de Louviers. Eh bien, nous serions tenté de demander si la royauté d'Aubusson n'a pas quelque secrète et assez légitime jalousie. Tourcoing nous semble pour elle un rival qui se pose aujourd'hui bien résolûment, et il n'y a véritablement pas à s'endormir sur ses vieux trophées.

Le tapis, tout le monde en convient, a fait un pas immense depuis la dernière Exposition. Le dessin, la couleur, le prix, tout a progressé. Parmi les hommes de mérite qui ont pris l'allure la plus décidée, nous aimons à mentionner MM. Réquillart, Roussel et Chocqueel. Comme preuve de puissance dans le genre le plus élevé, ils nous offrent la tapisserie dite *le Jardin des Amazones*, façon des Gobelins. Le nom de la composition nous dit que le sujet est pris à la poésie de l'Orient. L'héroïne du lieu n'est, il est vrai, qu'une fière panthère entourée des plus riches attributs; les Amazones sont probablement à la guerre ou à la chasse; peu nous importe. Ce que nous avons sous les yeux est d'un bel ensemble, et nous félicitons à la fois l'artiste, M. Couder, et les industriels qui ont si parfaitement rendu sa poétique pensée.

MM. Réquillart ont deviné qu'il y avait là un beau résultat à obtenir, et en cela ils ont fait preuve de tact. Comme exécution, les premiers ouvriers des Gobelins n'eussent peut-être pas plus heureusement réussi. Nous admirons particulièrement l'éclat des couleurs, la force des tons, la manière aussi dont tout est habilement caractérisé. Cette tapisserie, l'on pourrait peut-être bien et plus justement dire ce tableau, méritait de trouver une place qui l'eût moins écrasée et où le connaisseur eût pu aussi l'étudier plus commodément. Les panneaux qui doivent accompagner l'œuvre principale s'harmonisent fort bien avec elle. Ils sont seulement exposés ailleurs, et c'est dommage.

Le grand genre moquette, désigné par MM. Réquillart sous le nom de *jardin d'hiver*, qui fait partie de l'ornementation du salon du Président, est d'un effet fort beau. Dans le genre gracieux, nous ne voudrions pas oublier la moquette *au paon*. Cette moquette, destinée à faire tapis, serait, selon nous, bien plus convenable pour tendre un petit salon, un boudoir; nous l'indiquons aux femmes de goût pour cet usage.

Le département du Nord, déjà si riche en industries de premier ordre, peut hardiment en inscrire une de plus. Le succès et l'avenir n'en sont pas douteux, si MM. Réquillart, Roussel et Chocqueel restent même ce qu'ils sont aujourd'hui.

Nous leur demanderons toutefois un progrès. Ils sont jeunes, dit-on; ils sont, de plus, hardis, comme nous le prouve ce qu'ils font : eh bien, du genre le plus élevé, il faut qu'ils sachent, il faut qu'ils veuillent, nous ne dirons pas descendre, — en industrie, on ne descend pas pour cela, — mais passer aussi au degré le plus modeste de fabrication.

L'aristocratie, la richesse ne s'en vont pas, nous savons déjà cela; mais ce que nous savons aussi, c'est que la démocratie est là qui attend, qui monte, qui veut compter pour quelque chose, ce qui est parfaitement naturel. Est-ce qu'il n'est pas sage, dès lors, de travailler à une plus large satisfaction de ses besoins, d'aviser à épurer ses penchants, à perfectionner ses goûts, à rendre son existence de famille plus douce? L'ouvrier qui pourra délasser ses membres fatigués sur un chaud tapis, comme nous avons souvent vu faire l'ouvrier anglais; à qui sa femme ne dira pas tristement : « Mon ami, j'ai froid; » dont l'enfant se roulera gaiement, proprement à ses pieds en lui souriant; eh! mon Dieu, cet ouvrier, suffisamment heureux, restera volontiers chez lui, tandis qu'autrement et pour s'étourdir il pourra bien courir au cabaret, à l'émeute. Aussi, messieurs Sallandrouze, Réquillart, Vayson, remplissez de vos chefs-d'œuvre salon présidentiel, hôtels de ville, palais royaux si rois vous appellent, rien de mieux; mais, de plus, pour l'amour du peuple, de cet honnête peuple, entendez-vous, qui travaille pour vous, pour nous, qui doit travailler aussi pour lui, donnez-nous du bon marché; tapis, par exemple, de 1 à 2 fr. le mètre. Les Anglais, les Hollandais, peuples d'un excellent bon sens, ont, depuis longtemps, résolu le problème : aussi chez eux voit-on tapis partout. Pourquoi ne les imiterions-nous pas? Entre vous tous, vous fabriquez pour 10 millions, peut-être;

alors vous compteriez par 50, 60, 100 millions. MM. Réquillart font à eux seuls aujourd'hui pour près de 2 millions d'affaires ; ils en feront pour 4 millions s'ils tiennent à nous croire.

L'industrie du tapis a marché en France au rebours de toutes les autres industries. C'est chose très fâcheuse. Comme progrès d'en haut, nous la trouvons parfaitement lotie ; aussi la pressons-nous de progresser par le bas, parce que là est pour elle un pas d'une immense portée.

Le tapis n'a pas encore sa Seine-Inférieure, sa *rouennerie ;* il faut qu'il la trouve. Tourcoing et Aubusson ont encore ici à rivaliser. Au plus actif la palme.

— M. Vayson, depuis longtemps remarqué dans la fabrication du tapis, mérite encore d'être signalé. Son tapis velouté fond blanc, à grands dessins, est d'une fort bonne exécution ; ses moquettes, bien que la forme n'en soit pas nouvelle, sont d'un heureux effet. C'est en cela que le genre Louis XV a peut-être la plus désirable application.

— Nous rentrons dans Nîmes sur les riches et nombreuses moquettes de MM. Flaissier frères. C'est riche, étoffé, brillant de couleurs ; dessins originaux qui ne ressemblent pas aux autres dessins, dessins qui nous plaisent et qui nous ont paru plaire à beaucoup d'autres. Nous noterons particulièrement une moquette, ornements rocailles, avec fleurs naturelles, fond blanc, qui est parfaite d'exécution. Une seconde, avec dessin branchage et courant de fleurs naturelles, ne dépare pas sa voisine.

— A notre assez grand étonnement, Bordeaux nous appelle pour fixer notre attention sur un des plus importants établissements du Midi, dirigé par MM. Larroque frères, fils et Jacquemet. Il a commencé fort rationnellement, et c'est peut-être là la clef de son succès toujours croissant. D'abord, filature de la laine, puis fabrication de couvertures ; aujourd'hui tapis, et tapis fort bien confectionnés. On remarque surtout dans leur montre un petit tapis ras, qui a des effets si heureux par la richesse de ses fleurs et l'éclat de ses nuances, que bien des personnes s'imaginent qu'il est velouté. Leurs jaspés sont faits dans de bonnes conditions. Le jury ne pourra que bien noter cette intéressante industrie ;

intéressante par elle-même, intéressante surtout par le point où elle se développe.

MM. Larroque sont arrivés à occuper 500 ouvriers qui n'ont pas depuis dix-huit mois cessé un moment de travailler. C'est à la fois l'éloge et des maîtres et des ouvriers. Le chiffre d'affaires de cette maison dépasse 1 million. Ce serait beaucoup partout; c'est plus important encore pour cette partie de la France.

Bordeaux se plaint beaucoup : ce serait plus sage de se plaindre moins et d'agir davantage à la façon de MM. Larroque et Jacquemet. Si la vallée de la Garonne, en dessus comme en dessous de Bordeaux, avait l'animation de la Seine, Bordeaux serait naturellement ce que sont Rouen et le Havre. Si la capitale de la Guyenne nous dit que ce mouvement ne saurait être le fait de sa volonté, nous lui répondrons que nous sommes d'un avis tout opposé. A Bordeaux, au contraire, et non pas au gouvernement, ni à aucun de ces principes coloniaux et politiques du passé, qui ont fait leur temps, qui ne sauraient revenir, appartiennent le pouvoir et le devoir de faire naître l'industrie et de réveiller l'esprit public dans les départements qui l'entourent.

Bordeaux a des capitaux la plupart du temps inactifs; Bordeaux compte dans son sein des esprits très ouverts et très intelligents. A lui donc de faire rayonner tout cela autour de lui et à son profit : en attendant ce désirable mouvement, ce beau rêve peut-être, honneur à ceux qui sortent en dehors des routes battues, qui croient qu'il y a mieux à faire qu'à pleurer éternellement sur Saint-Domingue et Pondichéry, ou qui se désolent de l'encombrement de leurs caves, tout en plantant de nouveaux vignobles.

—MM. Alexandre et Bucher, de Paris, méritent une mention pour leurs ouvrages de broderie à la main.

— C'est ici le moment le plus opportun pour rendre la justice qui leur est due aux hommes qui, comme dessinateurs, prennent une part réelle aux succès de beaucoup de nos industries, et cela dans les châles, les étoffes d'ameublement, les damassés, les étoffes et tissus imprimés, les dentelles.

Pour la grande tapisserie, M. Amédée Couder est l'auteur des modèles du *Déluge*, de la *Chasse aux papillons*, du *Jardin des Amazones;* pour la partie de la dentelle, de la belle parure, exécutée par M. Pagny, de Bayeux : en fait de châles, de plusieurs importantes compositions ; c'est, en mentionnant ces titres, suffisamment le recommander. Depuis longtemps il tient le premier rang ; ses rivaux eux-mêmes lui rendent ce flatteur témoignage. MM. Henri, Parquez, Watel, Chebeaux, Cagniard, Clerget, occupent dans cette importante branche un rang fort distingué, et que nous aurions regret de ne point signaler.

— Tout le monde ne peut orner ses appartements par des tapisseries des Gobelins, d'Aubusson, de Tourcoing, de Nîmes : aussi sommes-nous heureux de signaler les produits d'un autre genre ; ce sont les papiers peints, industrie pleine d'intérêt et pour laquelle nous ne rencontrons véritablement pas de rivaux.

— Les premiers en rang d'ancienneté et de mérite nous paraissent encore être les premiers à devoir mentionner aujourd'hui. M. Delicourt a plusieurs panneaux d'une grande perfection. Celui fond vert, un autre fond bleu avec bouquet, sont parfaits de goût et de coloris. Ses papiers veloutés sont aussi variés que bien soignés.

— MM. Zuber, de Rixheim (Haut-Rhin), sont toujours des hommes de progrès. Tout ce qui peut étendre et perfectionner la fabrication est l'objet, de leur part, d'une étude constante.

La réunion de la peinture à la main, moyennant des cartouches, à l'impression à la planche, a été nouvellement appliquée à l'article paysage. Il y a à la fois dans ce procédé perfection de travail et économie d'argent.

Les preuves d'une fabrication avancée sont ici sous la main. En réunissant leurs diverses fabrications, MM. Zuber arrivent à un chiffre d'affaires de plus de 1 million. C'est un chiffre fort élevé dans cette partie de notre industrie nationale.

— Un progrès fort notable est à signaler chez MM. Mader frères, de Paris. C'est riche, c'est de bon goût. Nous mentionnerons avec plaisir un papier fond blanc avec deux vues en médaillon. Les papiers veloutés de M. Marguerie sont à noter.

— La Société anonyme du blanc de zinc présente des papiers préparés avec son nouveau produit. Leur éclat pour papiers blancs, leur ton ferme pour les papiers en couleur annoncent en ceci une application heureuse ; nous regrettons de n'avoir pas devers nous des données plus précises pour les faire connaître.

— Le tapis ciré fait également partie d'un ameublement bien entendu. Pour les salles à manger, les offices, les antichambres, c'est souvent préférable à tout autre moyen d'arrangement, de propreté. MM. Beaudouin frères, récompensés de la médaille d'or, nous semblent la mériter toujours. Ils ont un tapis mosaïque qui fait le meilleur effet.

— M. Williams, de Londres, a des imitations de bois et de marbre faites pour tromper un œil même assez exercé. C'est une importation qui mérite d'être encouragée.

— M. Martin Delacroix a un tapis d'une immense grandeur, 54 mètres carrés, sans couture, qui prouve jusqu'où nous avons porté en France nos moyens de fabrication. MM. Lecrosnier, Marchal fils et Lemaire, Seib, de Strasbourg, sont également à noter.

— Enfin, comme complément d'agrément et de comfort, recommandons les stores, qui tempèrent si agréablement l'éclat de la lumière, préviennent, dans les appartements du rez-de-chaussée, les indiscrétions fatigantes des passants, servent, à beaucoup d'industries et de grands établissements, de préservatifs de toute sorte. M. Hattat, successeur de MM. Attramblé et Briot, qui ont des premiers donné un si heureux essor à cette industrie, se distingue, à son tour, par des produits d'une fort bonne exécution. Nous en dirons autant de MM. Basch-Pérès, Savary et Gérard.

CHAPITRE XVII.

INDUSTRIE DE L'ORNEMENTATION.

Marbres. — Poteries. — Faïences. — Porcelaines. — Glaces. — Cristaux. — Que manque-t-il à ces brillantes étoiles ?

Nous entrons de ce pas dans un monde un peu différent de celui que nous venons de parcourir. Il se lie sans doute par quelques-unes de ses faces au mouvement industriel ;

mais, par bien des points aussi, il se rattache aux beautés, aux secrets de l'art.

Que seraient, en effet, le bloc de marbre, une coulée de cristal, même le plus pur, la pâte de porcelaine, même la plus fine, si des mains habiles ne venaient à leur tour en décupler le mérite; si la forme n'en rendait agréables aux yeux les contours; si les couleurs n'y ajoutaient de plus leur éclat, leur séduisante robe?

Ici nous retrouverons et nous aurons à signaler à tout instant les témoignages parlants du goût, de l'esprit inventif, du tact français.

On croit trop généralement en France, tant la notion des véritables richesses du pays est peu répandue, que nous n'avons pas de carrières de marbre, ou tout au moins que celles qui existent sont pauvres, rares, épuisées.

Et cependant c'était bien, en grande partie, avec les marbres de France que les Romains et Louis XIV ont pu exécuter les beaux et grands travaux qui tiennent une si large place dans les fastes de l'art ancien et de l'art moderne. Oui, certes, il existe sur divers points du pays, notamment aux pieds des Pyrénées, une richesse d'une immense valeur, et qu'il n'est heureusement donné ni à nous ni à nos enfants d'épuiser de longtemps.

Et si nous avons cru devoir recourir, pour nos grands travaux publics, même pour le mausolée de Napoléon, au granit, au marbre de l'étranger, c'est bien sans nécessité comme sans patriotisme que nous en avons agi ainsi.

Mais que voulez-vous! nous avons, avec ardeur et orgueil, écrit toutes sortes d'histoires sur tous les sujets, sur tous les hommes possibles : il n'y a qu'une histoire qui reste encore à faire : c'est l'histoire de l'industrie!....

Ce tort que nous reprochons à bien de nos compatriotes pour leur ignorance à propos de nos plus réelles richesses, il n'est cependant pas général. Sur quelques points, au contraire, une salutaire impulsion a été donnée, et l'on travaille avec un succès que nous sommes heureux de constater.

Ainsi, dans les Hautes-Pyrénées, à Bagnères-de-Bigore, ce charmant Tivoli du midi de la France, un homme de beaucoup d'intelligence, de patriotisme, de goût, s'est dit qu'il fallait restaurer, prouver aux plus incrédules le mérite des marbres pyrénéens. Il n'a pas pour cela parlé comme trop souvent on parle ; il a mieux fait : il s'est mis à l'œuvre, il a pris le ciseau, et de ce ciseau il est sorti, et tous les jours encore il sort les plus jolies compositions. Cheminées, étagères, consoles, ornements divers, coupes ravissantes, tout cela est nouveau, exquis de goût, d'un bon marché qui étonne. Chaque jour, il étend ses ateliers, ses scieries, ses exploitations pour suffire à la vogue qui grandit à bien juste titre pour lui. Allez plutôt, vrais connaisseurs, au Palais de l'industrie avant qu'il ne ferme ; demandez les ouvrages de M. Géruzet. Ils ne sont ni difficiles à trouver, ni déplaisants à voir, je vous l'assure. L'ensemble est vraiment trop beau ici, pour que nous cédions à l'envie de nous perdre dans les détails.

Paris, si supérieur en tant de choses, j'ai regret de le lui dire, Paris est battu sur ce point de l'Exposition. Les produits du midi de la France sont si rares au Palais de l'industrie, que nous savons un gré infini à M. Géruzet de nous consoler un peu par sa brillante apparition ; il a été déjà fort honorablement remarqué ; il mérite de l'être toujours.

— Les échantillons fournis par M. Tarride fils, de Toulouse, prouvent encore la fécondité des contrées méridionales en fait de marbres. Il y a un marbre noir largement tacheté de blanc et d'un effet fort beau. Pour pierres tumulaires, pour mausolées, pour piédestaux, on ne saurait rien employer de plus convenable. Si la veine est riche, ce que nous ne savons, c'est un véritable trésor que possède là M. Tarride.

— Non loin de M. Géruzet, nous remarquons la cheminée de marbre blanc sculptée de M. Dupuis. Assurément, elle a de belles parties ; mais pourquoi, sur ce beau marbre dont on porte la valeur à 3,500 francs, avoir eu l'étrange pensée d'incruster des fragments de marbre de couleur ? Est-ce là de l'art et une preuve de goût ?

— Nous aimons mieux la forme sévère de la cheminée en marbre de M. Voitelain. Toutefois nous en détacherions volontiers, si elle nous appartenait, la garniture en cuivre qui, selon nous, la dépare. Le brillant du métal et la teinte noire du marbre ne nous semblent pas s'harmoniser assez bien ensemble.

Paris a cependant des écoles de dessin, des musées, où les modèles de bon goût, de belle simplicité ne manquent pas. Que nos industriels profitent donc bien vite de ces inappréciables avantages. Ce n'est point perdre son temps que de le consacrer à de pareilles études. C'est, tout au contraire, travailler à se perfectionner, à former son goût.

— En fait de marbres bruts et marbres ouvragés, nous citerons encore, comme dignes d'éloges, les produits de MM. Sappey, de l'Isère; Gaudy, de Boulogne-sur-Mer; Colin, d'Épinal, pour les granits, notamment pour un granit vert fort remarquable.

— Sans doute l'ingénieuse machine de M. Contzen ne viendra pas plus annuler le ciseau du statuaire que l'appareil de Daguerre n'a effacé parmi nous et dans le monde la palette puissante du peintre; mais cependant elle a son prix, et nous en mentionnons avec plaisir ici les heureux produits, puisque c'est le marbre aussi qu'elle travaille.

— En dessous des marbres et pour les suppléer, il y a des produits qui, dans leur modeste rang, n'en appelleront pas moins notre attention. Ce sont les pierres, les stucs, les plâtres. Nous voulons que l'artisan, le petit marchand, le modeste rentier, qui n'ont que leur jardin, leur cottage pour y courir le dimanche oublier les soucis de la semaine, puissent aussi trouver, pour les embellir à leur gré, moyennant quelques écus, leurs vases, leurs lions, leur Apollon, leurs Naïades, si bon leur semble. Le temps pourra bien les soumettre à de rudes épreuves; mais leur bourse et leur gaieté n'en pâtiront pas trop; et c'est l'important. Toute chose dans ce monde a ses besoins, sa raison d'être, sa philosophie; et souvent aussi ce n'est pas la situation qui semble la plus élevée qui est la mieux partagée pour le bonheur le plus réel, le plus digne d'envie. Il me souvient parfois d'une femme, pleine d'ailleurs de fort bonnes qualités, et qu'un jour je trouvai tout en larmes. Je lui demandai bien vite si elle n'avait pas perdu son père, son enfant. Pour toute réponse elle me mena voir les fragments d'un magnifique vase que la maladresse d'un domestique venait de briser, en s'écriant : « Vous conce-

vez! » J'avoue que je ne concevais pas… Ce que je comprends,
par exemple, fort bien, c'est que les pleurs, même d'une
femme, doivent couler pour plus graves motifs que celui-là ;
ou bien alors pourquoi le fol orgueil d'un vase de 1,000 francs ?

— A ceux qui ne veulent pas avoir à pleurer par suite d'un
fâcheux accident, ou qui tiennent à ne pas se ruiner dans
leurs projets d'ornementation, indiquons donc MM. Garnaud,
Renneberg, Gossin, Armand, Follet, aussi bien que M. Simon, de Strasbourg, pour ses pierres avec dessins pour ornements de meubles et dallages, qui sont d'une fort bonne
exécution.

— On peut joindre, à ces produits divers, les sculptures
en carton-pierre de M. Heiligenthal, de Strasbourg, qui sont
parfaitement exécutées, et qui ont reçu ailleurs des récompenses méritées.

— Je n'aime pas trop le travail de la mosaïque. Je tiens
bien autrement à l'œuvre, à l'inspiration de l'artiste qui jette
et forme et couleurs, et qui peut à son gré et plus tard re-
voir, corriger, perfectionner sa pensée. Ici, au contraire,
c'est la patience qui produit, c'est l'horloge qui fait seule
avancer l'achèvement du l'œuvre. Toutefois, pour ceux à qui
ces ouvrages plaisent, indiquons aussi les produits de M. Nuty,
qui ne manquent pas de mérite.

— La collection des ardoisières d'Angers représente l'un
des meilleurs produits que l'art de la construction puisse rechercher. Une telle fabrication, depuis longtemps connue de
tous, n'a besoin que d'être nommée.

— Tout en le comprenant fort peu, je ne nie toutefois pas
le bonheur des fumeurs ; trop de raisons sont là pour l'at-
tester. Aussi dois-je signaler à leur reconnaissance les efforts
persévérants de M. Fiolet, à Saint-Omer (Pas-de-Calais). Il
est parvenu à pousser la fabrication si loin, qu'il occupe régulièrement plusieurs centaines d'ouvriers. Les formes de ses
pipes sont innombrables. On assure qu'elles sont à peu près
de 800. Quant au chiffre total des pipes qui sortent chaque
année de la fabrique, il dépasse 25 millions.

— M. Beaufay, de Paris, a toujours le privilége de fabriquer ce qu'il y a de mieux en fait d'ustensiles propres au travail délicat des laboratoires. C'est un article de fabrication

beaucoup plus important qu'on n'est porté à le croire à cause des résultats qui s'y rattachent, et qui chaque jour prennent parmi nous plus d'extension.

— La faïence fine de Sarreguemines jouit d'une de ces réputations qu'on n'a pas besoin d'appuyer fortement pour les mettre en vue. Le nom de M. Utzschneider se lie naturellement à cet utile produit. A lui l'honneur de l'avoir porté à la perfection qu'il a atteinte aujourd'hui.

— MM. Lebeuf et Milliet, à Montereau et à Creil, travaillent, de leur côté, à multiplier, à perfectionner leur faïence, leur demi-porcelaine. Leurs produits sont notables et par leur excellente fabrication et par leur bon marché. Nous citerons un fort joli service-déjeuner, dessin bleu, filet or.

Cette fabrique vient d'ajouter à ses produits un article dont la vogue a commencé et qui ne peut que continuer ; c'est l'article des boutons pour manches de robes et pour chemises. On les obtient et on les livre à un notable bon marché. A ces boutons, dont la consommation est déjà grande, viennent en ce moment se joindre les boutons de fantaisie pour robes, gilets, habits d'été pour homme. Ces boutons, fort gracieux, très variés, solides en même temps, sont naturellement destinés à remplacer les boutons en corne, nacre, métal. On conviendra avec nous du bon marché des boutons de chemise lorsqu'on saura que la douzaine de grosses, soit douze fois 144, ou 1,728 boutons, se vend 2 francs 25 centimes.

— Nous avons souvent regretté de ne point trouver en France, ou du moins de ne l'y trouver que comme rareté, ce genre de porcelaine opaque que les Anglais nomment *iron-stone*, et qui fait que l'on peut avoir un service à thé pour six personnes pour 12, 15, 18 shellings ; un verre d'eau complet pour 5 à 6 shellings, articles élégants, dorés, en couleurs variées, se rapprochant beaucoup, pour les teintes et le fond, des porcelaines du Japon. Nous voyons avec plaisir qu'aujourd'hui, grâce à MM. Johnston, de Bordeaux, cette conquête est faite. Pour 18 francs, on a une douzaine de fort jolies assiettes, et un service complet approprié de douze couverts pour 100 et quelques francs. Nous aurions voulu que MM. Johnston eussent pensé à nous offrir cet élégant service pour les réunions du soir, fort en vogue chez nos voisins.

Cela viendra sans aucun doute ; mais c'est par là qu'il fallait d'abord commencer.

Pour les étrennes du premier de l'an, ce serait un fort joli cadeau que des amis pourraient se faire, Le bon goût serait ici joint à la modicité de la dépense, ce qui double le prix d'un souvenir d'amitié.

C'est une heureuse industrie pour le midi de la France que celle qu'ont établie dans son centre MM. Johnston : le jury ne saurait mieux faire que de lui continuer ses bienveillantes mentions.

— Après les poteries, la faïence, la porcelaine tendre, vient, comme sommité et couronnement de toute l'œuvre, la porcelaine dure et transparente. Il y a, il faut le dire, de fort belles choses à noter.

M. Talmours nous semble toujours être l'un des plus remarquables exposants. Tout est gracieux et soigné chez lui ; dessins, formes, dorure. Nous noterons un beau service de vingt-quatre couverts, dont on demande, il est vrai, 1,200 francs ; mais aussi ne laisse-t-il rien à désirer. Dans des prix plus modestes, on trouve encore des produits aussi nombreux que bien établis.

— M. Honoré présente un service à café et un second service à thé sur même dessin, qui sont ce qu'on peut voir de plus nouveau et d'un goût parfait. L'extérieur est couleur chamois avec bordure dentelée. L'intérieur est blanc avec guirlande de fleurs. La forme des tasses est légèrement ovale : c'est là un genre auquel nous aimons à prédire un brillant succès.

Les assiettes, échantillon du magnifique service commandé par M. de Talhouet, donnent l'idée de ce que sera l'ensemble du couvert. Il est dommage que quelques-unes des grandes pièces n'aient pas été exposées aux yeux du public.

M. Honoré a de plus le mérite d'avoir beaucoup fait, dans ces derniers temps, pour soutenir les nombreux ouvriers attachés depuis longtemps à son importante fabrique.

— M. Discry se maintient à la même hauteur pour ses peintures sur porcelaine. M. Colville le suit avec un véritable succès.

— M. Barré-Russin, d'Orchamps, département du Jura,

mérite encore d'être cité, aussi bien que M. Laroche, de Paris.

— M. Corbin est toujours un très habile décorateur en objets de porcelaine : il choisit bien ses sujets et l'exécution ne laisse chez lui rien à désirer.

— C'est avec peine qu'ici nous remarquons que Limoges nous fait défaut, et qu'elle oublie de soutenir la brillante réputation qu'elle s'était acquise dans le travail du kaolin. C'est à la fois manquer d'esprit de nationalité et d'entente de ses véritables intérêts. En industrie comme en toutes choses, qui s'oublie et s'affaisse de soi-même est bientôt oublié et délaissé des autres.

Nous pouvons aujourd'hui fort bien prétendre disputer la palme, en fait de cristaux, à l'Angleterre, à la Bohême. Les progrès de la chimie, l'habileté de nos ouvriers, la persévérance de nos industriels ont très heureusement vaincu les causes d'infériorité qui ont longtemps pesé sur nous. Non seulement nous fondons le cristal aussi bien que les étrangers, mais, chaque jour, par d'heureuses combinaisons de la matière première, nous arrivons à des produits nouveaux qui sont appréciés, recherchés comme ils méritent de l'être.

Déjà, en 1844, l'homme le plus compétent dans la matière, M. Dumas, leur rendait le plus flatteur témoignage, en disant : « Le flint-glass, qui avait déjà mérité les plus grands encouragements lors de la dernière Exposition, a tout d'un coup abordé des difficultés de fabrication qui semblaient inaccessibles aux moyens pratiques déjà connus.

« On n'a que des éloges à donner aux efforts tentés par nos verriers pour atteindre et surpasser les verreries de Bohême dans l'art de fabriquer des cristaux de couleur, et les verriers du moyen âge dans la fabrication des vitres teintes dans la masse, destinées à fournir les principaux tons de la palette du peintre sur verre. »

Depuis 1844, on est loin de s'être arrêté, et cet éloge n'est que mieux mérité en ce moment.

— Saint-Gobain, dans l'Aisne, Saint-Quirin et Cirey, dans la Meurthe, ont toujours le privilége de faire se mirer le public dans leurs glaces dont la grandeur égale la pureté. Qu'exiger en effet de plus puissant que des glaces qui ont de portée, hauteur, 4 mètres 44 centimètres ; largeur, 2 mètres

82 centimètres? Il n'est personne qui ne doive comprendre toutes les difficultés qu'il a fallu vaincre pour arriver à de si beaux résultats.

— Baccarat est toujours le brillant phare qui éclaire le monde des cristaux. Il varie, il étend, il perfectionne sans cesse sa production. Lustres, vases, ornements, tout serait à mentionner, et nous aimons mieux qu'on s'établisse soi-même juge du concours.

— Dans la Moselle, la cristallerie de Saint-Louis suit de près Baccarat; elle a des vases fond bleu, dessin branchage or, qui sont du plus magnifique effet : ses vases en cristal mat, relevé par des teintes rosées, présentent un ensemble plein de goût. Baccarat n'a pas à s'endormir devant Saint-Louis.

— Un notable progrès nous semble avoir été fait par M. Maës, à Clichy-la-Garenne. Il a des objets dont les couleurs sont si nettes, qu'ils peuvent rivaliser avec tout ce qu'il y a de mieux ailleurs. Il a du bonheur, surtout pour rendre la couleur verte et cette autre couleur foncée tenant du noir et du violet, couleur d'un effet sévère sans doute, mais qui plait et produit un heureux contraste au milieu des mille nuances que prend aujourd'hui le cristal.

— La Meurthe revendique à juste droit une mention pour M. de Klinglin, à Walerysthal. La taille, les couleurs, les plus jolies formes, tout est à remarquer dans sa belle verre-rie; et c'est en voyant ses produits que l'on est convaincu combien il est facile aujourd'hui de se passer des verres de la Bohême.

— M. Nocus, à Saint-Mandé, a des verres d'une grande élégance, ainsi que des objets d'ornement avec dessin dentelé fort joliment exécutés.

— Nous mentionnerons M. Julienne, MM. Launay et Hautin, pour leurs gracieuses peintures sur cristaux, et M. Berger-Walter pour ses verres de montre et ses boutons cristal.

— MM. Hutter, à Rive-de-Gier (Loire), tiennent un rang important dans l'industrie du verre à vitre. M. Pochet-De-roche doit être également cité pour le même objet.

— Voilà, certes, bien des éloges, et nous ne les regrettons

pas. Ce n'est cependant pas pour nous la perfection de la perfection. Nos industriels, nos brillants industriels surtout sont un peu gâtés. Les éloges les éblouissent, les endorment souvent dans une fâcheuse contemplation de leurs œuvres ; et ce n'est que lorsque la trompette vibrante d'un hardi rival sonne à leurs oreilles, qu'ils s'inquiètent, qu'ils cherchent à rentrer dans l'arène. Mais, en industrie, comme sur la poussière de l'hippodrome, on ne regagne pas toujours le temps maladroitement perdu.

Disons donc hardiment et bien vite qu'ici il y a encore progrès à faire. Dans le travail de la porcelaine, du cristal, comme dans le travail du marbre, on ne s'occupe pas assez de la forme.

La forme est cependant un point à ne jamais négliger. Pourquoi ce charme pour nous si attrayant, même pour les restes à peine reconnaissables de l'art grec, du style italien à son beau temps ? C'est évidemment grâce à la forme, qui en toute chose est là toujours ravissante.

Qui peut aujourd'hui nous indiquer les plus heureuses conditions de la forme ? C'est évidemment l'artiste qui en fait son étude de tous les jours, qui va puiser aux sources véritables, s'en nourrit, s'en enthousiasme.

Mais pourquoi donc l'artiste ne se trouve-t-il pas ici à côté du chimiste, du physicien, de l'économiste, de l'industriel ? Vraiment, nous ne savons. Et jusqu'à cet indispensable complément, un jury, même industriel, sera, ce nous semble, parfaitement incomplet.

Qu'il y ait quelque chose d'un peu trop entraînant dans la nature, dans la manière de voir et de juger de l'artiste, c'est possible : mais ce feu-là n'arrivera-t-il pas suffisamment à se calmer au contact de l'esprit analyseur du savant, au frottement des chiffres impassibles de l'industriel dressant son bilan de *doit* et *avoir* ?

De ce mélange de goûts et de talents divers, il résulterait, au contraire, ce nous semble, un bien que nous n'avons pas, et qu'à l'avenir nous désirons vivement que l'on nous donne.

CHAPITRE XVIII.

INDUSTRIE ARTISTIQUE ET PRODUITS DE LUXE.

Orfévrerie. — Sculpture. — Ciselure. — Joaillerie.—Bijouterie. — Argenture. — Dorure. — Plaqué. —Bronzes. — Bronzes dorés.

Nous voici arrivé à la partie de l'industrie évidemment la plus artistique ; et c'est aussi le point où les preuves de goût seront les plus fréquentes, les mieux caractérisées.

L'on se tromperait étrangement si l'on ne voulait voir dans les règles du goût, dans les conditions élémentaires de la beauté, que des effets de caprice, que des raisons d'être purement idéales : rien au monde ne nous semble, au contraire, avoir plus de réalité, plus de fixité, de précision. Cela est si vrai, que, pour se former un jugement sain et trouver sous ses pas des preuves que personne ne récuse, il faut savoir remonter aux véritables sources, sources dont le témoignage éclatant de chaque siècle ne se lasse pas de confirmer la haute valeur et de montrer, de son doigt impartial, aux siècles à venir.

Dans les sables brûlants de l'Égypte, au milieu des steppes glacés du Nord, partout ailleurs où se trouve une rigoureuse nature, l'on pourra bien rencontrer de monstrueux colosses, d'épaisses pyramides que la patience et l'orgueil des hommes seront parvenus à élever ; mais là, sûrement, jamais le Parthénon, le Colisée, Saint-Pierre.

Le Gambien dévoré par son ardent soleil, le Moscovite, sous son épaisse et nécessaire fourrure, le Lapon blotti dans sa cahute, est-ce qu'ils peuvent voir naître, développer, étaler les larges et riches formes ? est-ce qu'ils sauraient avoir cette fibre délicate, ce don d'harmonie, cette expansivité des populations favorisées du ciel ?

L'Apollon du Belvédère, les vierges de Raphaël, ne sont pas les pures conceptions, les hasards heureux de la main, de la pensée des artistes ; c'est l'image fidèle, au contraire, de ce qu'une riante nature fait naître autour d'elle.

Lorsque Byron plaçait le type de la beauté ailleurs que sous le ciel brumeux de sa patrie, il n'était pas un esprit jaloux ou médisant pour cela ; il osait penser en artiste, parler en poëte. Ce pouvait être un tort aux yeux de ses compatriotes ; c'était une vérité au point de vue de l'art.

Aux immortels chefs-d'œuvre de la Grèce et de l'Italie, à toujours donc et forcément l'honneur des plus sûres règles de l'art, des plus pures inspirations de l'imagination !

Et pourquoi là plutôt qu'ailleurs cet Eden du goût, de la beauté, de la grande poésie ? A cela je ne tiens nullement à répondre. Depuis longtemps j'ai l'heureuse sagesse de ne me plus perdre à la recherche des causes finales.

J'adore Dieu ; je contemple, j'étudie, j'aime ses plus belles œuvres : c'est tout ce que je puis dire. La vie humaine est une lampe dont la mèche est trop courte et les gouttes d'huile trop bien comptées pour n'en pas vouloir, le mieux possible, ménager la vacillante et fugitive clarté.

— Ces considérations ne sont pas de notre part un hors-d'œuvre, un jeu de l'esprit ; elles nous semblent, au contraire, nécessaires, très opportunes à faire valoir ; car elles se rattachent essentiellement à plusieurs de nos plus brillantes, de nos plus nationales industries, particulièrement la haute orfévrerie, les bronzes.

Sans goût, sans art, sans ce fini dont rien ne se passe, pas même la matière première la plus précieuse, on ne saurait se promettre de succès déterminant et durable.

Au premier rang des ouvrages d'orfévrerie, il nous semble assez juste de placer ceux de M. Froment-Meurice pour leur variété, leur richesse, leur réel mérite.

L'œuvre capitale nous paraît être ici la pièce du milieu d'un ornement de service de table en argent, fait au repoussé. Elle représente trois figures principales, debout et groupées sur un zodiaque supporté par un Triton et des Syrènes.

Ce groupe, remarquable par sa simplicité, sa parfaite exécution, est du plus bel effet : c'est ainsi que nous entendons les œuvres de l'art ; c'est là que nous renvoyons et artistes et industriels qui affaissent trop souvent leurs productions sous la charge des ornements, la multiplicité du sujet, le mélange des genres. L'esprit et les yeux, au contraire, ne se plaisent pas le moins du monde à cette confusion, qui gâte tant de productions, qui d'ailleurs ne sont pas sans mérite.

Nous félicitons M. Feuchères d'avoir sculpté ce beau morceau ; nous remercions MM. Proux, Malleret, Fannière et Daubergue du concours intelligent de leur ciselure. Nous savons gré à M. de Luynes de se montrer encore ici homme de goût et protecteur empressé de nos plus belles industries.

Le bouclier, brillant prix de course offert aux fêtes de Chantilly par M. le président de la République, représentant l'histoire du cheval, avec bas-reliefs, en repoussé, est une œuvre de beaucoup de goût. La forme seulement laisserait peut-être bien à désirer, comme étant en creux au lieu d'être en relief.

Le style moyen âge se trouve représenté par le coffret faisant partie d'une riche toilette appartenant à madame la duchesse de Lucques. Le travail en est correct, les émaux fort beaux, le dessin d'une pureté admirable ; les statuettes placées aux angles sont infiniment gracieuses.

Tout autour de ces pièces hors ligne, et comme sujets distrayant agréablement l'attention, s'offrent les coupes gothiques, les vases de diverses formes, beaux ornements d'église, parures en brillants.

Au milieu de ces belles et artistiques conceptions, M. Froment n'oublie pas le côté moral de sa situation ; et nous lui savons gré d'avoir appelé l'attention du jury sur le mérite réel des hommes qui l'aident et le poussent si bien lui-même à la fortune, à la célébrité.

C'est ici, mieux encore qu'en toute autre chose, qu'il est impossible qu'on n'arrive pas à faire sa part de récompenses à l'habileté qui exécute, tout en attribuant ce qui lui revient au travail de conception, au mérite d'ensemble, à l'esprit si nécessaire de bonne gestion.

— Un peu loin de M. Froment-Meurice dans les salles du Palais de l'industrie, mais assez rapproché de lui comme mérite, nous voyons M. Lebrun. Signalons de lui un milieu de table, non encore achevé, mais assez avancé cependant pour nous faire juger ce qu'il vaudra, arrivé à tout son complément. Il est du style Louis XV, style qui n'est pas sans mérite dans l'ornementation. Il représente Bacchus et une Bacchante avec des enfants jouant autour ; le tout surmonté d'une corbeille soutenue par des rinceaux et entouré de vignes d'où partent les branches destinées à porter les bougies. Des enfants cueillent les pampres, d'autres les reçoivent.

Sur deux côtés se trouvent des groupes d'animaux en chasse qui sont d'un charmant effet. Sur les deux autres côtés, doivent se placer les médaillons supportant les armoiries du propriétaire.

C'est d'un véritable intérêt que d'étudier cette large composition. Cependant le sculpteur, M. Gagne, eût-il dû peut-être bien s'inspirer un peu de la manière de M. Feuchères, c'està-dire admettre un peu de simplicité; même dans le style Louis XV, elle n'est pas défendue. Nous voudrions aussi que les médaillons, et il en est temps encore, car ils ne sont présentés qu'en modèle, fussent quelque peu rabaissés et ne dépassassent pas la hauteur du socle. A cela près, rendons justice à l'œuvre, elle est fort belle.

Mais ce qui chez M. Lebrun aura notre approbation sans restriction aucune, c'est sa ravissante coupe : c'est du Benvenuto Cellini avec toute sa grâce et son parfait fini. Le dessin représente les quatre Saisons ; toute l'ornementation contribue à élargir le sujet. Le fond, ornement très délicat, qui nous semble inspiré d'Aledegrave, s'harmonise fort bien avec les figures principales. Le couvercle représente les instruments aratoires. L'anse est assez originale de forme.

On nous a assuré que ce précieux travail, dont il ne faut vouloir juger la valeur ni au poids ni au volume, est destiné à passer à l'étranger ; nous le regrettons.

Comme de raison, nous avons tenu à savoir qui avait aidé M. Lebrun dans cette élégante production. L'on nous a répondu que c'étaient MM. Fannière frères, l'un comme sculpteur, l'autre comme ciseleur. Heureuse et double fraternité que celle-là !

N'avions-nous pas raison de désirer naguère qu'il y eût quelques artistes dans le jury? Heureusement que nous y savons des hommes de goût, et nous aimons à croire alors qu'ici complète justice sera rendue à tous.

— M. Duponchel, digne continuateur de la maison Morel, pour ne pas aborder autant la haute orfévrerie que nous venons d'admirer chez MM. Lebrun et Froment, n'en mérite pas moins sa part d'éloges. De charmants produits se disputent chez lui notre attention.

Indiquons tout d'abord, à la femme élégante, une châtelaine, genre moresque, parfaite de goût et d'une exécution fort soignée. Un coffret d'une rare élégance le dispute au mérite de la châtelaine.

Aux riches amateurs du moka, signalons la cafetière vermeil, caractère oriental, bec à tête d'éléphant. Ils ne sauraient faire un meilleur choix pour orner la table qui couronne la fin d'un élégant repas.

Aux âmes pieuses, la brillante croix n'inspirera que de plus tendres sentiments encore. Peut-être bien la première prière qui se dira à ses pieds pourra bien n'être pas tout entière à l'adresse du Seigneur ; mais de l'œuvre de l'homme on remonte facilement aux grandes œuvres du Créateur, et c'est ainsi que tout s'épure et se pardonne.

Je ne compte ni tabatières ni bijoux, au milieu de ce bel ensemble.

— L'or et l'argent brillent comme d'habitude, et comme cela lui est plus facile qu'à personne, dans la montre de M. Odiot. Mais qu'a-t-il fait de cet or, de cet argent ? Dans les rangs de l'industrie, mieux qu'ailleurs encore, ce nous semble, il faut vouloir ne pas trop compter sur le mérite des pères et tenir à payer de sa personne.

C'est parce que nous savons que M. Odiot peut faire beaucoup plus et bien mieux ; c'est parce que nous savons son nom très brillamment lié depuis un demi-siècle à la grande industrie du pays, que nous voulons le réveiller, le stimuler. Il faut que l'art, le goût relèvent aussi chez lui le brillant, la richesse du métal. C'est à lui à le tenter ; c'était à nous à ne pas le taire.

— M. Rudolphi a quelques compositions qui ne manquent pas de mérite et que nous signalons avec plaisir ; cependant il nous laisse à désirer sur certains points, en fait d'exécution. Il a été, nous le savons, à fort bonne école. Il doit lui suffire de s'en souvenir pour arriver à mieux faire.

— Nous aurions voulu voir plus complet le cabaret à thé de M. Durand, car il a de bonnes parties. Un modèle de vase de course, sculpture de Klagman, nous prouve ce que cet industriel peut faire.

— M. Triouillier continue ses louables efforts pour ramener parmi nous le genre ancien. Il a des ostensoirs qui méritent d'être remarqués, notamment comme richesse et forme.

— M. Rouvenat, ancien associé de la maison Christofle, a pris depuis quelque temps à son compte la fabrication de la joaillerie et de la bijouterie fines. Il signale ses débuts de manière à prouver qu'il est parfaitement capable de marcher de ses propres ailes. Nous noterons une parure en émail bleu lapis, dont l'effet est fort beau et comme couleur et comme perfection du travail. Un article nouveau et fort bien réussi, et qui ne peut que plaire aux femmes par ses nombreux avantages, est une bague qui s'arrange fort bien en bracelet gracieux. La pierre, qui se dévisse, peut aussi former une épingle, un bouton de chemise. Cette ingénieuse bague est, comme on le voit, à elle seule, tout un écrin. M. Rouvenat travaille beaucoup pour l'exportation. L'exactitude de son titre, sa marque, qu'il impose à tous ses produits, sont des mesures à louer chez lui, et qui ne peuvent que contribuer à étendre honorablement ses affaires.

Assez souvent nous avons entendu de bonnes gens s'écrier de la meilleure foi du monde : «Comment voulez-vous que l'industrie marche aujourd'hui en France? que faire en république ? » M. Rouvenat ne doit pas penser tout à fait ainsi ; nous avons vu trois épées dans son exposition, et toutes trois destinées à des présidents et généraux de républiques américaines : et ces épées, comme art, et commercialement parlant, ne sont vraiment pas des épées à dédaigner ; car elles valent de 10 à 15,000 fr. chacune. Il est à penser dès lors que, dans notre République, qui n'est ni la plus pauvre ni la moins puissante du monde, l'on pourra commander aussi et bien employer de belles et bonnes épées.

— M. Christofle, dans sa longue et fort honorable carrière, a eu plus d'une corde à son arc. Pour nous, ce que nous vanterons aujourd'hui, c'est son argenture et sa dorure, procédé Elkington et Ruolz. Soit par l'excellente exécution qu'il a su donner à l'industrie nouvelle, soit par la scrupuleuse loyauté qu'il a apportée dans la délicate opération de l'application de l'argenté et du doré, il a, dès le début, imprimé une complète confiance pour l'acceptation des produits ; c'était le point essentiel et le plus désirable ; et, le jury ne peut que vouloir le féliciter toujours de ce mérite, à nos yeux très réel.

— Le plaqué a dû naturellement souffrir de l'apparition de l'argenture ; cependant MM. Balaine et Veyrat pensent pouvoir tenir tête à l'orage ; ces fabricants ont des produits qui méritent d'être notés, notamment des services à thé, des plateaux. M. Veyrat a deux services en argent, travaillés au repoussé, qui sont d'une fort bonne exécution. Nous citerons de lui encore un vase à tabac dont le travail dénote beaucoup de goût.

— Nous ne sommes pas sans quelque regret de n'avoir pas rencontré sur notre brillante route MM. Marel frères, que nous savons être des hommes de goût et d'habile exécution.

— Il est temps de passer aux bronzes. Ici encore nous défendons le goût et les bonnes règles ; car il s'agit de protéger et d'étendre une des belles industries de la France.

M. Denière est toujours digne de lui-même et le représentant fidèle de la grande école. Sévère, hardi cependant et correct, il a de nombreux et remarquables produits qu'il est inutile de mentionner ; car, comme nous, chacun en a bon souvenir. Toutefois rappelons aux moins attentifs la belle armoire avec portes de bronze, composition d'une parfaite exécution ; les deux candélabres style Louis XIV, dits *le Jour et la Nuit*, quelques pendules comme on aime à les voir dans un large ensemble d'ornementation.

Dans le style Renaissance, nous ne voudrions pas oublier les morceaux moulés en bronze doré, dessins gracieux de Chenavard, qui devaient faire partie du beau surtout de table commandé par le duc d'Orléans.

On reconnaît là le génie d'une école qui mérite de fructifier. Les tons principaux sont vert et or et se marient fort bien ensemble. Les détails s'harmonisent parfaitement entre eux. L'artiste, l'exécutant, la volonté dirigeante, tout ici a payé son large tribut : et le résultat de ces efforts divers et parfaitement intelligents ne saurait de notre part obtenir trop d'éloges. Tant que nous verrons le maître marcher avec cette persévérance et autant de bonheur, nous nous dirons que le pays n'est pas près de perdre ici sa juste prééminence.

— Bien près de M. Denière, M. Boyer a eu l'étrange fantaisie de nous présenter des chevaux, pour ornement de pendule, avec enharnachement complet. Est-ce de l'art que cela ? Vraiment non !

Les harnais, je ne les passe au cheval que lorsqu'il m'entraîne vélocement après lui. Autrement, ce superbe animal, laissez-le-moi libre avec sa robe naturelle, sa crinière flottant à tous les vents, piaffant, hennissant, bondissant... Ou si vous tenez tant à le boucler, à l'emprisonner, ne vous dites pas artiste. Nous gronderons d'autant mieux M. Boyer de cet écart, que, par d'autres objets, notamment par une belle pendule, il nous a montré qu'il sait bien faire.

— MM. Eck et Durand sont loin de mériter un égal reproche. Leur collection de bronzes est, au contraire, excessivement remarquable, et d'une pureté de formes irréprochable. Leur Milon de Crotone, un Faune, plusieurs coupes fort gracieuses, tout serait ici à mentionner.

— M. Barye est vraiment le sculpteur né des animaux. C'est la nature prise sur le fait avec le plus rare bonheur de vérité et d'expression. Une panthère au repos, un ours *faisant le beau,* un taureau dans toute sa fierté, des chevaux dans leurs diverses poses, tout cela se voit et s'admire comme si la vie l'animait, comme si le sang coulait sous ce bronze qu'on oublie volontiers n'être qu'un froid métal.

— M. Delafontaine, de son côté, est l'homme classique non plus de la nature vivante, mais des bons modèles du ciseau antique ou de la bonne école de Louis XIV. On doit admirer chez lui un Hercule antique, un groupe de Clodion, une des belles œuvres de Canova, une coupe du plus vieux style, soutenue par une figure, enfin la charmante statuette l'*Improvisateur.*

— MM. Colas et Barbédienne ont un autre genre de mérite, et qui leur est particulier : c'est celui des réductions ; spécialité fort digne d'être notée, car elle a pour résultat de mettre sous nos yeux, avec une scrupuleuse précision, tous les grands modèles ; de pouvoir les faire admirer, étudier partout sans crainte des tromperies, des infidélités grossières. Nous citerons, entre autres exemples, les trois Grâces de Germain Pilon, plusieurs statues antiques, une tête de Voltaire.

— M. Paillard est toujours sur une bonne ligne. Il se signale par des produits variés et dont les sujets sont bien choisis, comme le prouvent sa pendule et ses vases, d'après Clodion ; une pendule, d'après les dessins de Delarue. Il a de beaux candélabres aussi et des lampes d'un excellent style.

— M. Villemsens s'occupe beaucoup et avec un constant succès des ornements et décorations d'église. Nous citerons de lui notamment la façade d'un maître-autel destiné à une église de Paris. Ce qui est déjà fait, et que nous trouvons fort heureusement réussi, donne l'idée de ce que sera l'ensemble de l'ouvrage. Le lustre, qui doit aller avec la décoration du maître-autel, répond parfaitement au style de l'œuvre principale. Un ostensoir genre gothique, des candélabres d'un bel effet, complètent l'exposition de M. Villemsens, qui mérite d'être encouragé dans un genre un peu trop négligé aujourd'hui.

— M. Utzschneider, de Sarreguemines, mérite d'être de nouveau rappelé ici pour deux fort beaux candélabres. L'imitation porphyre est fort heureuse, et les bronzes dorés sont d'une grande richesse. MM. Quesnel et Vitoz, pour leurs bronzes ; M. Aucoc, pour ses articles de toilette ; M. Charpentier, pour ses lustres et pour ses bronzes ; M. Debraux d'Anglure, pour ses moulures en zinc, ont également droit à une mention.

Nous finirons cette étude de notre industrie artistique, si riche pour le moment, si pleine encore de nouveaux développements dans l'avenir, par signaler le laisser-aller d'un industriel tourangeau, se posant carrément comme le *continuateur* de Bernard de Palissy, et priant même le public de ne pas le confondre avec ses propres imitateurs.

Qu'en dis-tu, ombre illustre de Palissy ?

CHAPITRE XIX.

INDUSTRIE DES INSTRUMENTS DE LA PENSÉE.

Fonte de caractères. — Clichés. — Papiers. — Machine Delcambre. — Imprimerie. — Librairie. — Reliure. — Cartes géographiques. — Lithographie. — Papier de sûreté.

Nous voici au moment de parler du plus noble des arts.

L'antiquité, il est vrai, ne le connut pas ; mais une fois trouvé, l'on peut hardiment assurer qu'il vivra autant que le monde et la pensée humaine vivront.

Si la France n'a pas eu le brillant honneur d'inventer l'art de l'imprimerie, elle l'a du moins si bien perfectionné, et ses auteurs et sa belle langue le généralisent tellement tous les jours, qu'à bon droit elle peut revendiquer une part de ce notable progrès de la civilisation. Qui ne sait d'ailleurs que ce fut dans l'une de nos plus importantes cités, Strasbourg, que furent conçus et essayés les immortels travaux de Gutenberg ?

Que de choses il y aurait à dire sur tout ce qui vient se rattacher à l'art de l'imprimerie ! Malheureusement le temps, l'espace, sont là qui nous imposent une regrettable concision. N'importe, nous citerons tout au moins des noms, si nous ne pouvons toujours, et selon notre gré, mettre en vue tous les mérites, constater l'importance de toutes les œuvres.

Selon nos habitudes, nous procéderons ici comme ailleurs, c'est-à-dire avec méthode, et en considérant chaque chose dans sa série.

« Une profession qui tient les rênes du monde intellectuel n'a rien qui soit à dédaigner (1). »

— Parmi les fondeurs de caractères, MM. Biesta et Laboulaye, MM. Legrand et compagnie, MM. Laurent et Deberny, conservent leur notable position. Nous félicitons notamment MM. Legrand pour avoir complété leur curieuse collection de caractères chinois, richesse typographique qui nous avait manqué jusqu'ici.

— On doit à M. Derriey de jolis types de caractères-vignettes. Avec le luxe et la richesse employés aujourd'hui en typographie, c'est là un produit d'une incontestable opportunité.

— M. Petitbon, MM. Thorey et Virey, MM. Gallay et Grignon nous présentent des caractères fort soignés.

— M. Cormer se distingue par la portée et le fini de ses clichés. M. Michel est arrivé à une netteté et à une rectitude de lignes jusqu'ici inconnues par l'emploi du bitume au lieu du plomb.

(1) *Notice historique sur l'imprimerie*, par Paul Dupont.

— MM. Tantenstein et Cordel poursuivent avec succès leurs intéressants travaux pour l'impression de la musique. C'est ainsi que, sans avoir à signaler rien de capital dans ce premier travail de la typographie, il y a toutefois à se féliciter de voir le progrès sensiblement ascendant qui le distingue.

— On dit souvent que nous ne fabriquons pas le papier aussi bien que les Anglais; en cela on se trompe. Il est vrai que nos qualités de papier ne sont pas toutes sans reproche; mais cela tient bien moins à l'impuissance de pouvoir le faire meilleur qu'au désir, à la nécessité de le produire à bon marché. Le triomphe du papier anglais, le papier *carton Bristol* pour dessin, se fait aussi en France; il est même fort beau, comme le prouvent quelques échantillons que l'on peut admirer au Palais de l'industrie; mais nous le faisons seulement fort peu, parce que la consommation n'y est pas. Ce que nous disons du Bristol, nous pourrions le dire pour d'autres genres.

Toutefois, il est à désirer, nous le disons très haut, nous le conseillons très fortement, que l'on ne perde jamais de vue le mérite de la qualité, particulièrement pour les papiers d'impression; car ici l'on travaille non seulement pour les besoins et la gloire du temps présent, mais encore pour l'utilité des générations à venir; et ces paroles du savant rapporteur de 1836, M. Dumas, nous les rappelons avec plaisir et nous voudrions qu'on ne les perdît jamais de vue :

«Faire un papier d'impression solide, à bon marché et d'un ton convenable, c'est un problème à résoudre et l'un des plus importants que l'industrie du papier puisse se proposer.»

Trois causes, toutes les trois capitales, contribuent à diminuer la force et par suite la durée du papier : la proportion trop forte du chiffon de coton; le lessivage de plus en plus caustique du linge, la rapidité toujours plus grande dans la fabrication du papier.

De faciles correctifs sont ici possibles; nos habiles fabricants les connaissent mieux que nous encore: c'est à leur prudence et à leur patriotisme que nous aimons à en recommander le plus possible l'emploi.

— La supériorité de MM. Blanchet et Kléber, de l'Isère, est si bien constatée, qu'il nous suffira de l'enregistrer pour mémoire. Leur fabrication à la forme est toujours des plus remarquables et leur papier-Bristol des plus beaux.

— MM. Canson frères honorent tout autant l'importante fabrication de l'Ardèche que MM. Blanchet celle de l'Isère. Leur papier de couleur pour dessin, leur parchemin artificiel, leur papier à décalquer méritent d'être plus particulièrement notés au milieu de leur vaste production. Nous en dirons autant de leur compatriote M. Johannot, dont les papiers de couleur, à la façon anglaise, ne laissent rien à désirer. Nous ne savons pourquoi ici nous fait défaut le nom si connu et si honorable de Montgolfier.

— Hors ligne encore se maintiennent dans la Charente MM. Durandeau aîné, Lacombe et compagnie, aussi bien que MM. Lacroix frères et Gaury. L'art du papier doit à ces deux maisons de notables améliorations. MM. Laroche frères, MM. Laroche-Joubert et Dumergue tiennent aussi un bon rang dans le département industrieux de la Charente.

— La belle fabrique du Marais (Seine-et-Marne) a droit à nos félicitations empressées pour ses papiers de banque, son Bristol, son papier pour cartons Jacquart, son papier pelure.

— La fabrique d'Essonne a su progresser de son côté et pour ses papiers de dessin et pour ses papiers pelure, pour fleurs artificielles. Nous regrettons, toutefois, que M. Gratiot, si habile d'ailleurs, n'ose pas tenter, dans ce genre, le fameux rouge anglais. Nous lui donnons rendez-vous sur cet article à la prochaine Exposition.

— MM. Obry fils et Jules Besnard continuent leur bonne fabrication ordinaire ; mais il faut les mentionner, particulièrement pour leur papier à aiguilles, qu'ils font fort bien, et pour leur papier noir, qui leur a déjà valu la médaille d'argent sous la raison Mellier et Obry.

— MM. Zuber, du Haut-Rhin, déjà fort honorablement notés pour leur papier peint, le seront aussi pour leur papier à dessin et pour leur papier à registre, collés à la gélatine.

— MM. Rabourdin, de l'Allier ; Breton frères, de l'Isère ; Gosse, de Serlay (Seine-Inférieure) ; Pascal Journet, de Carcassonne ; Hulot, de Paris, pour les papiers de banque ; Lombard-Latune, de la Drôme, pour ses bons courants ; Andrieux Vallée père et fils, pour leur solide fabrication à la cuve, sont également à citer. Dans les Vosges encore, la société anonyme du Souche dénote un progrès incessant. Nous avons à mettre en vue ses papiers pour fleurs artificielles ; ceux à filtre pour analyses chimiques ; son carton à pastel : tout cela est d'une excellente fabrication.

— Nous ne passerons pas sous silence les essais faits par M. Roque, de Paris, avec la matière première provenant du bananier et de l'aloès, sans savoir, toutefois, quel en peut être l'avenir. Au premier abord, l'on est porté à penser que cette matière, celle notamment extraite des feuilles de l'aloès, donnerait une grande force au papier. Dans tous les cas elle ne saurait être profitable que si l'on arrivait à nous l'apporter des pays de provenance, soit en filasse, soit en pâte. Le papier fait avec ces substances a déjà reçu une assez grande extension aux États-Unis.

— Maintenant que nous nous savons riches des premiers éléments de la typographie, qu'il nous semble que nous n'avons à envier à personne ni la perfection des caractères, ni la qualité et la variété des papiers, voyons où en est l'imprimerie elle-même.

Commençons par mentionner la machine à *composer*, à *justifier*, à *distribuer*, de M. Delcambre. La trouvant bien différente de celle déjà remarquée à l'Exposition de 1844, nous nous en sommes tout d'abord assez vivement inquiété.

Ouvrier nous-même dans le champ de la pensée, nous tremblions que l'instrument nouveau ne pût devenir un rival dangereux pour nos premiers et précieux pionniers. Heureusement qu'ils nous ont entièrement rassuré. Par la merveilleuse dextérité de leurs doigts, leur sagacité, leurs intelligentes combinaisons, ils croient pouvoir tout défier... Tant mieux !

Alors, monsieur Delcambre, je vous délie de la réserve qu'il était dans mes habitudes de prévoyance, dans mes intentions bienveillantes pour le travailleur, de vous imposer. Allez !... Si vous êtes impuissant, comme on le dit. vous mourrez, et je ne saurais m'en inquiéter : avant moi, le Seigneur a dit : « L'arbre qui ne porte pas de fruit mérite d'être abattu et jeté au feu. » Ainsi soit de vous.

Si vous nourrissez, au contraire, dans vos flancs, comme
vous le prétendez, une œuvre féconde et d'un grand avenir,
triomphez! On vous invite à la lutte ; elle est de droit alors,
elle est même ici un devoir; car, en France, il n'est pas reçu
qu'un combat offert se refuse.

Je ne saurais toutefois garantir, malgré cette heureuse confiance de ceux qui m'entourent, qu'ils ne jugent pas, un peu
témérairement peut-être, l'œuvre dont je me suis pour un
moment inquiété.

Pendant trente ans, la machine de Jacquart a dormi mé-
connue, dédaignée, reléguée dans nos greniers... Aujour-
d'hui, elle s'étale en tous lieux, elle trône au premier rang
chez tous les industriels intelligents.

On s'est généralement peu inquiété des premiers essais de
la machine à vapeur ; aujourd'hui, grâce à sa merveilleuse
puissance, sous un même soleil, on se lève à Paris, on se
couche à Cologne.

Dans quelques mois, peut-être, des bords de la Tamise à
ceux de la Seine les hommes se parleront d'heure en heure.

Cela ne donne-t-il pas à penser?

— M. Paul Dupont se présente à nous à plus d'un titre.
Nous le remercions tout d'abord de son excellente *Notice sur
l'imprimerie*. Nul certes n'avait à en parler qui fût mieux
pénétré de son sujet, plus avancé dans tous ses secrets.

Comme œuvre typographique, les *Essais pratiques d'imprimerie*, récemment publiés, resteront comme l'une des belles
publications sorties des mains de la presse française. Nous
regrettons seulement que cet ouvrage n'ait pas été destiné à
entrer dans le commerce; il eût été, pour nos nombreux imprimeurs, une étude à la fois utile et pleine d'intérêt ; car il
est l'image la plus complète que l'on puisse offrir des ressources nombreuses de la typographie. Il est bien sans doute
à l'homme de travailler à élever un monument à sa propre
gloire ; mais les preuves de mérite personnel qui s'allient à
un but d'utilité publique n'en sont que plus louables encore.
Cette réserve une fois faite contre un tirage à cent exemplaires seulement, nous n'avons que des éloges à donner à
l'ensemble de l'ouvrage. Nous sommes heureux d'avoir à signaler comme ayant pris une part active à ce remarquable

travail, M. Maréchal comme compositeur, MM. Dalaud et Fistes comme imprimeurs.

Sous le point de vue industriel, M. Dupont peut être signalé comme se trouvant à la tête d'un des plus beaux et des plus complets établissements que nous ayons en ce moment; mérite d'autant plus réel qu'il l'a fondé lui-même, qu'il en est toujours et à tout instant la cheville ouvrière, le progrès vivant; trois cents hommes s'y meuvent, produisent immensément, s'y plaisent aussi, et ils s'y plaisent parce que, s'ils travaillent pour le maître, ils travaillent aussi pour eux-mêmes.

Signalons aussi le bonheur avec lequel M. Dupont est arrivé, au moyen de procédés particuliers de décalque, à reproduire, et de manière à s'y méprendre, les anciens caractères d'impression aussi bien que les autographes. C'est à rendre fou de plaisir un bibliomane à qui il manque un feuillet d'un livre rare; mais c'est aussi à désespérer les amateurs d'autographes qui n'ont plus des trésors aussi rares à nous montrer.

— Aidés de beaucoup d'intelligence et d'activité et aussi des beaux caractères de la maison Didot, MM. Plon frères ont étendu et perfectionné leur établissement. Par leurs éditions format Charpentier et Cazin, ils sont devenus les concurrents les plus sérieux, les plus heureux de la contrefaçon belge. On n'attaque jamais mieux un ennemi fort qu'en le combattant avec ses propres armes.

Les produits de MM. Plon sont à la fois variés et d'une bonne exécution typographique. Ils ont tenu à honneur de nourrir le travail de leur nombreux personnel pendant les moments difficiles que nous avons eu à traverser, et nous les en félicitons. Nous ne laisserons jamais passer l'occasion de signaler ce genre de patriotisme à la fois intelligent et humain.

La publication des tableaux polychromes représentant les scènes de la Passion d'après les œuvres des grands maîtres, sera la bonne fortune des églises de campagne dont les modestes ressources et le zèle pieux ne peuvent s'élever jusqu'à la toile et le marbre; c'est là encore un besoin populaire que nous savons gré à MM. Plon d'avoir tenu à satisfaire.

— Nous voyons, non sans plaisir, l'imprimerie des départements oser venir se faire comparer avec la production pa-

risienne ; et c'est souvent avec assez de bonheur que se pose
et se justifie cette hardiesse ; aussi signalons tout d'abord un
bel ouvrage de M. Desrosiers, de Moulins, *l'ancienne Auvergne
et le Velay. La Corbeille*, texte illustré, est un ouvrage fort
gracieux.

— M. Mame, de Tours, est très connu pour l'importance
de ses affaires et le mérite réel de plusieurs de ses publications. M. Silbermann honore toujours par d'importantes productions la ville qui a voulu élever un monument à Gutenberg. L'impression en couleur lui doit de signalés services.

— Au premier rang des spécialités sérieuses en librairie,
nous plaçons MM. Bachelier et Mathias. Le monde scientifique
sait sur cela à quoi s'en tenir, et nous n'avons certes pas besoin de le renseigner. Il est cependant une idée de M. Mathias
que nous croyons trop féconde pour ne pas nous arrêter un
moment sur la portée qu'elle peut avoir.

Cette idée, c'est la publication de BIBLIOTHÈQUES PARTICU-
LIÈRES mises à la portée des ressources pécuniaires, comme
des besoins intellectuels des populations. Ainsi, à un centre
industriel, M. Mathias offre les ouvrages les plus convenables
pour aider à ses travaux. A la contrée agricole, ce sera la
spécialité afférente aux occupations des champs. Aux villes
commerciales iront les ouvrages de statistique, les voyages
sérieux, les journaux utiles, etc., etc.

Nous avons trop bien vu ce que de pareilles collections pro-
duisaient de bien chez nos voisins, notamment dans le pays
intelligent et si avancé de l'Ecosse, pour ne pas encourager
chez nous cet excellent projet. Nous en recommandons tout
particulièrement la pensée, l'application et le développement
aux conseils municipaux, protecteurs nés des populations laborieuses qui les entourent, dont ils doivent tendre à développer le moral, à perfectionner l'intelligence.

La dépense ne doit pas ici arrêter les bonnes intentions ;
car M. Mathias a eu le bon esprit de prendre son point de
départ à la somme minime de 100 francs, et de pouvoir progresser autant que le chiffre des populations et leurs ressources positives le permettront.

— Nous avons, dans le genre illustré, d'assez nombreux
produits ; mais tout en cela n'est pas nouveau et n'a pas été

d'ailleurs toujours bien approprié. C'est chose infiniment regrettable. Dans le nombre des publications exposées, nous regrettons de ne point rencontrer le journal *l'Illustration* et *le Magasin pittoresque*. Voilà, du moins, de ces ouvrages dignes d'éloges à tous égards. Ils plaisent à la fois aux yeux et à l'esprit, et un père attentif au premier de ses devoirs peut, en toute confiance, les savoir aux mains de ses enfants. Parmi les exposans en ouvrages illustrés, nous citerons avec plaisir MM. Coquebert, Gustave Havard, Bry aîné, Monpied.

— La France a depuis longtemps sa réputation faite pour la beauté, l'élégance, le soigné des reliures. Toutefois, nos relieurs, peut-être bien, se complaisent-ils un peu trop dans l'idéal du métier. Le mérite d'un livre semble devoir se juger bien plus par la valeur du contenu que par les apparences brillantes de l'enveloppe. Cependant, comme il y a aussi de passionnés amateurs des somptueuses reliures, mentionnons à leur profit et pour leur complaire MM. Simier, Kœhler, Gruel, Lortie, Lardière, Lebrun, Lenègre, Marius, Michel. Ils trouveront chez eux de quoi largement satisfaire tous leurs goûts.

— De la typographie aux dessins, aux cartes, la transition est toute naturelle, et ces arts sont vraiment frères.

M. Lemercier est toujours digne de son rang. Nous noterons ses travaux de chromo-lithographie pour divers ouvrages et fleurs. L'harmonie des couleurs, l'impression sont également soignées.

— M. Koeppelin mérite des éloges pour le soin qu'il apporte à ses diverses impressions. Mais c'est sous un point de vue plus élevé qu'il appartient au *Moniteur* de le signaler à l'attention du jury, celui des intérêts publics.

Le procédé des reports lithographiques pour les grands travaux de topographie a été porté par cet habile industriel à un tel point de perfection, qu'aujourd'hui l'administration de la guerre fait procéder à des travaux importants avec une notable économie, travaux qui ne seraient même que difficilement réalisables sans ce procédé, puisque l'économie est environ des 19 vingtièmes.

Les levés de la carte de France, par les officiers d'État-Major, établis par zones, sont changés en divisions départementales avec un parfait succès ; ce qui ne pourrait se faire sans une dépense considérable au moyen des procédés anciens, et même sans s'exposer à gâter les cuivres primitifs. Ainsi l'économie est ici de plusieurs centaines de mille francs.

Nous ne craignons pas d'invoquer à cet égard l'autorité la plus respectable, celle du général Pelet, l'habile directeur du Dépôt de la guerre ; et c'est avec un grand plaisir que nous avons pu nous-même juger les résultats obtenus par la carte de l'arrondissement de Meaux, bien qu'elle soit exposée sans être entièrement achevée.

Voilà de ces succès que nous tenons particulièrement à enregistrer et à mettre le plus possible en vue. C'est avec avantage encore que M. Koeppelin a appliqué son habileté aux travaux de la géologie, science éminemment importante et se signalant par d'incessants progrès.

Notons aussi les préoccupations de M. Koeppelin pour l'amélioration du sort des ouvriers lithographes. Ils ont été reconnaissants pour cette sollicitude ; car c'est dans leur sein que l'on a, dans ces derniers temps, trouvé le plus de tranquillité et de bien-être.

— M. Simon, de Strasbourg, poursuit avec un constant succès ses travaux depuis longtemps remarqués. Le genre chromo-lithographique, dont il affirme être le véritable créateur, a, dans tous les cas, sous sa main un de ses plus heureux représentants. Le jury peut seul ici résoudre la question de priorité.

Parmi les objets que nous aimons à faire remarquer chez M. Simon, nous citerons le panorama d'une partie des Vosges, une vue d'Obernai, un mausolée, une vue de Colmar. Les travaux de M. Simon sont d'autant mieux à noter, qu'il n'a pas à Strasbourg les avantages du lithographe parisien, entouré d'artistes, de grandes écoles, de bons modèles.

— M. Brye se fait remarquer par de jolis dessins, notamment ceux faisant partie du voyage de M. Demidoff en Crimée, crayon de Raffet.

— MM. Engelmann et Graff soignent toujours leurs dessins chromo-lithographiques.

— Les lithographies de M. Bertault ont un ton et une

xpression qui sortent ses dessins de la ligne ordinaire.

— M. Longuet mérite une mention pour ses cartes géographiques, et M. Grosselin, successeur de M. Delamarche, a eu une fort heureuse idée, en mettant à profit la forme d'un globe de lampe pour le convertir en globe terrestre. Le travailleur qui a besoin de consulter un point de géographie, un père qui veut instruire ses enfants en les amusant, se féliciteront de cette idée nouvelle, et il était tout naturel que l'Université ait cru devoir lui donner son approbation.

— Nous finirons cette importante revue du jour par un sujet qui tient à la fois à de graves intérêts matériels et à des considérations de morale fort élevées.

Depuis longtemps, le gouvernement, l'administration de la Banque de France, l'Académie des Sciences s'évertuent à poursuivre la solution du problème, et malheureusement l'on n'est guère plus avancé que le jour où la pensée est venue d'essayer quelque chose. Pourquoi cet échec? C'est qu'il nous semble, et nous en demandons bien pardon aux hommes si distingués dont la pensée et la capacité se sont mis en mouvement, c'est qu'il nous semble, disons-nous, que tous partent d'un point assez opposé à ce qui peut conduire à un résultat définitif.

On veut toujours courir après un papier qui ne se puisse absolument prêter à aucun genre de fraude. Mais pourquoi donc? Est-ce que toujours, et plus nous avançons dans le perfectionnement des arts, et plus cela devient tentant, est-ce que toujours il n'y aura pas quelque hardi faussaire? N'en a-t-on pas vu travailler, et quelquefois réussir, jusque dans les bagnes et sur les pontons?

Le mal qu'il faudrait seulement ambitionner de corriger, d'arrêter, de dégoûter par l'impuissance de tout succès profitable et durable, c'est ce pillage, pour ainsi dire, courant des ressources du Trésor, par suite du blanchîment facile, avantageux, avidement exécuté des papiers timbrés.

Une double impression en caractères, l'un délébile, l'autre indélébile, c'est là, ce nous semble, le nœud gordien du problème.

Parmi les hommes qui ont jeté le plus de lumières sur cette importante matière, nous citerons, en dehors de l'Exposition, MM. Knecht, Emile Grimpé, Zuber; parmi les exposants du moment, M. Is. Meyer, lithographe, et quelques autres.

Il n'y a, on le pense bien, que le jury qui puisse se prononcer dans cette délicate matière; mais il y a, dans tous les cas, hâte pour le gouvernement de faire décider quelque chose; car si, pour les lettres de voiture, l'on est un peu moins hardi depuis un grand et salutaire exemple donné par la Justice, l'abus se continue sur autre chose, et il faut y remédier.

Nous ne savons notamment pourquoi le gouvernement semble beaucoup tenir à l'expédient du TIMBRE SEC; c'est l'A B C du métier des fraudeurs que de le refaire après le lavage et le repassé au rouleau.

En résumé, c'est poursuivre la pierre philosophale que de courir après un papier qui ne soit jamais falsifiable; mais on peut facilement remédier à la grande perte que fait chaque jour le Trésor public. Qu'on avise donc au plus tôt. Voilà quel est le point sur lequel il nous semble que le jury doit plus particulièrement étudier le mérite des industriels qui figurent à l'Exposition.

Peut-être, un peu plus tard, reviendrons-nous sur l'historique et les moyens les plus sûrs de faire avancer la question des papiers de sûreté.

CHAPITRE XX.

INDUSTRIES SAVANTES, ARTISTIQUES, D'UTILITÉ PUBLIQUE ET DOMESTIQUE.

Armes. — Appareils d'éclairage. — Instruments de précision et horlogerie. — Meubles. — Ebénisterie. — Eventails. — Objets divers.

Les Anglais ont eu, pendant longtemps, le privilége de fabriquer les bonnes, les riches, les belles armes. Ils fabriquent encore, c'est une justice à leur rendre, les bonnes, les riches armes; quant aux belles armes, oh! ma foi, c'est à Paris que force est, ce me semble, de les venir demander.

Ne vous enorgueillissez cependant pas trop, messieurs les

arquebusiers de Paris ; les choses ne sont pas encore parfaites chez vous. Mon habitude , vous le savez déjà , n'est pas de trop vous gâter ; je gâte moins encore ceux de qui je me crois en droit d'attendre beaucoup de choses.

Ainsi, je dirai ici ce que j'ai dit à bien d'autres industries, notamment à celle des tapis, des porcelaines, des cristaux, de l'orfévrerie.

Le *beau* a ses règles , ses exigences ; elles s'apprennent , elles se formulent, elles s'appliquent ces règles comme les règles de la géométrie , comme les lois de la pesanteur des corps , etc.

Si vous voulez nous donner du gothique, sachez d'abord ce que c'est que le gothique ; si vous poussez à la Renaissance, je ne répudie pas la Renaissance ; elle n'est pas sans mérite, sans une piquante originalité. Si vous tenez au moderne, j'accepte tout aussi volontiers le moderne : il a son prix, j'aime sa simplicité, sa pureté. Mais tout cela, je le veux avec son vrai caractère : je veux aussi que l'art se combine avec le principe d'utilité là où l'utilité est une condition de l'existence d'une chose. Ainsi une arme, dans tous les cas, doit être une arme. Le Turc, l'Arabe, que vous tenez pour des barbares, eh bien ! tout barbares que vous les dites, ils riraient de vous si vous leur offriez un coursier qui ne fût qu'un animal fringant, sans jambes et poumons ; si leur cimeterre damassé, même le plus brillant, ne pouvait abattre d'un seul coup la tête de leur ennemi ; si leurs pistolets étaient des pistolets de salon et de parade seulement ; si leur poignard n'était aussi bien affilé que solidement emmanché.

Je n'aime pas trop à attaquer les gens à brûle-pourpoint, alors surtout que je sais les intentions bonnes ; mais, vraiment, que signifient ces colifichets-poignards, ces pistolets bigarrés, ces fusils où l'or le dispute à l'acier, l'ébène cassante au noyer, au chêne résistant ? Pourquoi encore cette fâcheuse innovation du poli que je trouve dans plus d'une montre d'arquebusier ? N'est-ce pas là une double faute ; faute qui blesse mes yeux et mon goût ; faute qui déplaît à ma raison ? car, que puis-je faire d'une arme qu'il me faut mettre sous verre, comme la petite maîtresse range ses parures dans son écrin ? cela l'amuse, elle, car elle est femme, et je l'aime ainsi faite ; mais l'homme , je le répète, il veut une arme qui puisse, sans apprêt comme en toute sûreté, lui servir à vaincre un ennemi, au besoin à châtier un insolent, à abattre à ses pieds et sans pitié un scélérat.

Ces principes posés, voyons-en l'application.

M. Delvigne est toujours la colonne utilitaire du métier dont nous sondons l'importance et les résultats. A nos habiles officiers d'artillerie et de marine le soin d'indiquer le mérite de ses découvertes nouvelles, comme ils ont illustré son passé.

Dans la montre de M. Lepage-Moutiers, je m'arrête devant un bouclier d'un travail remarquable, ciselure en repoussé, dessin représentant le Massacre des Innocents. Assurément, si j'étais millionnaire, j'aimerais à décorer mon cabinet de ce beau morceau d'art. Nous disons bien vite que la ciselure est due à M. Wecht. Après le bouclier, citons un fort beau couteau de chasse, dessin et ciselure de MM. Klagman et Fournera, ainsi qu'un pistolet dont nous devons mentionner le travail, particulièrement celui de la culasse.

— Comme fabricant fort digne de notre attention et méritant de faire école, citons M. Gauvain. Comme sévérité, comme recherche franche de style, comme exécution soignée, nous ne trouvons rien à redire. Déjà remarqué sous ce rapport en 1844, cette bonne ligne s'est maintenue ; il y a même progrès, et nous tenons à le signaler. Les fusils de M. Gauvain sont ce qu'ils doivent être, et plusieurs d'entre eux sont déjà placés. Deux paires de pistolets, genre différent et bien tranché, mais chacun avec son type et ses mérites divers, sont là encore qui relèvent le prix de cette montre réellement parisienne. Nous avons cru y reconnaître la manière de faire, le ciseau de MM. Fannière, déjà remarqués par leur travail artistique en orfévrerie ; et, en effet, c'était bien cela. Ces talents divers font bien de s'entendre pour concourir à un même but.

— M. Gastine-Renette a le mérite de la bonne exécution pour les canons comme pour l'arme complète. Son esprit inventif a plus d'une fois ajouté à ses autres qualités.

— Depuis longtemps, le nom de M. Béringer est bien posé et ses travaux estimés. Ses carabines, ses pistolets, ses douilles pour cartouches, sont établis sur un bon principe et ont reçu de fort bonnes applications. Nous laissons aux

hommes spéciaux à en déterminer de nouveau le cachet, le
perfectionnement. Nous croyons nous rappeler avoir remarque chez lui quelque écart de poli ; si cela est, qu'il revienne
aux bons principes; mieux que personne, il est bon juge
pour comprendre la sincérité, les avantages de conseil.

—M. Devismes a de nombreux et riches produits; seulement
il peut et il devrait ne pas négliger aussi souvent le côté artistique que sa brillante clientèle l'autorise mieux que tout
autre à rechercher.

— M. Claudin a de bons articles à noter, par exemple des
pistolets genre gothique. Bien qu'il expose pour la première
fois, M. Duclos n'est pas à oublier. Il tient déjà et il promet
davantage encore. Nous aimons surtout chez lui la forme.

—M. Ferrier a un bon ordinaire et n'en est pas moins
pour cela digne d'être mis en ligne. Tout le monde ne peut
pas acheter les fusils de 1,000 fr., les pistolets de 2,000 fr. de
M. Gauvain, les boucliers de 5,500 fr. de M. Lepage.

— M. Berger, de Saint-Étienne, figure pour un fort riche
fusil, le plus cher de tous peut-être bien. Il va nous en vouloir
sans aucun doute de ne pas nous jeter sur ce trésor, sur
cette prunelle de ses yeux ; et cependant nous le féliciterons
plus volontiers, plus justement aussi, pour sa moyenne et
excellente fabrication ; c'est avec elle aussi qu'il ira le plus
loin et qu'il fera sûrement les meilleures affaires.

Que Saint-Étienne tienne à rivaliser avec Birmingham, avec
Liége, avec Solingen, nous l'approuvons de notre mieux et
nous le seconderons avec empressement; mais peut-être est-
ce trop ambitionner que de ne pas vouloir laisser à Paris sa
spécialité bien connue des belles armes ; spécialité que favorisent des conditions toutes particulières et que la volonté de
l'homme ne peut pas à son gré créer ailleurs.

— M. Chaudun, M. May, M. Pottet, M. Prélat, de Paris,
M. Loron, de Versailles, méritent encore une fort honorable
mention. Nous ne pouvons rendre le même témoignage à
Saint-Étienne, qui nous fait généralement défaut. Saint-
Étienne se trompe cependant s'il pense que sa fabrication
courante n'eût pas appelé un sérieux examen de la part de
tous les hommes qui s'intéressent à la fortune, aux forces
les plus vitales du pays.

— Comme très habiles fabricants de canons de fusil, citons MM. Léopold et Albert Bernard, à qui toute l'arquebuserie parisienne aime à conserver, et à bien juste droit, toute sa faveur. M. Pidaut a encore perfectionné et simplifié sa platine déjà remarquée en 1844, pour fusils de munition.

— MM. Gevelot et Goupillat, Ittig, Guindorf et Masse ont leur spécialité, leur notabilité pour la fabrication des capsules, industrie aujourd'hui fort importante. Nous ne savons pourquoi les frères Blanchet nous font défaut au Palais de l'industrie, eux si bien placés dans le monde commercial.

—Pour les armes blanches, la maison Bès est toujours sur une excellente ligne. Elle fait bien et beaucoup. M. Boche s'occupe du complément des objets de chasse et ses articles sont fort variés ; et M. Pestillat présente une belle collection de casques propres aux diverses armes.

— Après cette visite faite aux moyens de destruction que l'homme a pu jusqu'ici inventer, passons aux instruments divers qui servent à éclairer le monde : ils nous sont encore plus utiles que les premiers.

Je me suis plus d'une fois promis, surtout dans ces moments de vive préoccupation où tout dérangement inattendu est souverainement inopportun, par exemple lorsque l'état de ma lampe venait à baisser, lorsque la chaleur de mon foyer se ralentissait mal à propos, je me suis promis, dis-je, de consacrer quelques-uns de mes futurs loisirs, si jamais pour moi il y a loisirs possibles, à perfectionner deux choses essentielles : ma lampe, ma cheminée.

Aujourd'hui je vois, non sans quelque plaisir, qu'un homme à la fois habile et raisonnable a résolu l'un des deux problèmes ; je l'appelle habile et raisonnable parce qu'il est retourné à la simplicité de la lampe antique, tout en lui donnant les avantages de la lampe moderne et savante.

Merci et honneur à lui ! car ma lampe si désirée est toute trouvée, je crois.

Un double courant d'air pour animer et régulariser l'intensité de la lumière ; le principe continu de la capillarité au moyen d'une double mèche pour entretenir le mouvement ascendant du liquide, voilà les bases de l'ingénieux édifice ; les accessoires, que je dédaigne d'énumérer, et que chacun, en voyant, aura bientôt compris et jugés, sont des innovations non moins heureuses.

De ces diverses combinaisons il découle un tout auquel je crois difficile de pouvoir désirer et ajouter quelque chose d'essentiel ; et si quelque autre mortel intelligent et laborieux venait me présenter une cheminée aussi simple, aussi bien entendue, de mon côté, certes, je lui donnerais bien vite la petite immortalité qu'il m'appartient, dans ces derniers jours de mon règne de publicité, de distribuer aux vrais méritants.

N'oublions pas toutefois, en parlant de l'œuvre merveilleuse, de nommer l'ouvrier intelligent qui lui a donné le jour. C'est M. Neuburger, l'un des créateurs de la *lampe solaire*, à laquelle le jury de 1844 donna les plus brillants éloges, bien qu'elle fût loin du mérite de sa sœur puînée.

Il n'y a pas jusqu'au nom choisi pour la désigner qui ne soit un perfectionnement : ce sera la *lampe omnibus*. Aussi, petits et grands, esprits simples et gens d'esprit, philosophes, ne vous inquiétez plus ; votre travail, vos pensées, vos rêves, votre bonheur des longues veillées, tout cela ne dépendra plus désormais de la maladresse d'un domestique, de la rupture d'un ressort, de je ne sais plus quel accident.

Une sanction, au reste plus puissante que la mienne, est déjà venue certifier le mérite de l'invention nouvelle : c'est l'approbation du Conseil de la marine ; et je comprends en effet que le marin, qui n'a pas à faire courir après le lampiste, tienne à avoir à la fois ce qu'il y a de plus simple, de plus solide, de moins chanceux.

De votre côté, messieurs du jury, voyez d'éclairer quelques-unes des heures de vos solennelles et impartiales décisions au moyen de la *lampe omnibus*. Par vous du moins nous saurons si notre rapide examen n'est pas une illusion de nos yeux, un avant-goût trompeur d'une conquête qui nous souriait le plus.

— Notre impartialité nous fait toutefois un devoir de ne pas concentrer sur M. Neuburger seul nos études et nos félicitations. Nous dirons donc, pour être juste à l'égard de tout le monde, que M. Silvant a toujours des formes de lampes aussi élégantes que variées ; que madame Gotten et M. Truc

continuent à perfectionner le genre Carcel ; que M. Joanne
et M. Chabrié ne restent pas en arrière ; que M. Nicolle s'occupe avec succès des grands moyens d'éclairage.

— Sur le point industriel que nous allons maintenant attaquer, disons que le demi-siècle auquel nous touchons a été
pour la France une époque d'un immense progrès. C'est à
elle que de tous les points du globe l'on reconnaît qu'aujour-
d'hui, pour être bien servi, il faut venir demander ses instruments d'astronomie, d'optique, de précision. L'accord pour
nous donner la supériorité est, à cet égard, unanime.

Nous laisserons volontiers à MM. Arago, Charles Dupin,
Pouillet, Séguier, le soin de juger le mérite des Lerebours,
des Soleil, des Chevalier, des Buron, des Bunten, des Deleuil,
des Berthoud, ces sommités de l'art transcendant qui permet
de mesurer la puissance et la marche des astres. Nous avons
la sagesse de savoir qu'il vaut mieux nous tenir plus près
de terre. A ces illustres savants aussi d'apprécier la pendule
astronomique et scientifique de M. Rosse aîné, qui peut *représenter l'état du ciel, sans erreurs sensibles, pendant dix mille
ans.* En voilà un du moins qui n'a pas à craindre le démenti
que l'épreuve donne souvent aux œuvres humaines, à leurs
promesses, à leur orgueil.

— Nous mentionnerons toutefois M. Henri Robert pour être
venu très heureusement aider à l'enseignement de la cosmo-
graphie.

Beaucoup de machines fort ingénieuses ont été faites dans
la vue de nous représenter l'ensemble de notre système pla-
nétaire ; mais il en manquait une à la fois simple, à bas prix,
d'un petit volume, qui rendît très facile la démonstration des
phénomènes les plus intéressants pour la terre que nous ha-
bitons, tout en les représentant tels qu'ils se passent dans la
nature.

Cette lacune se trouve remplie par l'écliptique mécanique
que M. Henri Robert a produite à cette Exposition. Avec son
aide, on s'explique facilement la position de la terre et du
soleil pendant toute l'année. L'enseignement public, comme
l'enseignement particulier, gagneront facilement à se servir
de cet instrument aussi simple que bien conçu.

M. Robert est, de plus, un horloger qui, depuis longtemps,

a fait ses preuves en fait de bons et solides instruments de précision.

— M. Wagner neveu, à la fois esprit scientifique et capacité industrielle fort notable, présente une exposition qui porte le cachet de ces deux qualités précieuses, et qui tiennent beaucoup de la faculté allemande et du calcul positif anglais.

Nous mentionnerons en première ligne la machine nommée *marégraphe*, commandée par le ministre de la marine pour le pont de Saint-Malo. Cet instrument, exécuté d'après les indications de M. Chazallon, ingénieur hydrographe, est destiné à enregistrer d'une manière continue la variation des marées, ainsi que tous les phénomènes ascensionnels qui se manifestent à la surface des eaux. On comprend tout de suite l'intérêt que peut avoir, pour la science nautique, cet important instrument.

L'instrument nommé *barographe* laisse une trace exacte de toutes les variations barométriques. Il est fondé sur le même principe que le marégraphe. Nous ne pouvons décrire ici les détails ni apprécier les incontestables avantages de ces instruments nouveaux; mais nous les recommandons aux hommes spéciaux, qui en feront leur profit et voudront bientôt rendre justice à l'habileté avec laquelle M. Wagner a su les construire.

Il nous tarde que le dynanomètre, pour connaître la résistance dans le sol des instruments aratoires, principalement de la charrue, soit apprécié par la Société d'Encouragement, qui l'a mis au concours.

Un pareil ensemble de conceptions aussi utiles que bien exécutées ne saurait être trop bien accueilli et du public et du jury.

— M. Bernard-Henri Wagner rend, de son côté, d'incontestables services à la grosse horlogerie, qui, elle aussi, a besoin de progrès, et qu'on ne saurait trop populariser. Nous voyons avec plaisir qu'aujourd'hui il n'y a pas un village, même le plus simple hameau, ayant une église et une cloche, qui ne puissent avoir leur horloge; bonne horloge vraiment, et d'un prix cependant modéré.

— Au premier rang des industries qui ont dû le plus souffrir de la crise commerciale se trouve naturellement l'horlogerie fine. C'est une raison de plus pour mentionner ceux qui ont tenu tête à l'orage et qui sont venus nous prouver qu'ils continuaient leurs précédents efforts. Nous citerons M. Paul Garnier, brillamment distingué par le dernier jury. Il présente des horloges électriques et des instruments de précision d'un mérite réel. MM. Brocot, Delépine et Bourdin ont toujours d'excellents chronomètres. M. Berrolla aîné se recommande pour ses pendules de voyage, d'une si incontestable utilité. M. Dussault a des chronomètres fort soignés ; M. Ridier exécute bien ses travaux et progresse toujours.

Nous n'avons plus, sans doute, ces noms longtemps fameux et qui étaient à eux seuls une garantie de la haute valeur de la fine horlogerie parisienne ; mais d'autres noms arrivent, qui les remplacent avec avantage, et si le mérite n'est pas aussi brillamment concentré, il est plus général, les prix sont moins élevés, et, au fond, cela vaut peut-être mieux.

— Ce n'est pas tout que d'avoir les moyens les plus divers, les plus précis de mesurer le temps ; il faut encore songer à en rendre pour nous le passage le plus attrayant possible. Les agréments de la vie intérieure y contribuent beaucoup. Voyons ce qu'on a fait pour l'embellir, pour nous consoler un peu des tracas si divers qui traversent si souvent même l'existence que l'on croit la plus tranquille, la plus digne d'envie.

Messieurs les marchands de meubles, nous sommes à vous, et montrez-nous bien vite ce que vous avez fait.

Sachons gré tout d'abord à un enfant des Pyrénées, qui nous apporte un échantillon de la richesse que possède en bois cette belle et si intéressante partie du pays. C'est le pendant tout naturel des beaux marbres de M. Géruzet. Plus on étudie la France, plus, vraiment, on s'étonne de ses ressources, et l'on est tenté de s'en vouloir, en songeant qu'on les a si longtemps, si nonchalamment négligées. Parmi les bois exposés par M. Saint-Hubéry, de Tarbes, et qui se trouvent au nombre de vingt-quatre espèces, nous avons remarqué le noyer, le frêne, le chêne et particulièrement le sapin de Coterêts. Nous voudrions que cette collection restât pour le Conservatoire des arts et métiers. M. Saint-Hubéry a exposé quelques meubles. Sa table de chêne sculptée et son ingénieux casier de musique, pouvant former pupître, sont à noter. A Paris, où l'espace est si bien ménagé, ce petit meuble ne peut qu'être recherché.

— Il y a du goût à Paris; mille fois nous en sommes convenu, et l'envie ne nous prend certes pas de rétracter ce sincère éloge; mais convenons aussi qu'il n'y a pas que du goût. Que de natures rebelles encore seraient à réformer, à polir; que d'industriels croient faire des merveilles, qui ne produisent que du faux, des écarts impardonnables, des objets qui ne peuvent, qui ne doivent pas se mentionner, et, ce qui est plus fâcheux encore, qui n'ont aucune chance de se vendre!

Un de ces jours, faisant ma revue des meubles, je me suis vu arrêté par une dame, qui me dit, avec un de ces regards de femme auquel personne n'est insensible : « Monsieur, je vous vois très attentif à observer, à prendre des notes; vous êtes assurément chargé de quelque mission; pourquoi passez-vous donc devant ces objets sans les remarquer? Ils coûtent à mon mari deux ans de son temps et je ne sais combien d'argent! » Assurément cette révélation était pour moi poignante, car elle ne pouvait faire que ce temps, que cet argent eussent été bien employés. Mais que pouvais-je à cela, si ce n'est écouter, et pas même pouvoir donner une lueur d'espérance ? Le mauvais fabricant, c'est pour moi l'image du coupable suppliant; le juge peut le plaindre; mais son premier, son absolu devoir est de le condamner. Recommander un mauvais produit, c'est être injuste envers le bon produit, et l'injustice m'a toujours profondément déplu. Voilà la source, je dois le dire, de quelques-uns de mes oublis; oublis pénibles pour moi autant que pour personne : mais, au demeurant, j'ai un devoir à remplir; devoir que j'ai pris au sérieux; je ne saurais, sur ce point, me réformer et transiger.

— Toujours au premier rang de nos meilleurs fabricants il faut placer MM. Grohé frères. Leur bibliothèque, genre Renaissance, est simple et parfaitement exécutée. Le bahut, bois d'ébène, incrustations de cornalines, lapis, marbre, est un meuble ravissant. Voilà de l'ornement, sans doute; mais comme c'est intelligent, approprié, harmonisé! Le meuble avec médaillons argentés, figures d'oiseaux sculptés, bois de rose et palissandre, ornements de cuivre, ne laisse rien à désirer. Nous en dirons autant du piédestal, genre Louis XIV, bois noir, ornements de bronze largement dessinés. La figure du grand Condé, formant frontispice, est fort bien rendue. Nous ne savons ce que ce piédestal doit supporter ; mais ce ne saurait être, si l'on veut compléter l'harmonie, qu'un bien grand souvenir.

— M. Clavel présente une armoire à glace, bois noir, très habilement sculptée. Ses colonnes sont d'un goût parfait, et le tout forme un ensemble que nous voudrions voir plus souvent imiter. Le lit, la commode, l'armoire, présentés par M. Weder, se distinguent autant par la forme que par la bonne exécution. Nous le félicitons aussi du bon choix de l'étoffe en brocatelle qui garnit un fauteuil et une chaise.

— La fabrication lyonnaise est dignement représentée en fait de meubles par MM. Daubet et Dumarest. Nous trouvons très commode et fort ingénieux le bureau de travail en palissandre, qui, par un demi-tour de clé, s'ouvre seul et présente une grande surface pour écrire, et que l'on peut refermer à l'instant, malgré le désordre des papiers, et sans rien déranger. Pour Paris, leur armoire à glace, formant en même temps bureau et commode, est un meuble précieux que nous recommandons. Une commode-bureau est encore un meuble parfaitement entendu. Le système de ces fabricants, pour faciliter le jeu des tiroirs qu'on tire à soi et qu'on referme avec la plus légère impulsion, est une bonne idée. En somme, c'est une fabrication à encourager.

— M. Cremer est d'une habileté rare pour le travail de marqueterie ; son portrait de moine, en pièces découpées, est un petit chef-d'œuvre.

— L'association des ouvriers ébénistes présente une bibliothèque dont le plan et l'exécution sont également dignes d'éloges.

— M. Mercier a parfaitement exécuté son meuble de fantaisie, ébène et cuivre. Ses oiseaux en médaillon ne sauraient être mieux rendus. Mais ce meuble ne pèche-t-il pas sous un autre rapport ? Tant d'art et de travail n'eussent-ils pas pu produire quelque chose qui fût à la fois beau et utile ? M. Florange jeune s'est montré plus prévoyant en produisant des meubles d'une extrême simplicité, et qui plaisent cependant beaucoup. Ce n'est que du bois noir uni, du cuivre pas trop prodigué, quelques rares ornements ; et c'est, malgré cela, d'un bon effet. L'armoire à glace, le lit, une table à ouvrage, sont également bien. Nous en dirons autant de la belle toilette, palissandre et marbre blanc, de M. Lainé. MM. Jolly-Leclerc, Meynard, Lemarchand et Lemoine, Glavel, Ringuet-Leprinçe, Baudry, Hoefer, Klein, ont une foule de meubles, lits, bronzes d'ameublements, qu'à regret, assurément, nous ne passons pas en revue. Mais nous pensons que, comme nous, le public en a bonne mémoire.

— Madame veuve Osmont fait toujours bien les meubles en imitation de laque de Chine.

— M. Dufailly excelle dans le moulage du plâtre. Sa collection d'animaux est ce que l'on peut trouver de mieux en ce genre. Les moulures en gélatine et sans couture de M. Chardin sont encore parfaitement réussies.

— Un mot au parquet mosaïque de M. Marcelin. C'est vraiment ici plus que du parquet ; c'est du meuble du plus beau, du plus agréable effet. Nous félicitons le fabricant d'avoir poussé si loin et son travail et ses formes si variées.

— C'est encore un objet d'ameublement digne d'être cité que le cuir en relief pour meubles et décorations de MM. Dulud et Prévost. Qui n'a vu dans nos vieux châteaux de France, et surtout en Allemagne et en Angleterre, ces anciennes et respectables tentures en cuir, encore bien conservées, et qui sont d'un si distingué et si original effet ? Sans doute qu'avec nos beaux papiers et nos tentures laine et soie, le cuir aura peine à se faire jour ; cependant nous pensons que, dans un ameublement riche et varié, il peut avoir sa place ; il doit convenir surtout dans les pièces où les riches et passionnés amateurs réunissent les restes si curieux, si intéressants des genres gothique et Renaissance, soit meubles, soit porcelaines, soit cristaux. Les étrangers paraissent surtout accepter avec empressement ce retour d'une industrie qui eut parmi nous un assez bel éclat.

— Maintenant, il ne nous reste plus qu'à saluer le superflu de l'ameublement, qui a plus particulièrement, et comme de raison, sa place toujours brillante à Paris. Cette puissance résistera, sans aucun doute, même aux plus profondes révolutions.

Si M. Tahan n'a pas encore été mentionné dans nos solennités industrielles, il est du moins bien connu dans le monde élégant, et, sans aucun doute, il le mérite. Il suffit, pour croire cela et devoir le dire, d'avoir jeté un coup d'œil sur sa montre du Palais de l'industrie, où l'on n'éprouve qu'un embarras, c'est de signaler ce qui plaît le mieux. Cependant nous noterons un bureau-armoire, bois de rose, bronze doré, peintures sur porcelaine encadrées dans plusieurs médaillons et dessinées avec beaucoup de goût par madame Marielle; un coffre à bijoux, monture en bronze ciselé, avec statuettes fort élégantes sur les côtés; un coffre en ébène et cuivre doré; un coffre en velours vert et bois sculpté, aussi simple de forme que parfait d'exécution; enfin une armoire genre gothique, sculpture fort distinguée de M. Reignier. Ici tout est à louer, et nous louons d'autant plus volontiers, que nous ne connaissons de M. Tahan que ses œuvres.

— Non loin de lui se trouve un fort modeste exposant, mais qui n'en est pas moins habile pour cela : c'est M. Barbier. Sa corbeille de mariage est bien, sans doute, mais ce qui vaut bien mieux encore, c'est son délicieux petit coffret, vraie perle de fine ébénisterie, dont on ne demande que 300 francs; je crois qu'il doit valoir bien davantage pour le vrai connaisseur. On ne peut mieux travailler l'ivoire, l'écaille, la nacre. Le dessin en est parfait aussi. M. Barbier est, au reste, l'une des habiles mains que fait travailler M. Tahan, et il ne saurait mieux faire.

— M. Jensen doit être cité pour une armoire-bahut, genre Boule, et d'un fort joli effet.

Ne traitons pas trop légèrement l'éventail ; il occupe encore 2 à 3,000 ouvriers et remue 5 à 6 millions chaque année. M. Duvelleroy est l'habile, l'élégant du métier. Les Parisiens et les Chinois sont à peu près les seuls qui fournissent le monde d'éventails. Il n'est pas besoin de dire de quel côté se trouve le bon goût. On se tromperait, toutefois, si l'on allait penser que les Chinois ne savent représenter que des magots et des perruches. Il nous souvient d'avoir vu chez la femme d'un armateur de Rotterdam un album et deux éventails parfaits de couleur et de dessin, et qui eussent fait l'admiration de M. Duvelleroy lui-même. Madame veuve Dupré et M. Aubery ne sauraient être oubliés pour ce même article, qu'ils font bien et sur une grande échelle.

Nous tenions en réserve quelques noms, quelques produits, pour en faire justice au nom du bon goût offensé ; mais, soit bon cœur, soit lassitude, nous nous arrêtons, laissant au temps, qui corrige tant de choses, à remédier au mal.

Passons-nous toutefois l'envie de décocher un seul trait. Ce sera contre la machine à vapeur en ivoire, et dont toutes les pièces, nous dit gravement l'étiquette, sans aucun doute en cela véridique, *peuvent être mises en mouvement.*

Mon Dieu ! mon Dieu ! où donc parfois le génie de l'homme va-t-il s'employer et se perdre ?

CHAPITRE XXI.

INDUSTRIES SAVANTES, ARTISTIQUES, D'UTILITÉ PUBLIQUE ET DOMESTIQUE.

Préparations anatomiques. — Instruments de chirurgie. — Machines hydrauliques. — Cuirs et chaussures. — Objets d'habillement. — Caoutchouc. — Tissus imperméables. — Appareils de chauffage. — Appareils culinaires. — Appareils de propreté. — Objets divers. (Suite.)

Si jamais auteur fut pauvre de sujets, tel n'est pas, du moins aujourd'hui, mon embarras. Je ne sais même trop comment arriver à me débrouiller au milieu de cet amas de notes et de documents entassés sous ma main et forcément ajournés.

Enfin, puisque je suis, quoi que je fasse, condamné à ne pouvoir satisfaire tous ceux qui attendent, qui espèrent, qui sollicitent, prenons-en notre parti, vite à l'abordage, et, ma foi ! tant pis pour les impuissants ou les œuvres inutiles jetés dans le fleuve de l'oubli !

—*Nosce te ipsum.* Oui vraiment j'aime cet adage qui recommande à l'homme de s'étudier d'abord lui-même. Et cependant, combien, même parmi les plus sages, n'en savent tenir aucun compte !

Ces réflexions m'arrivent à propos de l'exposition du docteur Auzoux. Un double devoir m'arrête devant ses produits d'anatomie dite clastique ; devoir d'utilité publique d'abord, tribut aussi de ma reconnaissance.

Bien que l'un de ses plus indignes disciples et dont il ne se remémore assurément pas, je serais fâché de l'oublier, moi. Si j'ai pu, bien que doué d'une organisation excessivement faible, entreprendre des travaux et de tension d'esprit et d'efforts physiques, devant lesquels les plus forts peut-être eussent parfois reculé, je le dois, je crois, à cette étude que, bien jeune, j'ai voulu heureusement faire de cette enveloppe que Dieu nous a donnée et qu'il faut savoir, pour aller loin, conduire, approprier et ménager, comme le mineur attentif et prévoyant gouverne sa lampe lorsqu'il est à 500 pieds sous terre ; comme le pilote habile et prudent guide son navire au travers de l'immensité des mers et des mille écueils qui l'entourent.

Ce qui m'a toujours étonné, c'est l'inqualifiable légèreté avec laquelle l'homme, tout en tenant souverainement au trésor de la vie, joue cependant comme un enfant avec ses conditions d'existence les plus essentielles.

Au lieu de courir en hâte, comme on le fait, après l'art et le remède, qui guérissent et souvent ne guérissent pas le mal, une fois qu'il s'est développé, étendu, ne vaudrait-il pas mieux commencer par apprendre par quels moyens il est souvent facile de le prévenir, de l'étouffer dans son germe ?

Même pour la plus grossière machine qu'il est chargé de conduire, le machiniste en étudie d'abord les rouages, se familiarise avec ses besoins, s'applique à bien connaître ses éléments de conservation. L'homme, l'homme seul ne connaît le plus souvent rien de sa propre et fragile machine. Longtemps, il est vrai, cette étude a pu être difficile, compliquée, rebutante même ; aujourd'hui ce n'est plus que la chose la plus aisée, la plus naturelle du monde ; et dès lors pourquoi de sa part cette même indifférence ?

Ce n'est qu'après un fort long intervalle que je revois les

travaux du docteur Auzoux ; mais combien aussi ils ont changé et progressé !

Aujourd'hui ce ne sont plus, comme au début, quelques organes principaux dont il puisse seulement expliquer les curieux phénomènes ; c'est l'homme entier, dans ses plus minutieux détails d'organisation, qu'il est arrivé à construire, qu'il décompose à son gré, faisant toucher du doigt, faisant comprendre à l'esprit même le plus ordinaire cette admirable harmonie de notre organisation, qui, loin de nous rendre incrédules sur la puissance de l'art médical, nous en fait, au contraire, comprendre la nécessité, la profondeur, l'incomparable mérite ; qui, loin de faire de nous des sceptiques, des mécréants, comme semblent le craindre quelques esprits timorés, ne peuvent que nous rendre, au contraire, plus sérieux, plus empressés admirateurs de la puissance infinie, éternelle, qui régit et le Monde et nous-mêmes.

Je ne comprendrais donc pas que, longtemps encore, les éléments de l'anatomie et de la physiologie humaines n'entrassent pas, comme complément, dans le plan de toute éducation libérale. Indépendamment des motifs de conservation, de prudence personnelle qui peuvent découler d'une pareille étude, est-ce que, sous le rapport scientifique, il n'y a pas dans l'ensemble de notre organisation des leçons du plus attrayant intérêt à recevoir ? Est-ce que l'étude, par exemple, des phénomènes de la circulation du sang, de la respiration, de la puissance locomotrice, de la vision, ne vaut pas, comme levier d'intelligence, comme utilité pratique, comme moralité philosophique aussi, l'explication des lois de la gravitation, de la pondération des corps, de l'électricité ? Oui, sans aucun doute, cette étude est désirable, digne d'un siècle réfléchi ; et, dès lors, merci et honneur au savant laborieux et opiniâtre qui a ouvert et si heureusement facilité cette voie nouvelle. Les préparations du docteur Auzoux ne dispenseront sans doute pas l'élève médecin, le médecin lui-même, d'étudier sur la nature vivante et sur le cadavre l'origine et la cause des maladies ; mais, pour ce que doit savoir l'homme du monde, ces préparations suffisent parfaitement, et c'est là qu'est surtout le service rendu.

C'est avec non moins de tact et d'à-propos que M. Auzoux

a voulu étendre son art sur l'organisation des animaux. Il n'est pas d'agriculteur, il n'est pas d'amateur de chevaux, d'officier de cavalerie qui n'aient à gagner à bien connaître leur structure. L'école de Saumur a déjà retiré un notable avantage d'un cours d'anatomie du cheval, d'après les travaux clastiques de M. Auzoux.

A tous égards, nous devions un juste et sincère hommage à cette conquête nouvelle de l'industrie et de la science qu'on ne saurait trop encourager et honorablement récompenser.

— Tout en face des clastiques de M. Auzoux se trouve le céphalomètre du docteur Idjiez. On s'est un peu amusé du système et des bosses frontales du docteur Gall, parce que, en France, on s'amuse volontiers de tout. Il n'en est pas moins vrai de dire que les travaux du docteur allemand ne soient des travaux fort sérieux, profonds, essentiellement philosophiques ; c'est même à cette source qu'il faudra toujours revenir lorsque l'on voudra bien connaître l'anatomie du cerveau et pouvoir expliquer les causes réelles de nos facultés si diverses. Le docteur Idjiez a eu raison de penser que c'était là une école qu'il ne fallait pas laisser tomber, et que, de plus, on pouvait ajouter quelque chose encore aux leçons, aux découvertes importantes du maître. L'instrument du docteur Idjiez mérite donc, et par son but et par ses mesures de précision, l'intérêt des hommes sérieux qui n'aiment pas que la science s'arrête en route.

— Madame Bourgery a droit à des éloges pour ses pièces artificielles d'anatomie : elles ne peuvent qu'aider au développement des études médicales. Son atlas d'anatomie est aujourd'hui le plus complet que nous ayons. M. Robert, de Strasbourg, a bien réussi dans ses travaux d'anatomie plastique. Ils sont exécutés avec une grande perfection, et méritent de trouver place dans les établissements d'instruction publique. Quant au docteur Carteaux, il eût dû, comme à l'Exposition de 1844, nous faire voir ses curieux travaux d'anatomie artificielle en cuir repoussé.

— Le génie inventif de M. Charrière est toujours le même : c'est la seule chose que l'on puisse lui demander. Il n'y a pas trop longtemps qu'un de nos plus habiles chirurgiens, ayant à faire une opération fort délicate, écrivit à l'un de ses confrères à Londres pour qu'il eût à lui adresser les meilleurs instruments que son pays, pour cela longtemps en renom, pouvait lui offrir. Le docteur anglais, en bon confrère, se mit à leur recherche et fit son envoi. Que contenait la caisse? Un instrument sorti des mains et portant en toutes lettres le nom de Charrière.

Cet acte de sincérité honore à la fois et l'industriel français et le caractère du docteur anglais.

— Parmi les instruments d'utilité publique et de service privé, nous ne devons pas oublier de placer les pompes. Malheureusement, si l'emploi de cet instrument n'est pas aussi généralisé qu'il devrait l'être, c'est qu'il est loin d'être arrivé à sa perfection; c'est que son prix n'est pas toujours à la portée du grand nombre.

Combien de communes en France, combien de villes importantes qui n'ont pas encore de pompe à incendie! Nous ressemblons assez bien en cela aux enfants insouciants de Mahomet, qui se consolent des malheurs de l'incendie en disant : « C'était écrit. »

Il est temps de sortir de cette fâcheuse indifférence ; et, pour aider à ce progrès, voyons d'abord ce que nous avons de mieux en fait de mécanisme hydraulique.

— Pour les pompes d'une grande puissance, M. Hubert, déjà distingué aux précédentes Expositions, mérite toujours des félicitations. MM. Guérin, Thirion, l'usine de Graffestanden nous paraissent avoir perfectionné les pompes à incendie. MM. Huck et Stoltz fils font bien les pompes à système rotatif, applicables avec profit dans bien des cas. M. Thamard présente une pompe, dite à quatre effets, que nous regrettons beaucoup de ne pouvoir assez bien étudier, et que nous recommandons à l'attention du jury pour sa composition, qui nous semble bien entendue, et l'abondance de l'eau qu'elle peut donner.

— Mais une prédilection sincère que nous éprouvons est celle donnée à la pompe Letestu. Pourquoi cela? A cause de sa parfaite simplicité. Les pompes nous ont si souvent causé de vives contrariétés, que nous aimons à trouver en elles des conditions de durée en même temps que les moyens faciles de réparations. Indépendamment de leur simplicité, les pompes Letestu ont cet autre et précieux avantage, c'est de n'être arrêtées ni dérangées par la qualité des eaux épaisses, bourbeuses, et pas même par les eaux chargées des plus grossiers gravois.

A cet égard, nous ne nous expliquons pas comment ce système n'est pas plus généralement employé pour les pompes à incendie. Tout le monde sait que, pour les alimenter, l'on n'a pas toujours le choix des eaux, et que le plus léger dérangement peut avoir ici les résultats les plus funestes. Nous croyons que la ville de Paris n'a pas même fait l'essai de ce système.

La marine, au contraire, si bon juge en pareille matière, fait un emploi considérable de la pompe Letestu ; le corps du génie l'a, de son côté, souvent utilisée ; c'est pour nous le meilleur des certificats.

Nous reprochons toutefois à M. Letestu de ne pas être arrivé à une fabrication assez modérée, du côté du prix, pour rendre sa pompe plus populaire. Il nous répond à cela par une raison que nous n'acceptons qu'en partie, c'est-à-dire qu'il tient à bien faire, et qu'alors la bonne exécution doit se payer un peu cher. Sans doute il y a quelque chose de vrai dans cette prétention ; mais il y a une autre considération non moins puissante à peser, c'est la possibilité, pour le consommateur, d'acheter.

La pompe Letestu serait à nos yeux la Providence des campagnes pour une foule d'usages : d'abord, pour l'entretien et la fabrication des fumiers dans le système si bien entendu de M. Schattenmann, dont nous avons déjà eu occasion de parler ; ensuite, dans les pays viticoles, elle serait précieuse pour monter les vins dans les cuves et approvisionner les appareils de distillation ; mieux qu'aucune autre, elle servirait à une foule d'usages domestiques ; enfin, chose à nos yeux capitale, de première nécessité, elle favoriserait le système si peu développé encore de l'irrigation des terres. On ne craindrait pas l'emploi de cette pompe, parce que le premier charron, le premier forgeron venus seraient là pour la réparer, l'entretenir, la refaire au besoin.

Il y avait à l'Exposition quelques manèges faisant partie de deux ou trois machines à battre qui devraient servir de modèles à M. Letestu. En mariant cet accessoire à sa pompe, il arriverait à cette modération de prix que nous lui recommandons, et à laquelle il nous semble n'avoir pas assez tenu. Ce fabricant s'est trop exclusivement occupé du besoin des villes; qu'il songe donc un peu aux nécessités pressantes de nos campagnes; c'est là qu'est la vie à développer, le bien-être à étendre, le repos de la France à chercher, à trouver.

— Une industrie que nous ne devons pas oublier, c'est encore celle de la fabrication des cuirs et de leur emploi pour nos usages personnels. Des savants, des industriels fort capables se sont occupés du perfectionnement, du travail des cuirs; mais le point qu'on s'est attaché le plus à faire avancer, celui d'abréger le temps du tannage, n'est pas encore atteint. Ce que l'on gagne en économie de temps est presque toujours perdu par le manque de qualité; et ce n'est pas seulement en France que cette épreuve a été souvent faite, c'est aussi en Angleterre, en Belgique, en Allemagne, où l'on s'est attaché à résoudre ce même problème, qui est, en effet, d'une très grande importance.

A la tête de la fabrication des cuirs marchent MM. Durand, Ogereau, à Paris; Pellereau, à Château-Renault (Indre-et-Loire); Delbut père et fils, à Saint-Germain-en-Laye; Bison, à Rennes; Durand, Levin et fils aîné, à Paris; Pein, à Nantes; Huttin, à La Guillotière (Rhône); Estivant et Bidou fils, à Givet (Ardennes).

MM. Reulos et Badin se sont attachés, non sans succès, à perfectionner la préparation du cuir de cheval, jusqu'à ce jour assez défectueuse.

Pour les cuirs vernis, les consommateurs s'accordent à mettre en première ligne MM. Nys et compagnie et M. Plummer, de Paris; Houette aîné, de Pont-Audemer (Eure); Gauthier, Plattet frères, de Paris. Pour les maroquins, on cite avec éloge MM. Fauler frères et Bayvet, de Choisy-le-Roy, qui ont fait faire de notables progrès à cette industrie aujourd'hui d'une assez grande importance. MM. Trempé jeune et compagnie ont également, sous ce rapport, une fort bonne production.

Dans le travail de la confection, je citerai, comme nouveauté, le curieux établissement de chaussures à la mécanique, situé rue Paradis-Poissonnière, à Paris.

Il semble difficile au premier abord que, dans un travail aussi minutieux que celui de la chaussure, l'intervention de la mécanique puisse suppléer l'ouvrage des mains : c'est cependant ce problème que l'on a résolu avec un plein succès.

On fabrique des chaussures solides, élégantes, et le prix en est sensiblement réduit; aussi croyons-nous devoir féliciter du résultat M. Duméry, qui a créé ces machines; M. Lefébure, fondateur de l'établissement; M. Dupuy, son directeur. Cet établissement a déjà plusieurs succursales, soit en France, soit à l'étranger.

— De la chaussure à l'habillement il n'y a qu'un pas. Disons-en quelques mots, surtout sous son point de vue le plus utile. Quel est le voyageur, quel est le militaire, le campagnard qui n'aient pas désiré avoir un vêtement qui pût les abriter des désagréments, des dangers de l'humidité, de la pluie? Jusqu'ici on n'a eu que des vêtements fort lourds pour remédier à ce mal, et par cela même accablants par leur poids. On a bien aussi les étoffes doublées en caoutchouc; mais, sous ce vêtement, il est des saisons où l'on étouffe de chaleur.

Il est un homme d'une persévérance tout à fait exemplaire, qui cherche depuis longtemps à résoudre le problème, c'est M. Becker. D'après un rapport tout récent, fait à la *Société d'encouragement*, et fort bien motivé par M. Dizé, habile chimiste, l'inventeur serait dans une fort bonne voie. Ses draps seraient imperméables à la pluie, tout en restant perméables à la transpiration. Ce procédé nous paraît fort rationnel, et il nous semble juste que le jury en examine soigneusement les conditions; et si elles répondent au but que s'est promis d'atteindre M. Becker, il sera convenable de le récompenser comme sa persévérance et son habileté le méritent. Le gouvernement ne ferait pas mal aussi, dans l'intérêt de la troupe, de mettre à l'épreuve l'invention.

— Le caoutchouc est devenu un produit qui s'applique aujourd'hui à une infinité d'usages domestiques. MM. Guibal et Rattier sont toujours les industriels qui le travaillent le plus en grand et avec la plus grande variété. M. Gagin, MM. Brioude, Sanrefus et compagnie, MM. Grossmann et Wagner, M. Ducourtioux, pour vêtements, chaussures, bas et ceintures élastiques ; M. Leunenschloss, pour bretelles propres à l'exportation ; M. Huet, de Rouen, pour ce même article, font aussi d'importantes affaires.

— M. Chagot aîné, M. Chagot-Marin, sont les maisons principales pour les plumes et les fleurs du monde élégant.

— J'en demande bien pardon aux dames, mais ce n'est qu'au dernier instant que j'ai passé dans la galerie des corsets. Ce n'est point que ma pudeur en fût précisément offensée ; j'aime assez, au contraire, le corset, lorsqu'il a pour but d'embellir et non pas de déformer la femme ; mais je n'avais, à cet égard, qu'à dire fort peu de chose, et une compatissante visiteuse a bien voulu se charger de m'indiquer comme dignes d'être remarqués : Madame Rousseau, madame Macé, M. Pousse, madame Lafosse et mademoiselle Béchet, M. Geresme, madame Gilbert, M. Hennequin, M. Doremus, M. Chevalier.

— La chapellerie parisienne, renommée pour son élégance, doit aussi avoir sa petite place. Nous citerons donc MM. Gibus fils, Jay, Verstaen, Lejeune, l'association des ouvriers chapeliers, passage Jouffroy, une deuxième association, rue des Trois-Pavillons, comme faisant preuve de bon goût pour la forme et la qualité des produits.

— Du chapeau à la chevelure, certes, la transition est bien naturelle : donc un mot aussi là-dessus.

Fronts dégarnis, chevelures argentées par le temps, et qui tenez à vous dissimuler, venez à Paris. Là un art merveilleux vous servira à s'y méprendre. Vous indiquer l'artiste le plus habile, je n'ose trop, tant le mérite ici est commun. Vous choisirez plutôt vous-mêmes. Au Palais-National, à la rue Vivienne, vous ne trouverez pas les moins habiles.

— Après l'étude des objets qui tiennent à l'ornement, à l'habillement de la personne, jetons un coup d'œil sur le comfort de l'intérieur, sur les nécessités du ménage. Pour les moyens de chauffage, je ne me trouve malheureusement pas aussi bien partagé que pour l'éclairage.

Je vois sans doute de belles, de riches cheminées ; mais ce

n'est point assez ; je les voudrais, avant tout, bonnes, économiques, et ne perdant pas fâcheusement les trois quarts de la chaleur produite. On serait porté à croire qu'il y a une ligue formée entre les constructeurs de cheminées et les marchands de bois et de charbon.

Il y a toutefois des exceptions honorables et qu'il est juste de mentionner.

Ainsi, pour les grands appareils de chauffage, MM. Duvoir-Leblanc et compagnie ont toujours leur incontestable supériorité. Plusieurs de nos importants établissements, chauffés par leur système, attestent suffisamment leur mérite.

— MM. Gervais, Chaussenot jeune, Duvoir et compagnie, Th. Pauchet, Mathis, Weyts, Geneste, tiennent une bonne place dans cette même industrie.

— Pour la partie des cheminées et des poêles, nous trouvons juste de citer M. Laury, qui a de bonnes et belles cheminées ; aussi bien que MM. Cerbelaud, Lecoq, Jacquinet-Laperche, Delaroche aîné, Liré, Lecerf, qui ont des produits aussi variés que bien exécutés. Les poêles de M. Delaroche, pouvant au besoin faire cheminée, nous semblent surtout bien entendus.

— Comme appareils culinaires, nous devons indiquer madame veuve Lemare, le cordon-bleu de M. Sorel, fort économique et ingénieux appareil ; pour la cuisson des légumes et racines, pour buanderies et les glacières parisiennes, MM. Charles.

— Aux vrais buveurs de café, recommandons la cafetière de M. Dausse aîné. Elle est bien l'appareil le mieux entendu pour obtenir une claire et suave liqueur.

— M. Victor Chevalier présente une foule d'appareils économiques bien conçus et qu'une bonne ménagère saura apprécier.

— Aux amateurs d'huîtres qui n'ont pas l'écaillère sous la main, faisons connaître l'ingénieux et commode instrument de M. E. Baudon. Il permet d'ouvrir une bourriche d'huîtres en vingt-cinq minutes, tout en conservant dans l'écaille l'eau précieuse qu'elle renferme.

— A ceux qui aiment à boire frais, nous conseillons les *alcarazas* de Billom, Puy-de-Dôme. Ils sont aussi parfaits que ceux d'Espagne, d'une couleur rose fort agréable, d'une forme élégante et d'un prix très modéré. La bière, la limonade, le cidre se rafraîchissent et gagnent à passer dans les alcarazas.

— Pour compléter cette longue série d'objets se rattachant à l'économie domestique, nous ajouterons les meubles de propreté, soit pour chambre de malade, soit pour cabinets éloignés des lieux d'aisances.

L'appareil de MM. Miroy frères, formant siége et dissimulant assez bien sa destination principale, est déjà employé avec avantage dans plusieurs hôpitaux, notamment au Val-de-Grâce.

— Mais le plus parfait peut-être de ces appareils, parce qu'il est excessivement simple et nullement susceptible de dérangement, qui s'ouvre de lui-même, qui se referme avec la même facilité lorsque la personne quitte le siége, est celui de M. Favier. Cet appareil s'applique non seulement aux meubles portatifs, mais encore à toutes sortes de lieux d'aisances.

Nous pensons que cet appareil ne laisserait rien à désirer, si l'on joignait à son usage le liquide désinfectant de MM. Ledoyen et Raphanel, et nous engageons ces habiles industriels à s'entendre pour combiner, par la réunion de leurs deux inventions, un tout parfait.

— Un artiste a recommandé à notre justice le système d'emballage de M. Cotel pour les tableaux et objets d'art; jamais, nous a-t-il assuré, on n'a poussé plus loin l'art des précautions pour sauver de toute avarie un objet de prix.

— A ceux qui, comme moi, aiment à courir le monde, je recommanderai le *bazar des voyages*, de M. Godillot fils aîné. Ils trouveront tout ce qui peut convenir au voyageur, depuis sa canne et ses guêtres, jusqu'à son lit ou son hamac.

CHAPITRE XXII.

INSTRUMENTS DE MUSIQUE.

Pianos. — Orgues d'église. — Orgues expressives. — Instruments divers.

Des industries savantes et artistiques aux instruments de

musique, la transition est toute naturelle ; seulement nous devons ici une explication.

La nature ne nous a pas doué, nous l'avouons en toute sincérité, de la faculté musicale ; c'est vainement que, par la volonté et le travail, nous avons cru arriver à réparer cette lacune ; notre oreille n'en est pas moins restée assez rebelle aux douceurs, à l'intelligence de l'harmonie ; et notre devoir a été naturellement de nous récuser lorsqu'il s'est agi d'apprécier le mérite des instruments de musique.

Une personne plus heureusement douée que nous, M. Hippolyte Prévost, a bien voulu se charger du soin de nous suppléer, et il l'a fait avec son talent ordinaire.

Nous indiquerons d'après lui les fabricants d'instruments qui se sont le mieux signalés, tout en renvoyant aux articles mêmes du *Moniteur*, 6 août et 3 septembre, ceux qui voudront de plus amples détails et une appréciation raisonnée.

Le nombre des exposants, dans la division des instruments de musique, était de 140 ; les fabricants de pianos et d'orgues comptaient pour une centaine environ, et c'est naturellement d'eux que M. Prévost a eu à s'occuper, d'autant mieux que leurs instruments sont faciles, même au Palais de l'industrie, à soumettre aux épreuves.

MM. Erard, Pleyel, Roller et Blanchet sont toujours à la tête de la brillante fabrication des pianos.

MM. Wolfel, Laborde, Boisselot de Marseille, Kriegliestein, Souffletto et Mercier, Schultz de Marseille, A. Bord, Schoen, Rogez et Van Gils sont à leur tour fort honorablement mentionnés.

Les orgues paraissent avoir fait, depuis quelques années, de très notables progrès.

Comme fabricant hors ligne dans la partie des grandes orgues d'église, M. Prévost cite M. Aristide Cavaillé, de la maison A. Cavaillé-Coll père et fils.

C'est de cette maison qu'est sorti le magnifique instrument qui fait l'ornement de l'église de la Madeleine, à Paris. Le jury a voulu l'essayer, et il n'a fait que confirmer l'opinion avantageuse que le public s'en était déjà faite.

Nous devons mettre en vue également MM. Daublaine et Callinet, Gadaut fils, Suret, Sergent.

Les orgues expressives sont devenues un instrument que
la mode a adopté, et dès lors l'industrie des fabricants s'est
volontiers portée sur ce point. Les formes et les systèmes
sont fort variés. Nous indiquerons seulement les noms les
plus connus, ceux de MM. Debain, Alexandre père et fils,
Codhant, Müller, Dubus, Stein, Deminjoler, Acklin, Pelle-
rin et Jacquet, Julien-Jaulin.

La liste des récompenses fera connaître le nom des fabricants qui ont été distingués par le jury dans la partie des
autres instruments, comme violons, flûtes, instruments de
cuivre, etc. M. Sax a obtenu et méritait une brillante part
dans cette répartition.

CHAPITRE XXIII.

PRODUITS AGRICOLES.

*Pourquoi l'Exposition agricole a-t-elle été incomplète? Fautes
infiniment regrettables. — Animaux. — Bons effets des croisements.—Bêtes à cornes.—Bœufs d'engrais, bœufs de travail.
—Vaches laitières. — Système Guénon. —Chevaux. — Moutons. — Porcs. — Abeilles. — Production du sol. — Céréales.
—Légumes. — Racines. — Fleurs. — Ornements de jardin.
— Engrais.*

Personne plus que moi, certes, n'eût été heureux de se
trouver encore ici au sein d'une merveilleuse abondance, et
de n'avoir que l'embarras du choix parmi les plus habiles,
les plus empressés.

Si j'ai étudié quelque chose avec un entier dévouement,
non sans quelque succès peut-être, c'est le moyen assurément d'arriver à pouvoir multiplier, à étendre la richesse
agricole ; si je crois à un expédient humain capable de rendre la paix à mon pays, de donner la paix au monde, ce
moyen, je le trouve, avant tout, dans l'art précieux et honorable de cultiver la terre.

Malheureusement le cultivateur, en France, n'a pas compris l'importance de l'arène que la sollicitude du gouvernement nouveau venait de lui ouvrir ; au lieu de s'y précipiter,

d'y lutter bravement, il s'entête à se dire délaissé de tous, méconnu pour ses services; il tient plus que jamais à croire à un antagonisme qui n'existe pas, qui ne saurait exister entre l'industrie et lui. Que ne se persuade-t-il, au contraire, qu'ici doivent exister un lien, une foi, un but communs : témoin la Belgique, l'Angleterre, l'Écosse, où cette union de la puissance créatrice en toutes choses a produit de si étonnants effets.

Un autre souci fait encore ma peine : c'est celui de mon amour-propre péniblement froissé. Comment ! moi que les étrangers, empressés et tout fiers de leurs richesses, ont si souvent promené dans leurs exhibitions culturales, animales, horticoles, qu'avais-je à leur offrir en retour ?

Ami, me disait un de ces jours un Écossais, de cet air amical qu'on sait à sa nation si avenante, si intelligente, si hospitalière, pourquoi donc m'as-tu arraché à mes vertes montagnes, et encore à ce moment heureux où nous arrivent les rares beaux jours que le Ciel nous donne ? Ces stalles pour les animaux, ces tables pour vos moissons, ces murs d'où devraient pendre vos mille fruits, pourquoi sont-ils à peu près vides ? Que font donc vos cultivateurs dans leurs riantes campagnes ? Oh ! si nous avions, nous, leur soleil, leurs plaines fertiles, ces eaux abondantes qui peuvent les arroser presque partout, que de choses différentes de celles que tu as vues, et que tu voulais bien appeler des miracles, ne ferions-nous pas ! —Va, lui ai-je répondu, accuse, accuse plus fort encore, si tu le veux, mes compatriotes; sois tranquille, je ne les défends pas; autant que toi je les accuse, non pas précisément d'impuissance, mais de défiance, mais d'apathie, mais de découragement aussi. Par bonheur, ami, que nous sommes d'un sang qui aime et qui arrive tôt ou tard à prendre la revanche d'une défaite. Aussi ne nous juge pas trop rigoureusement, sans appel surtout.

Ceux que j'accuse plus particulièrement, ce sont ceux qui, n'étant pas industriels, devraient tout au moins s'attacher à se montrer des producteurs agricoles, lorsque surtout chez eux le ciel, le sol, leur goût, tout enfin les y convie. Ce reproche doit naturellement aller à l'adresse du centre et du midi de la France.

La Gironde, par exemple, si fière, et à si juste titre, de ses vins, pourquoi ne nous les a-t-elle pas adressés dans toute leur virginité et dans leurs mille variétés? Alors, du moins, forcés de se rendre à l'évidence, le jury d'examen, les mille organes de la presse, n'eussent pu faire autrement que de reconnaître, que de proclamer que ces fruits du travail méritaient, comme tous autres, plus d'intérêt, de liberté de circulation, de réelle protection.

Pourquoi, tout à côté de la Gironde, les eaux-de-vie de l'Armagnac, si méritantes par elles-mêmes et si adroitement dissimulées par le commerce, pour les employer plutôt à multiplier à bon compte les eaux-de-vie de la Charente, pour édulcorer les rudes alcools du Languedoc, ne sont-elles pas venues certifier de leur personne ce qu'elles valent et dénoncer le tort incalculable qu'on leur fait, nous dire la cause réelle de la misère du pays qui les produit? Le Gers, qui donne si largement cette précieuse liqueur, et qui aurait dû, s'il eût bien compris son véritable intérêt, fournir à lui seul cent exposants, nous en donne un seul, et encore ce seul exposant est-il un inventeur de machines...

Les Landes, si riches en lainages, en miel, en résines et goudrons, en vins de la Chalosse, l'honneur des coteaux de l'Adour, n'ont pas même un exposant. Je n'en trouve que deux dans le Lot-et-Garonne, lorsque ce département produit les meilleures farines de France, celles-là qui, sous le nom de *minot*, arrivent à traverser les mers sans la moindre avarie. Qui ne sait que c'est à ce même département qu'on doit des fruits très recherchés, des liéges extrêmement fins, des chanvres parfaits, les meilleurs peut-être que puisse trouver la marine?

Les Basses et les Hautes-Pyrénées, renommées par tant de produits divers, eaux-de-vie, vins, salaisons, lins très recherchés, bois aussi variés que précieux, marbres d'une richesse peu commune; ces deux départements n'ont que neuf exposants, et c'est l'industrie encore qui les absorbe tous les neuf...

Le Lot, qui devrait être fier de ses vins si remarquables par leur robe pourprée, leur spirituosité et leur facile conservation, n'a point d'exposants.

L'Ariége n'en offre pas davantage.

L'Aveyron, malgré sa richesse minéralogique, n'en compte pas quatre, pas un seul agricole.

Le département des Pyrénées-Orientales, en dépit de son heureux climat, de ses grands vignobles, n'en peut signaler que quatre non plus.

L'Hérault, dans des conditions plus favorables encore, n'en a que neuf, et rien pour la partie agricole.

Narbonne n'a pas daigné nous présenter un seul échantillon de ses miels, dont la réputation est cependant européenne.

La Provence n'a pas plus bougé que si elle ne produisait pas les meilleures huiles connues, les fruits les plus justement célèbres.

Les tabacs que le Midi produit et pourrait bien plus abondamment encore produire, le tabac que nous consommons, que nous achetons par dizaines de millions de l'étranger, eh bien ! pas une botte, pas une feuille ne sont venues se faire voir et nous demander de constater leur présence, leur réel mérite. Tout cela est étrange et dépasse toute croyance.

L'Algérie, cette France d'hier, a mieux fait du moins. Elle a tenu à nous montrer ses dattes, ses oranges, ses planches de liége séculaire, ses tabacs, ses huiles, ses cotons. Elle est fière de ce qu'elle fait ; elle a raison ; et cette leçon donnée par la simplicité arabe n'est pas la moins parlante, la plus mauvaise pour nous, nous que gâte trop souvent l'orgueil de notre vieille civilisation.

Au reste, ce ne sont pas les cultivateurs qu'il faut vouloir seulement trouver ici en défaut ; eux, pauvres moutons, si souvent et si ras tondus, qu'ils peuvent bien n'être pas toujours prêts à la lutte... Je m'en prends aussi, et non moins justement, à leurs bergers, qui devraient être et plus zélés gardiens et moniteurs plus clairvoyants.

Administrateurs de tous rangs, conseillers de toutes catégories, vous que le pouvoir, vous que l'urne avait chargés du soin d'éclairer ceux qui ne savaient, de stimuler ceux qui vous sembleraient marcher trop lentement, avez-vous rempli dans toute sa plénitude votre importante mission ? Pardonnez-nous d'en douter quelque peu.

De même que le général qui a du cœur et du patriotisme s'inquiète que, dans un jour de bataille, lui, ses soldats, son drapeau, puissent se trouver au plus fort de la mêlée, ne deviez-vous pas tenir, vous aussi, à ce que votre pavillon industriel vînt briller au premier rang dans ce riche palais des Champs-Élysées où tant d'autres se sont pressés et ont su s'illustrer?

Les grandes expositions des fruits du travail sont les batailles de l'industrie, qui font aimer la sainte paix, qui développent la puissance de l'intelligence, qui accroissent surtout si heureusement le bien-être des hommes, que les autres batailles, par une terrible nécessité, ne cherchent, au contraire, qu'à mieux foudroyer, qu'à plus complétement détruire.

Eh! mon Dieu, si quelque hasard eût fait découvrir à l'un de ces administrateurs, trop peu soucieux du développement de la véritable richesse, le plus petit filon de mine aurifère, n'eût-il pas bien vite annoncé au gouvernement, à nous tous, la nouvelle de son heureuse trouvaille? Et cependant les sables, même les plus riches de l'Oural et de la Californie, est-ce qu'ils vaudront jamais les trésors d'une terre féconde sur laquelle, lorsqu'on sait intelligemment la travailler, chaque printemps ramène la fertilité, chaque automne fournit sa moisson assurée? Et cette moisson, du moins, se fait au sein de la paix, avec le bienfait de la liberté, sous l'empire auguste des lois, tandis qu'ailleurs on ne s'enrichit guère que par la raison du plus fort, après des périls de tous genres, au milieu des passions les plus désordonnées, les plus corruptrices.

L'agriculture française, celle des départements méridionaux plus particulièrement, avaient trois importantes causes à plaider prochainement devant les grands pouvoirs de l'Etat : la question de l'impôt sur les boissons; la question capitale du crédit agricole et foncier; la question, non moins pressante à résoudre, d'une législation mieux entendue des irrigations. Combien n'importait-il pas alors de mettre sous les yeux de tous les preuves de l'intérêt immense que réclame leur situation! Cela valait bien mieux que cette agitation stérile qui finit par fatiguer ceux qu'elle obsède, que ces pétitions interminables, que ces chiffres tant répétés que personne ne lit plus.

Chers cultivateurs, bons camarades qui m'intéressez si fort ; pauvres départements méridionaux que j'aime tant, et que je dois naturellement aimer et défendre, puisque je suis l'un de vos enfants, vous avez commis une grande et bien regrettable faute ; et malheureusement ni vous ni moi ne pouvons aujourd'hui la réparer....

Mais pour l'avenir, du moins, sachez donc qu'il ne suffit pas, pour vous créer des temps meilleurs, d'avoir un beau soleil à admirer, un sol fertile à frapper du pied pour le faire produire, la parole facile et animée pour se faire écouter, la justice de son côté pour la faire promptement triompher.

Il faut encore, il faut surtout savoir se servir des armes de la froide raison, qui persuadent toujours mieux ; fournir des preuves qu'on ne puisse récuser ; penser plus souvent aussi à ce sage adage de nos pères :

Aide-toi, le ciel t'aidera.

J'en appelle donc à l'avenir de notre échec de ce jour ; et si j'ai tenu à le signaler, c'est que je veux en empêcher le retour. On reproche sans cesse à notre gouvernement de ne point savoir prendre l'initiative. Eh bien, il l'a prise ; et qu'a-t-on fait pour seconder sa patriotique pensée? Je sais bien quel est le côté faible de la mesure nouvelle. Je reconnais qu'à l'exemple du gouvernement belge, on eût mieux fait de retarder l'Exposition agricole jusqu'au mois de septembre pour la faire plus complète ; mais, telle qu'elle était déterminée, elle pouvait être beaucoup mieux qu'elle n'a été. Ce qui m'étonne et m'afflige surtout, c'est que les plus intéressés à la mesure n'en aient ni compris la portée, ni secondé l'élan.

Voyons maintenant la part des efforts louables ; constatons les succès obtenus ; prenons acte des espérances que nous semble promettre l'avenir.

— Parmi les établissements publics qui ont figuré le plus honorablement dans la belle galerie qui appelait notre richesse agricole, et qui n'a été que trop souvent veuve de l'ornement que le public, empressé et avide, courait chaque jour lui demander, citons d'abord le haras national du Pin, aussi bien que sa vacherie.

Joséphine, jument née au Pin en 1843, et la pouliche *Baya*, bête de deux ans, montrent ce que l'on peut obtenir du croisement intelligent de la race arabe et de la race percheronne. Nous avons vu ailleurs de ces essais, notamment chez M. de Brèves de Lancosme, habile éleveur du Berry, et l'un de nos écrivains hippiques les plus distingués, et nous avons toujours remarqué que c'était en cela peut-être bien qu'était le plus réel résultat en fait de croisement utile et approprié à nos besoins. Le sang arabe donne la vivacité, la finesse des formes, la beauté du regard, la noblesse des allures; la nature percheronne apporte, de son côté, le corsé, la force de résistance, la taille, la largeur du poitrail, les dispositions à une plus ample nourriture, nécessité de notre climat tempéré.

Il faut suivre les essais dans ce sens, les bien étudier, et arriver enfin à savoir ce qu'on peut, en définitive, s'en promettre.

Les essais faits sur la race bovine sont non moins intéressants. Ici il était naturel qu'ils portassent sur les races principales et si remarquables qui font la richesse de l'agriculture des Anglais.

La race de Durham est bien connue aujourd'hui. Son aptitude incontestable et sa précocité pour l'engraissement, ses dispositions bien reconnues chez les femelles pour l'abondance du lait, tout cela doit appeler au plus haut point l'étude et l'attention du cultivateur français.

Peut-être bien cette race est-elle moins apte au rude travail que nous exigeons, dans le centre et le midi de la France, de nos animaux de trait et de labour; sans doute que nous n'avons pas en tous lieux non plus cette abondance de nourriture que sa corpulence exige; mais, tout en faisant la part de ces circonstances, qui ont aussi leur valeur, il n'en est pas moins vrai qu'il y a ici beaucoup à prendre. Nous ne pouvons qu'indiquer en passant ces données, en invitant les intéressés à s'enquérir plus à fond des résultats obtenus, et engager aussi le gouvernement à les continuer.

On s'élève souvent, en France, contre les essais tentés en ce sens par nos établissements publics. On a tort, et en cela nous sommes parfaitement désintéressé dans la question. Nous sommes bien aise de faire comprendre seulement qu'on raisonne à faux, lorsqu'on s'appuie de l'exemple du gouvernement anglais, qui, en effet, n'a pas à s'occuper de ces détails, parce qu'autour de lui est une aristocratie puissamment riche, patriote et fort intelligente, s'occupant de ce soin, et s'en acquittant avec un rare bonheur. Mais, comme cette aristocratie n'existe pas chez nous, et ne saurait exister au milieu de nos institutions et avec nos mœurs essentiellement démocratiques, il faut bien qu'un autre pouvoir s'en occupe, et ce pouvoir, il n'y a que l'État qui, au nom de tous, puisse en avoir le soin, la charge, la sollicitude.

Quant à ceux qui douteraient de ces nécessités gouvernementales, nous les renvoyons à une étude plus suivie, plus approfondie des institutions anglaises, et nous ne doutons pas que, mieux informés, ils ne finissent par partager notre conviction et par vouloir ce que nous demandons. Qu'il y ait eu jusqu'à ce jour des abus commis, des faveurs faites à l'incapacité, eh! mon Dieu, nous ne le nions pas; mais est-ce une raison pour faire de ces institutions table rase? Non certes. Modifions ce qui est incomplet, améliorons ce qui est fautif; changeons les hommes si les hommes sont au-dessous de leur tâche; cela, c'est juste, raisonnable : mais, au nom du bien-être des citoyens, au nom de la fortune, de la puissance publiques, gardons-nous d'abattre les institutions, par cela seul qu'elles appartiennent au passé. La Suisse est assurément un pays très démocratique; eh bien, dans beaucoup de cantons, même les plus radicaux, notamment le canton de Vaud, je dirai que l'État intervient très positivement pour amener l'amélioration des meilleures races d'animaux. Ne soyons donc pas moins politiques et moins prévoyants que les autres pays.

Victory et *Tabarin*, appartenant à la vacherie du Pin, sont deux taureaux, deux types qui nous paraissent offrir de notables qualités; *Constance* et *Marquise*, vaches remarquables, sont faites pour donner de bons produits.

La race d'Hereford doit être, de préférence, destinée à nos

contrées du Centre ; celle de Devon pourra également bien faire dans les parties sablonneuses du Midi.

— Le haras national de Pompadour nous présente des poulains et des pouliches que les connaisseurs ont su apprécier à divers titres. Nous appliquerons à cet établissement les réflexions précédentes. C'est chose grave, très grave, nous le répétons, que la question des haras et de la production chevaline. Autant que personne, certes, nous aimons à ce que l'on soit bon ménager de la fortune publique ; mais, à côté de cette question, au-dessus même d'elle, se trouvent aussi et la question de défense publique, et les moyens de prépondérance, et les garanties d'indépendance du pays.

Les étalons de Saint-Cloud ont paru au Palais de l'industrie, et ils nous font sincèrement partager les regrets patriotiques de M. Vavin, liquidateur de l'ancienne liste civile. Puisse-t-on trouver l'expédient de conserver à la France ces beaux et précieux animaux, que les étrangers nous envient, et qu'ils s'empresseront, si l'occasion s'en présente, de nous enlever.

— M. de Torcy (Orne), M. Latache, à La Faye (Oise), nous ont présenté des chevaux et juments ayant de fort bonnes qualités. Nous noterons également les beaux étalons percherons de M. Rivière, dont deux paraissent destinés à passer en Égypte. Le gouvernement égyptien paraît vouloir faire le croisement que nous essayons nous-mêmes, et nous ne saurions que le féliciter de cette intéressante tentative.

— L'institut agronomique de Grignon, indépendamment de deux fort jolis taureaux qui se faisaient plus spécialement remarquer dans son exposition, doit être félicité pour l'introduction qu'il vient de faire de la jolie espèce de vaches de Schwitz ; elles sont, en général, bonnes laitières et faciles à nourrir.

— Une fort intéressante étude pour nous et pour le public, sans doute aussi, serait de pouvoir suivre et indiquer la marche adoptée par M. de Béhague (Loiret), pour ses croisements de la race Durham et de la race charollaise, l'une des meilleures assurément que la France possède. Nous recommandons cette étude au jury, qui aura et plus de temps pour examiner et plus d'espace pour en rendre compte.

M. de Béhague nous a présenté quatre animaux fort remarquables. Il paraît qu'il a fait ce que tout intelligent éleveur doit faire ; il les a suivis pas à pas dans leur développement, constatant l'augmentation de poids, notant leur dépense de nourriture, tenant compte, en un mot, de toutes circonstances propres à éclairer cette question encore tant controversée, et cependant si intéressante à résoudre, des meilleurs procédés à suivre, dans la voie ouverte par Backwell, et dont nous n'avons que trop tardivement, pour notre intérêt, compris la portée et suivi l'exemple.

O'Connel est un superbe animal, qui pèse aujourd'hui près de 1,000 kilogrammes. *Argus* nous a paru être un bon modèle de bœuf de travail. C'est vers cette destination qu'il eût été préférable de le gouverner. Ce qui est à noter, c'est que ces beaux animaux ont été élevés constamment à l'étable.

— Le Cher s'est trouvé dignement représenté par M. Auclerc, cultivateur à La Celle-Bruère, près Bourges. Voilà un de ces exposants que nous voudrions trouver épais dans nos départements, pour en remuer la croûte endurcie, frapper les yeux, convaincre les plus incrédules, montrer ce que l'on peut demander à la terre avec des bras, de la persévérance, un esprit juste, des goûts simples ; tout cela fortifié du noble désir de rendre quelque service à son pays, et de laisser à un fils son exemple de vie laborieuse à imiter, ses succès à poursuivre.

M. Auclerc avait six bêtes, qui nous ont frappé par leur caractère particulier. Toutes ont le même type, le *Durham-charollais*. Nos espérances, à leur vue, n'ont fait que s'accroître, sur le résultat qu'il y a à attendre de ce croisement. Les formes, la couleur, la peau de ces animaux révèlent trois qualités bien essentielles : une précocité extraordinaire, l'aptitude bien caractérisée au travail, les vraies dispositions à un prompt et facile engraissement.

Cet habile cultivateur a un autre mérite que celui que nous venons de signaler : c'est celui encore d'une culture intelligente et qui l'a mis à même de pouvoir entretenir plus d'une grosse tête de bétail par hectare, en variant ses récoltes, en obtenant à la fois des céréales, des fourrages variés, des racines en abondance. L'opinion de ses voisins, comme cela arrive toujours, a été un moment incertaine sur les résultats: aujourd'hui que des faits nombreux certifient en faveur de sa théorie, il fait, pour ainsi dire, école autour de lui, on l'imite volontiers, et le jury bien informé ne pourra que vouloir récompenser brillamment sa constance et ses succès.

Les revers ne sont que trop communs en agriculture, pour que nous ne tenions à tâche de mettre en saillie les hommes qui tentent de marcher et qui savent réussir.

— M. Lesenne de Floberville (Seine-Inférieure) a un croisé *Durham - Cotentin* qui annonce de fort belles qualités. M. d'Herlincourt, dans le Pas-de-Calais, se montre intelligent et heureux éleveur. M. Dutrône soigne avec succès la race des *courtes cornes*, bien connue et préférée dans plusieurs cantons de l'Angleterre et de l'Écosse.

— M. Guénon nous a présenté des preuves de la bonté de sa théorie. Elle a pour but, comme on sait, de pouvoir reconnaître, par des signes extérieurs, la puissance lactifère des vaches. Ces signes sont représentés par des *médaillons de poil à rebours*, s'étendant de la racine de la queue jusqu'au bas des mamelles. Ces médaillons se divisent en classes, et leur forme et leur étendue composent l'échelle de la valeur lactifère des animaux. M. Guénon a voué sa vie au perfectionnement et à la diffusion de son système. L'Assemblée législative est déjà saisie de la demande d'une récompense publique en sa faveur. Nous pensons que ce sera faire justice que de sanctionner cette équitable mesure.

— M. Cremet, de Couëron (Loire-Inférieure), avait un taureau qui ne laissait rien à désirer pour la perfection de ses formes : c'est le type du vrai travailleur, comme force, agilité. M. Fauville, de Néville (Nord), doit être mentionné pour son taureau de race croisée hollandaise. Le taureau de M. Gaubert, dans Eure-et-Loir, est un bel animal.

— En fait de béliers, M. Graux, de Mauchamps, doit être mis en première ligne, pour sa race particulière, avec M. Lecreps, qui a de magnifiques croisés mérinos.

— Quelques porcs croisés, anglo-chinois, étaient à noter. Sous ce rapport, indiquons les produits de M. Millet, de Saint-Avertin (Indre-et-Loire), de M. Boissy de Bois-Gaillard, de M. Bartholomon (Seine).

— N'oublions pas l'industrieuse famille des abeilles. MM. Daix-Debauvoys, Sauria, Demainville, Bir, s'occupent d'elles et de leur bien-être avec un zèle et un succès infiniment louables.

— Nous n'aurons que bien peu de chose à dire sur l'exposition de la culture ; et cependant cette partie, soignée comme elle méritait de l'être, eût été pour tous d'un immense intérêt. Il faut espérer que l'on finira par comprendre en France, comme on l'a fait ailleurs, ce que les céréales, la pomme de terre, les racines, les fourrages, présentent de curieux et d'avantageux dans leurs belles qualités, dans leurs variétés, dans leurs transformations, leurs perfectionnements bien entendus.

— Signalons d'abord une collection de céréales formée par les soins de M. Pâquet. Elle est fort intéressante. Son auteur est malheureusement mort tout récemment, et ses héritiers seuls recevront la récompense qui sera assurément accordée à ses longs et utiles travaux. Comme horticulteur, M. Pâquet avait aussi rendu de notables services.

— M. Bazin père, au Ménil-Saint-Firmin (Oise), a obtenu une variété de blé qui n'est point sans intérêt, et qu'il importe d'étudier sous le point de vue du rendement comme sous celui de ses qualités nutritives.

— Les céréales en pied et en épis de MM. Dusseau père et fils, à Saint-Ouen, près Paris, nous ont frappé par leur puissance de tallage, la longueur et le bien fourni des épis, la grosseur du grain. Nous avons voulu savoir à quoi pouvait tenir cette notable exubérance; nous avons appris que ces cultivateurs en attribuaient le mérite à l'emploi d'un engrais particulier. Il serait très intéressant de le connaître ; car c'est à faire pâlir M. Bickès, qui nous vante depuis longtemps les vertus de son merveilleux talisman, sans toutefois jamais en mettre sous nos yeux les effets. MM. Dusseau, du moins, sont plus hardis, et nous les en félicitons.

On connaît quelle est notre réserve en fait de procédés encore en travail d'enfantement; aussi ne pouvons-nous faire autre chose ici qu'engager MM. Dusseau à poursuivre leurs essais et à tâcher de nous en montrer les résultats en grand. Les cultivateurs ne sont pas aussi incrédules qu'on le leur reproche ; seulement ils ne se contentent pas de promesses; et en cela nous ne saurions les blâmer.

— Remercions M. le président du comice agricole de Fontenay (Vendée) de l'envoi de ses chanvres et lins; les qualités en sont belles : bien d'autres cultivateurs eussent dû imiter ce patriotique exemple. Nous l'avons déjà dit, les lins et chanvres devraient être l'une des plus importantes branches de notre industrie agricole.

— Nous regrettons de n'avoir aucun détail à donner sur le chanvre colossal de la Chine exposé par M. Garnier-Savatier, de Marseille. Cependant cela en valait la peine.

— On nous a fait l'éloge du nouveau fromage de M. d'Huicques, de Betz (Oise), qui a aussi des instruments agricoles bien exécutés.

— Une fort heureuse idée a été celle d'ajouter une exposition horticole aux produits de l'industrie et de l'agriculture. Un peu faible en commençant, elle s'est heureusement développée, et elle a été fort goûtée du public.

C'est à regret que nous ne pouvons lui consacrer que fort peu d'espace ; mais nous mentionnerons tout au moins ce qu'elle nous a offert de plus important.

— La Société centrale d'horticulture a fourni des légumes fort beaux, fort variés, notamment des patates. Elle a pu présenter aussi deux fruits énormes de bananier qu'un amateur lui avait adressés.

— Le jardin de l'école de médecine, habilement dirigé par M. Lhomme, a exposé une précieuse collection de plantes de serre chaude, notamment un pied d'ipécacuanha. Tout le monde a admiré les grands arbres qu'a envoyés le Jardin des Plantes. Parmi les plantes rares se trouvait un pied de vanille.

— M. Hardy, jardinier en chef du Luxembourg, a payé son tribut en arbustes.

— Les jardins de Neuilly et de Monceaux ont fourni des plantes de garniture qui ont beaucoup ajouté à l'ornementation.

— Le Jardin d'hiver, en bon voisin, a fait l'offrande de quelques-uns de ses beaux arbustes.

— Parmi les horticulteurs et les amateurs, nous avons de

nombreuses et fort honorables mentions à faire. Citons les pélargoniums et les calcéolaires de M. Boudoux, plantes charmantes, presque nouvelles et qu'on a beaucoup admirées ; la riche collection de verveines de M. Dufoy ; les alstroémères de M. Anée, plantes curieuses venues du Chili ; les pivoines nombreuses de M. Guérin avec ses iris ; les roses et les orangers de M. Jamain ; les azaléas, les éricas, les charmantes bruyères de M. Michel ; les rosiers en pots, le lolium lancefolium album et rubrum de M. Payet ; les renoncules de M. Kesel (du Calvados) ; les pélargoniums et la nombreuse collection de conifères de MM. Thibaudt et Keteler ; les dahlias de MM. Guénot et Mezari, de Puteaux.

— M. Verdier père et M. Verdier fils, MM. Dubos frères, méritent nos éloges pour leurs collections de roses coupées; M. Bacot pour ses roses trémières. M. Croux doit être distingué pour l'envoi de ses arbres en pots et ses roses trémières. M. Dubos ne pouvait nous manquer pour les œillets de fantaisie et flamands.

— MM. Jamain et Durand ont présenté une importante collection d'arbres fruitiers, tels que pêchers, pruniers, abricotiers, ainsi que de beaux modèles de fruits en cire.

— M. Leroy (d'Angers) a bien voulu nous envoyer une collection bien choisie d'arbres et arbustes, surtout des magnolias fort beaux.

— M. Pescatore, grand amateur d'horticulture, doit être complimenté pour ses orchidées et ses liliums. M. Bertin, de Versailles, a eu de beaux rhododendrums et azaléas. Madame Frépel a fait un bon envoi de poincianas, de petunias et mignardises ; de beaux géraniums et calcéolaires appartenaient à M. Chauvière. M. Celz était en vue par une grande collection de plantes de serre chaude. M. Louis Noisette avait des fuchsias et rosiers. Citons encore, pour une collection d'amaryllis, M. Turlure, et M. Pellé pour une collection de plantes de pleine terre fort curieuse. Les légumes de M. Godat, de Versailles, ne sont pas à oublier.

— Les gourmets doivent remercier MM. Graindorge et Gauthier de leurs variétés de fraisiers ; M. Barré, de Bougival, de sa couche de champignons ; M. Leclère, à Groslin (Seine-et-Oise), pour ses ananas. Nous serions très fâché d'oublier l'intéressant semis de pommes de terre, de 1846 et 1847, de M. Johnson. Nous devons mentionner également l'obligeance qu'a mise M. Chevet à orner la galerie de fort beaux fruits : ç'a été la partie faible de l'Exposition. Les Bruxellois, à pareille heure, il y a un an, étaient bien autrement riches que nous.

— Il est de toute justice de remercier M. Forest, horticulteur, du zèle et de l'intelligence dont il a fait preuve pour monter, entretenir, ordonner en toute chose cette intéressante partie de notre Exposition. Nous le mentionnerons aussi pour des fruits conservés avec un rare bonheur.

— C'est le lieu encore de dire un mot des ornements de jardin que renfermait pour montre et pour l'agrément du public la galerie de l'horticulture. Nous citerons M. André pour la grande fontaine et plusieurs vases; M. Tronchon pour les siéges; M. Denel pour divers objets d'ornement ; mademoiselle Lefebvre pour ses châssis en fonte; M. Garnot fils, pour objets en pierre factice et terre cuite.

Des fleurs aux engrais, la transition est plus naturelle qu'il ne le semble d'abord, car la plupart des fleurs demandent beaucoup et de bons engrais.

La variété des engrais composés de résidus divers n'était pas grande à cette Exposition. On nous en promet plutôt qu'on ne nous en donne. Cependant, que l'on se persuade bien que l'on ne saurait trop nous en offrir. MM. Legras, Chaussenot aîné, Ledoyen, Dusseau, se disent sur la voie d'en pouvoir créer de puissants, d'un facile transport, d'une dépense peu coûteuse ; soit : mais plutôt que de promettre, qu'ils marchent bien vite. Ils sont attendus.

En ceci, par exemple, nous espérons assez bien de l'esprit positif et en même temps entreprenant de M. Fouché-Lepelletier. Personne plus que lui n'est en mesure de s'occuper des engrais chimiques, au moyen des résidus divers qui lui restent de sa vaste fabrication. De Javel, qui touche à la Seine, les engrais peuvent économiquement circuler en amont et en aval de la rivière; et c'est là un grand avantage.

Paris, de son côté, offre une matière première heureuse : le sang des abattoirs, les urines des grands établissements, les os, le cuir, les poils, toutes parties animales qui, jointes aux parties salines, ne peuvent que composer un ensemble riche en principes fécondants et ayant surtout l'avantage, comme l'a très bien démontré M. Payen, de ne se décomposer que lentement et de procurer au cultivateur une immense économie sur les frais de transport. A l'époque des ensemencements, où il importe tant de ménager le temps des hommes et des animaux, l'emploi des engrais concentrés a une incontestable supériorité. C'est sous ce rapport aussi que les Anglais les estiment tant et que l'usage chez eux en devient de jour en jour plus considérable.

M. Fouché-Lepelletier fournit déjà diverses sortes d'engrais, notamment le phosphate de chaux, résidu de la fabrication de la gélatine; le sulfate et l'hydrochlorate d'ammoniaque, engrais essentiellement azotés; les cendres de soude factice, le sulfate de soude, excellent moyen de perfectionner le chaulage du blé pour l'ensemencement.

En fait d'engrais, nous ne sommes nullement exclusif. Nous croyons à chacun d'eux quelque mérite. L'important, c'est de veiller à les employer avec intelligence, en temps opportun, avec mesure.

Mais quant à leur nécessité, elle est indispensable; et c'est parce qu'ils n'en sont jamais avares, que les Belges et les Anglais ont un rendement de toutes récoltes que nous ne connaissons pas et que nous n'obtiendrons même jamais si nous n'avons hâte et le bon sens de vouloir, en cela, d'abord les imiter.

Comme moyen curatif du mauvais état des arbres et des récoltes, car les végétaux ont aussi leurs maladies, on s'est déjà bien trouvé de l'emploi du sulfate de fer (vitriol); aussi disons-nous que les mines de Bouxwiller (Bas-Rhin) le fournissent à un prix excessivement modéré.

CHAPITRE XXIV.

INSTRUMENTS DE CULTURE. — INSTRUMENTS ET MACHINES D'ÉCONOMIE RURALE.

Pour faire une agriculture prospère il faut, non seulement

des bras, des animaux, de la terre, mais encore des instruments, des machines; voyons donc ce que l'Exposition nous offre en cela d'intéressant.

Nous dirons d'abord que nous ne sommes nullement de ceux qui s'extasient devant le nombre, la nouveauté, l'originalité des instruments propres à la culture. Une ferme ne nous a jamais semblé devoir être un musée, un conservatoire. A cet égard, nous préférons le principe de l'utilité, de la simplicité. Une bonne charrue, une herse bien entendue, un rouleau de 20 fr., un extirpateur, une houe, voilà pour les champs; une machine à battre, un tarare, un trieur, un hache-paille, un coupe-racine, une baratte, voilà pour la grange, le grenier, l'écurie, l'étable; de rares accessoires que tout le monde devine auront bientôt complété l'agencement rural.

—A qui maintenant, d'entre nos fabricants qui sont venus honorer notre Exposition, donner la préférence? Voilà ce que nous allons tâcher de dire.

Charrues. — C'est un procès qui n'est pas encore jugé que celui entre la charrue à avant-train, et l'araire ou charrue simple. La bourse du cultivateur, les habitudes des pays où l'on cultive, la nature du sol, tout cela doit être pris en grande considération. Il est juste de reconnaître, toutefois, que, malgré la préférence donnée à l'araire par Mathieu de Dombasle, la charrue à avant-train est, dans bien des cas, préférable et pour l'aisance de la conduite et pour la régularité du travail.

Le nombre des charrues admises à l'Exposition est assez considérable. Beaucoup d'entre elles n'ont rien de nouveau; quelques-unes ont bien du défectueux que le public spécial qui parcourt cette partie des galeries nous a semblé assez justement apprécier pour nous dispenser de le mentionner.

Nous nous contenterons de dire que nos fabricants devraient savoir qu'ils n'ont guère de chances de succès, à courir après l'espérance de faire goûter les instruments réunissant avec effort deux et trois socs, pas plus que les versoirs de rechange. Ces choses ne sont pas nouvelles, et le temps et un continuel insuccès semblent en avoir fait justice.

— Parmi les charrues du meilleur modèle, nous mettons celle de l'établissement de Grignon, dont les autres instruments se distinguent aussi par leur solidité leur simplicité.

— M. Bodin, d'Ille-et-Vilaine, déjà remarqué à la précé‑
dente Exposition, le sera également cette année pour les
bonnes conditions de ses charrues. Nous pensons seulement
que ces instruments, surtout utiles, par leurs larges propor‑
tions, pour les terres très fortes et les défrichements, méri‑
teraient d'être montés sur un avant-train. Nous en avons
vu fonctionner de ce modèle pour de vastes défrichements
dans les parties centrales de la France, mais toujours avec
la modification que nous conseillons ; sans cela, le soc se
déplace trop facilement hors du sillon ; le laboureur a alors
beaucoup trop de peine à reporter son instrument au point
qu'il a quitté et à faire reculer ses animaux. Le sabot belge ne
saurait non plus remplacer avec le même avantage les roues.

— Un système de charrue qui, pour l'heureuse disposition
du soc et du versoir, nous a paru devoir être particulièrement
distingué, c'est celui de MM. Talbot frères, du département
du Cher. Nous ne nous étonnons point de la vogue qu'elles
paraissent avoir dans le voisinage de leur fabrication ; nous
conseillons même à beaucoup d'exposants de prendre modèle
là dessus. Le prix du n° 3, qui est celui exposé, est de 90 fr.
C'est un prix convenable, d'autant mieux que l'avant-train
peut user plus d'un corps de charrue. Le fer y est employé
dans une juste mesure, mais pas exclusivement, et à cet
égard nous ne nous en plaignons pas. L'emploi du fer est
plus permis en Angleterre que parmi nous, à cause de son
bon marché excessif. Nos fabricants ne prennent pas cette
condition en assez sérieuse considération ; aussi nous font-ils
des instruments hors de prix, lorsqu'ils tiennent trop rigou‑
reusement à copier le système des Anglais.

— Parmi les instruments assez nombreux qu'il nous pré‑
sente, M. Libert (d'Eure-et-Loire) a quelques bonnes charrues
avec et sans avant-train.

— La charrue champenoise de M. Berge, avec son levier
d'arrière pour régler la profondeur du labour, sans déranger
le laboureur et la marche de l'instrument, renferme une
bonne idée, si surtout elle n'a pas pour effet de trop affaiblir
la force de résistance du corps principal : c'est ce que l'expé‑
rience seule doit apprendre.

— Nous ne pouvions laisser passer sans la bien examiner,

et tâcher de l'apprécier, la charrue *fouilleuse* de M. Pillier, constructeur à Lieusaint (Seine-et-Marne) : elle paraît avoir très honorablement figuré déjà dans divers concours. Son but est de percer les sous-sols ou tufs imperméables, et de défoncer le sol jusqu'à la profondeur de 40 centimètres, sans ramener la terre remuée à la surface. Dans bien des localités, ce doit être un précieux instrument, s'il fonctionne bien. Nous avons été surpris seulement que le soc employé fût en fonte;

— La charrue de M. André Jean est depuis longtemps et très honorablement connue.

Herses et rouleaux. Il y a quelques herses qui se distinguent notamment par leur force et leur largeur, et nous ne les en félicitons pas. Nous aimons beaucoup mieux, comme font les Beaucerons, voir un laboureur conduisant plusieurs chevaux et plusieurs herses, aplanissant légèrement le sol, qu'un énorme instrument péniblement traîné par plusieurs bêtes affaissant la terre nouvellement remuée, et gâtant ainsi les bons effets d'un premier travail.

Un regret que nous avons souvent éprouvé et qui se renouvelle ici, c'est que tout fabricant d'instruments ne soit pas quelque peu cultivateur. Ces industriels s'épargneraient par là bien des bévues et des dépenses inutiles.

—Ce que je dis de la herse s'applique avec une égale raison au rouleau. Sans doute c'est un avantage que de pouvoir écraser, en certaines circonstances et sur certains sols, de trop fortes mottes; mais ne paye-t-on pas, d'un autre côté, un peu cher ce résultat, en tassant le sol et en fermant la croûte supérieure aux influences si précieuses de l'air, de la lumière? Un remède bien plus puissant que le rouleau pour corriger le mal des grosses mottes, c'est de faire avec intelligence et à propos ses labours, et ne pas attendre la trop forte sécheresse. Pour certains sols très argileux, c'est à l'hiver et aux gelées à en faire fondre les plus grosses aspérités. Pour cela, on a le soin d'ouvrir les terres en octobre et novembre : c'est ce que les Belges et les Anglais font plus particulièrement pour leurs terres des polders.

L'un des plus puissants rouleaux de l'Exposition, entièrement en fonte et du prix énorme de 800 fr., nous est présenté comme comprenant dans ses avantages celui de détruire le

ver blanc. En avançant une pareille prétention, l'inventeur
nous prouve seulement qu'il connaît bien peu l'histoire naturelle du dangereux insecte ; lui qui vit enfoncé tranquille-
ment en terre à 20 et 30 centimètres de profondeur, on ne
l'écrase pas à la mode de l'escargot. Au reste, puisque nous
y sommes, nous pouvons indiquer un moyen bien plus à la
portée de tout le monde que celui de ce fameux rouleau compresseur ; nous l'avons employé souvent, non sans avantage :
c'est au dernier labour, en mai, époque où le ver remonte
pour chercher sa nourriture, qu'il faut songer à faire suivre
la charrue par une femme munie d'un panier. Le nombre
d'insectes qu'une ouvrière attentive peut ramasser dans sa
journée est parfois considérable, et la dépense bien minime.

— Le rouleau également fort pesant et armé de puissantes
dents de fonte, de M. Henri Proux, se justifie, selon lui, par
son utilité à permettre l'ensemencement des céréales en temps
pluvieux, sur certaines terres. Ces terres paraissent encrasser
tellement les autres instruments, soit herses, soit rouleaux,
que les grains sont très difficiles à couvrir. Cela peut être
vrai pour quelques terrains ; mais l'exception ne fait ici que
confirmer la règle. Ce rouleau, surmonté d'un semoir à hé-
lices de fil de fer, est fort ingénieux.

Extirpateurs. L'usage de l'extirpateur, si généralement
employé en Angleterre et en Écosse, commence à se répandre en France, et nous nous en félicitons. C'est un instrument fort commode et très expéditif pour tenir les terres en
bon état et en haleine. Il fait au moins la besogne de quatre
charrues, et bien souvent son travail est tout aussi avantageux qu'un labour. Malheureusement on maintient parmi
nous cet instrument à un prix trop élevé : on parle toujours
de 300 francs, 350 francs. C'est trop cher, beaucoup trop cher.
En mêlant davantage le bois au fer, surtout pour les traverses, l'on devrait pouvoir produire un extirpateur ayant
toutes qualités à moins de 200 francs ; à ce prix nous le con-
seillerions à tout bon cultivateur.

— L'extirpateur de M. Maxime Lemaire, d'Essuiles-Saint-
Rimault (Oise), si ce n'était sa cherté, 290 francs, nous semble
établi dans d'irréprochables conditions. Il a neuf socs. Il est
porté sur quatre roues. Celles de derrière ont 70 centimètres

de diamètre, celles de devant 41 centimètres seulement. Nous préférons le système des deux roues à une seule, sur le devant; la manœuvre en est plus facile et moins sujette aux dérangements. En Angleterre, dans les extirpateurs, le conducteur peut d'ordinaire, au moyen d'une manivelle et sans se déranger, gouverner l'entrure de l'instrument; cela a son avantage.

Si M. Lemaire pouvait arriver à adoucir le prix de son instrument, il aurait, selon toutes les probabilités, un succès de débit qu'il n'a assurément pas aujourd'hui. Il y a plus de bénéfice à placer dix et douze instruments que trois à quatre.

—Nous avons pris note aussi de l'instrument de M. Desert, de Bannille (Seine-Inférieure), dont nous regrettons de ne pouvoir indiquer le prix. Il n'a que sept socs.

Machines à battre. Nous n'aimons pas, on le sait déjà, les superfluités agricoles. Cependant, malgré son prix élevé, ses embarras d'entretien, ses difficultés de conduite, nous plaçons, comme une des nécessités du bon agencement d'une exploitation, la machine à battre.

C'est avec elle seule que le cultivateur peut savoir assez à temps ce qu'il possède de récolte utile, fournir à propos les marchés voisins, éviter le ravage si destructeur du grain en meule par les rats, les insectes surtout; se dérober au gaspillage des batteurs, des domestiques, des ouvriers de toutes sortes, de sa femme souvent, qui toute bonne ménagère qu'elle croit être, s'occupe bien plus du bon état des animaux de sa basse-cour que de la nécessité de remplir la caisse de la communauté, qui doit avant tout payer le prix du fermage par les gros versements qu'elle fait rentrer.

Aussi, dans tous les pays avancés en culture, comme l'Angleterre, la machine à battre est l'instrument de fondation. Il n'est pas rare même que ce soit une machine à vapeur qui en soit le moteur.

En France, l'on commence, et l'Exposition en est la preuve, à comprendre quelle est l'utilité de cet instrument. Aussi allons-nous lui donner quelque attention.

Nous ne nous dissimulons pas toutefois qu'il n'y a guère que le jury qui puisse s'assurer, par quelques expériences, des avantages que chaque inventeur se plaît naturellement à prêter à son œuvre. Et encore le jury, à cette saison de l'année, ne pourra-t-il que difficilement arriver aux essais désirables.

Enfin usons des données que nous ont fournies et notre propre inspection, et les communications de MM. les exposants, pour guider le mieux possible les acheteurs à venir.

— La machine de M. Libert est déjà avantageusement connue non loin de Paris. Manœuvrée par deux chevaux, elle peut battre en moyenne cent gerbes à l'heure. Il nous semble difficile, toutefois, à la dimension des pièces et à la force des engrenages, que deux chevaux puissent aisément suffire à un travail journalier de neuf à dix heures. La longueur des rouleaux d'engrenage doit également rendre le service d'un seul homme bien pénible pour fournir abondamment la machine. Ceux qui ont essayé cette machine paraissent se féliciter de sa simplicité, de la manière achevée dont elle dépouille les épis, du bon état dans lequel elle rend la paille. Cette dernière condition est surtout heureuse pour les environs de Paris.

Nous regrettons de ne pouvoir déterminer le prix de cette machine.

— La machine de M. Duvoir nous présente un manége parfaitement établi : ce n'est pas là l'une des moindres conditions à rechercher. La meilleure des machines n'ira pas bien si elle n'est pas secondée par le bon engrenage du manége. MM. Rosé et Laurent, Mettelette et compagnie, appelleront sans aucun doute l'attention du jury. Il nous semble, par exemple, difficile et même assez dangereux de faire battre à une machine 350 gerbes à l'heure.

— Les cultivateurs qui tiennent à l'économie, et lui préfèrent l'opération du battage, moins complète, peuvent recourir à la machine de M. Groslay fils. Il la livre sans ventilateur et tarare, donnant ainsi le produit battu comme le donne le fléau. Cette machine, qui peut battre 100 gerbes à l'heure, est du prix de 700 fr. Elle est, dans sa simplicité, peu susceptible de dérangement, et son manége est bon ; deux chevaux la font facilement mouvoir.

— La machine de M. Henri Proux se distingue de ses voisines par un avantage qui lui est tout particulier. Elle est transportable et montée sur roues. Comme elle nous rappelait le système que nous avons pu voir souvent chez les Anglais, nous l'avons soigneusement examinée, et elle nous a paru réunir d'incontestables avantages. Le batteur est fortement établi, et c'est la condition importante. Le râteau et le ventilateur sont armés chacun de quatre ailes. La machine peut également s'asseoir sur le sol ou sur un cours d'eau.

Les prix de M. Henri Proux n'ont rien d'exagéré. Suivant que la machine est portée sur un roulage à deux roues ou à quatre comme un chariot, elle coûte de 12 à 1,500 francs. Sans roulage, elle est cotée 1,000 francs, et 800 francs sans nettoyage.

MM. Libert et Proux présentent aussi des machines à nettoyer la graine de trèfle. Ces machines ingénieuses évitent au cultivateur une grande perte de temps. Elles peuvent, suivant la force des moteurs, nettoyer 20 à 25 kilogrammes de graine à l'heure. En cotant 400 francs ces machines, c'est, malgré leur nouveauté, en rendre le placement un peu difficile.

Hache-paille, coupe-racines, tarares. — Le tarare est le compagnon indispensable de la machine à battre ; celle-même qui est la plus complète, la plus parfaite, donne un grain qui demande à être repassé avant que d'aller au marché ou chez le boulanger.

Nous recommandons les tarares de MM. Poly-Labesse, Seigneurie père et fils, Rosé et Laurent.

— Le coupe-racines de Grignon, dont les couteaux sont montés sur un cylindre conique, nous parait l'un des meilleurs de l'Exposition.

— Comme objet d'économie domestique, nous signalerons l'excellent crible et le hache-paille de M. Quentin Durand ; les plus grands établissements de Paris emploient ces deux instruments dans leurs écuries et se louent très fort de leurs services. M. Quentin Durand est le doyen de nos constructeurs d'instruments agricoles et horticoles; il n'en est pas moins actif pour cela, et toujours esprit inventif.

— M. Cambray père mérite toujours que l'on mentionne plusieurs de ses instruments, notamment son coupe-racines.

à disque, sa machine à concasser les grains pour les bestiaux.
Nous nous en voudrions beaucoup si nous venions à oublier
son ingénieuse petite machine servant à monter les sacs à
dos d'homme. Nous avons été trop souvent le témoin de l'effort que font les hommes faibles ou peu adroits en soulevant
un sac de grain ou de farine, pour ne pas nous féliciter qu'on
ait songé à remédier à cet inconvénient. Si cette machine
n'est pas trop chère, elle devrait entrer dans toute ferme bien
organisée, et trouver, tour à tour, sa place dans la grange,
dans le grenier.

. — Si nous mentionnons les moulins à bras, c'est pour tâcher d'arriver à faire comprendre à leurs auteurs que la facilité des communications, les progrès de la haute mécanique,
les prévisions du commerce, l'extension, à toutes choses, de
la vapeur comme moteur, rendent aujourd'hui ces machines
à peu près inutiles. Et quand bien même en cela l'on arriverait à créer une merveille d'art, ce serait peu de chose encore, car, indépendamment du grain et du moulin, il faut
le *farinier*. L'art de la mouture est l'un des plus longs, des
plus difficiles à apprendre : comment espérer alors tirer un
parti avantageux d'un petit instrument qu'on nous présente
toujours comme la providence des campagnes?

 — Nous traiterons plus sévèrement encore le rouleau batteur armé de fléaux. Quel est donc le bon travail qu'il est
capable de produire? Nous comprenons difficilement le jury
départemental ayant admis cette informe machine renouve-
lée du moyen âge.

Le temps et l'argent sont véritablement choses trop précieuses pour les gaspiller à produire de si impuissantes créations.

CHAPITRE XXV.

INSTRUMENTS DE CULTURE. — INSTRUMENTS D'ÉCONOMIE
RURALE. (*Suite.*)

Trieur Vachon. — Machine à pulvériser les os et le plâtre. —

Parc transportable. — Appareil de désinfection et de trans-
formation de matières de vidange en engrais. — Outils de
sondage et de forage des puits artésiens.

Au premier rang des articles dont la nouveauté a pris
rang depuis la dernière Exposition, nous plaçons à juste
droit l'ingénieuse machine de MM. Vachon père et fils, de
Lyon, et qu'ils ont nommée TRIEUR. Elle a pour but le nettoyage des grains.

Assurément, l'idée d'arriver à un semblable résultat n'était
pas nouvelle. Nous avions, au contraire, et depuis longtemps, des cribles de toutes sortes, des épurateurs, des ven-
tilateurs ; mais difficilement on arrivait à la perfection que
MM. Vachon semblent avoir atteinte, pour ainsi dire, du premier jet. Utile partout, le TRIEUR le sera plus particulièrement à la France ; car nulle part il n'y a, croyons-nous, dans
nos campagnes surtout, plus de négligence et de véritable
incurie à préparer les grains pour les rendre avec profit à
la terre.

Nous nous sommes trouvé à l'époque des ensemencements
dans l'intelligent pays d'Écosse, et là, du moins, nous avons
été l'heureux témoin du soin infini que l'on prend pour se
procurer les meilleures semences possibles. Le blé le plus
gros, le plus pur, se vend 3 et 4 fr. par hectolitre de plus
que le blé courant ; et c'est même là l'objet d'un commerce
considérable en octobre et novembre, dans le comté d'Édim-
bourg et comtés environnants. En Belgique encore, où les
cultivateurs sont si soigneux, la plupart d'entre eux poussent leur sollicitude, à défaut de bons ustensiles, jusqu'au
triage *à la main.*

La France, malheureusement, n'a rien de tout cela.

Nous croyons inutile aujourd'hui de nous occuper de la
description de la machine Vachon ; elle a eu le suffrage éclairé,
complet, de MM. Moll, de Gasparin, Boussingault, Séguier,
Pommier. De telles autorités entraînent un jugement trop
définitif pour que tout le monde ne s'empresse pas de
l'accepter.

Il est, toutefois, un reproche que nous ferons à MM. Vachon, et nous sommes d'autant plus hardi à le faire qu'il est

complétement étranger aux avantages du système nouveau ;
il regarde le prix des machines.

Qu'un grand commerçant en grains, qu'un riche industriel, comme le sont les boulangers des grandes villes, la plupart des gros meuniers, soient obligés de débourser 1,200 fr.
pour avoir à leur disposition le grand trieur cylindrique, qui
expédie soixante à soixante-dix hectolitres par jour, rien de
mieux ; ils peuvent faire ce sacrifice, car il est bientôt regagné.

Mais il n'en est pas de même de nos cultivateurs qui, pour
la plupart, sont déjà obérés, plient sous le faix. Pour eux,
275 fr., prix du moyen appareil, pouvant trier vingt à vingt-
quatre hectolitres, seront toujours une forte dépense, et à
laquelle ils se décideront difficilement. Cela nous est pénible
à penser, car c'est avant tout dans les fermes que nous voudrions voir se répandre la nouvelle, l'excellente invention,
la seule qui jusqu'ici ait bien su débarrasser le blé de la
graine à *forme ronde.* Et c'est à cette espèce de graines qu'appartiennent la nielle, la vesce, ces pestes du bon grain pour
le marché, le moulin, l'ensemencement surtout.

Nous invitons par cela même MM. Vachon à se relâcher
un peu de leurs prétentions. Il nous semble qu'au moyen de
l'emporte-pièce, ils peuvent établir une machine à de meilleures conditions, tout en retirant la juste rémunération de
leur travail.

—Le plâtre, les os pulvérisés, sont deux substances également précieuses pour l'agriculture. Il faut dès lors savoir très
bon gré à l'industriel qui s'occupe d'en populariser l'emploi,
d'en diminuer le prix de revient.

Nous trouvons au Palais de l'industrie, sous le nº 2421,
une machine qui, sous ce double rapport, a dû fixer toute
notre attention. Si réellement elle n'exige que la force d'un
cheval ou d'un bœuf de force ordinaire; si elle peut suffisamment pulvériser les os crus, le plâtre cuit ou non cuit,
par dix hectolitres à l'heure, comme on l'annonce au minimum ; si cette machine ne coûte que 5 à 600 francs; si l'on
peut avoir la pièce la plus importante de rechange pour
60 à 80 francs, ce serait pour l'agriculture une véritable trouvaille que le moulin de M. Béchu fils.

Avec cela, le plâtre, à l'aide de nos nouvelles lignes de

chemin de fer, pourrait de Paris rayonner vers tous les points du pays.

Le plâtre, comme on sait, existe en quantités pour ainsi dire inépuisables dans le rayon parisien. Les frais de transport en empêchent une plus facile circulation. Eh bien, à l'avenir, il serait facile d'avoir toujours, dans les stations, des wagons chargés de plâtre cru, attendant patiemment, en dehors des stations couvertes, le moment favorable de départ qui n'aurait lieu que lorsque les voyageurs feraient défaut aux chargements complets. Là où ce plâtre s'arrêterait, le moulin Béchu le préparerait, le livrerait à la consommation.

C'est parce que jusqu'ici on n'a pas eu des moyens suffisants, économiques, de le broyer, que l'on n'a pas pu en répandre suffisamment l'usage.

En Angleterre, nous avons nous-même, à la prière d'un excellent cultivateur, cherché un instrument capable de bien remplir cette opération du broyage, et nous n'avons pu répondre au désir de notre ami, parce que l'on ne nous a présenté que des moulins d'un prix très élevé, et demandant pour marcher la force de plusieurs chevaux. Rien ne manque assurément en Angleterre de ce qui est réellement utile ; seulement ce qui ne nous va pas, à nous modestes industriels, et plus modestes cultivateurs encore, c'est que les choses y sont montées le plus souvent sur une échelle considérable.

La science et la pratique agricole nous ont suffisamment appris jusqu'à ce jour que les os pulvérisés, même les os calcinés, sont un des engrais les plus actifs. Et cependant, qu'arrive-t-il faute de moyen de facile pulvérisation? c'est que les os, sauf dans nos grands centres de population et d'industrie, sont généralement perdus. C'est là une perte sèche de plusieurs millions. Pour le profit de la culture, le quintal métrique d'os pulvérisés doit valoir au moins 6 à 8 fr.

En Angleterre, où l'on sent la valeur de toutes choses, non seulement les os provenant de la consommation locale de la viande ne se perdent pas, mais encore il arrive tous les jours et de tous les points du globe des cargaisons considérables de ce produit.

Tout cela nous fait désirer un examen sérieux, approfondi, de la machine de M. Béchu fils ; et si, comme nous l'espérons, elle répond à un besoin du pays qui dans ce moment est loin d'être rempli, elle aura parmi nous un facile écoulement.

— Voici non plus un industriel seulement, mais un cultivateur qui, fort de sa propre expérience, nous présente un *parc transportable*, pour le parcage des bêtes à laine. Nous regrettons vivement qu'indépendamment du petit modèle mis sous nos yeux, et du reste fort bien exécuté, l'on ne puisse nous dire que, dans un champ de la Brie ou de la Beauce, il existe une machine établie en grand, fonctionnant sérieusement et avec tous ses agrès. Nous serions bien vite accouru la visiter; car nous croyons l'idée bonne et d'un fructueux avenir.

Le parc est monté sur roues; il se déplace au moyen d'un cabestan ou d'un ou deux chevaux. Il peut circuler aisément sur une route, un chemin. Une toiture en toile le recouvre, préservatif offert bien plus encore contre l'action du soleil que contre les inconvénients de la pluie. La cabane du berger forme chapiteau, et ne dérange en rien ni la circulation des animaux, ni le mouvement de la machine. Pour l'entrée comme pour la sortie des animaux, des claies mobiles se soulèvent avec une grande aisance.

L'inventeur affirme que l'on peut établir un parc de 250 bêtes pour 600 fr. Il ne demande pour lui que 50 fr. comme prix des dessins, des devis et autres indications qu'il fournit : c'est assurément là une prétention fort raisonnable.

Le parcage est une des meilleures opérations de la culture. Il utilise à la fois les urines, les matières solides de la digestion, les exhalaisons du suint et de la transpiration. Il est encore le mode le plus économique de l'engrais des terres.

Aussi tenons-nous à ce que le jury puisse se bien édifier sur les avantages pratiques que M. Proux, cultivateur à Levet, département du Cher, assure que l'on peut se promettre de son invention.

— Depuis longtemps les savants, les industriels courent après la solution d'un problème fort important, celui de la désinfection des matières fécales. Il intéresse, en effet, essentiellement et l'hygiène publique et l'accroissement de la richesse publique. Avec cette opération, rendue possible, on arriverait à la prompte utilisation des produits obtenus, à

assainir nos demeures, à nous débarrasser de l'horrible pé-
riodicité de la vidange actuelle, à améliorer aussi d'une
manière sensible l'une des plus dégoûtantes manipulations
du travail de l'homme.

Sous ces divers rapports, l'appareil de M. Legras a dû bien
naturellement appeler notre attention. Cet industriel met à
poursuivre le succès une ténacité dont on ne peut que le
louer. Sera-t-il plus heureux que ceux qui l'ont précédé dans
la même voie? Il le pense, parce qu'il prend le mode d'action, selon lui, le seul efficace : celui d'obtenir la séparation
immédiate des matières solides et liquides.

Il arrive par là à détruire, au moyen d'une poudre désin-
fectante, la cause principale de la putréfaction des matières.
Il livre à l'agriculture un puissant engrais; à l'industrie des
urines qui ont toutes les conditions qu'on leur demande.
Là où l'industrie ne les demanderait pas, l'agriculture peut
les utiliser.

A l'appui de son système, M. Legras invoque deux choses
qui sont à son avantage : l'autorité scientifique de M. A. Chevalier, corroborée d'une récompense accordée par la Société
d'encouragement; puis l'application déjà assez ancienne de
plusieurs de ses appareils, notamment à l'établissement très
connu à Paris de la *Belle Jardinière*, renfermant 7 à 800 employés et ouvriers confectionneurs, et une caserne de 600
hommes près l'Hôtel de Ville.

Tout cela mérite d'être examiné, bien pesé, dans l'intérêt
de Paris, de toutes les grandes villes, aussi bien que pour le
profit de l'industrie, de l'agriculture.

· Si Montfaucon, si Bondy et cent autres lieux de détestable
infection pour les grandes populations peuvent disparaître,
c'est la chose la plus désirable; et les moyens les meilleurs
d'exécution seront un immense service rendu à la société.

—Les noms de MM. Mulot, Degousée, l'art si précieux des
sondages, du forage des puits artésiens, devraient être les
noms les plus connus, les choses les plus populaires, particulièrement dans nos campagnes ; et malheureusement cela
n'est pas. La médecine Leroy, la puissance des maléfices, les
prédictions de Mathieu Laensberg, y sont bien autrement en
honneur.

Aussi savons-nous grand gré à M. Mulot de nous montrer, à côté de ses gigantesques outils, qui peuvent faire pénétrer les empreintes de la puissance de l'homme si avant dans les entrailles les plus cachées de la terre, les outils modestes du simple chercheur de marne, d'argile, de pierre ; outils qui peuvent aussi aider à découvrir les sources peu profondes que l'on convertit en fontaines précieuses, ou bien encore à creuser des puisards absorbants, souvent si nécessaires pour se débarrasser des eaux croupissantes, malsaines, embarrassantes. Nous avons vu avec plaisir que l'on pouvait avoir de ces bonnes et solides sondes au prix de 65, 130 et 200 fr. pour opérer des fouilles depuis 3 mètres 50 jusqu'à 10 mètres.

Pour populariser l'emploi de ces sondes, nous voudrions qu'il en fût confié un certain nombre au corps si intelligent, si dévoué des ponts et chaussées. Il y a toujours dans l'année des moments de repos, pour ainsi dire forcé, pour nos cantonniers ; par exemple les saisons des grandes pluies ou des fortes gelées. Eh bien, ne pourraient-ils pas très utilement employer ces loisirs à des sondages qui aideraient puissamment à la science géologique, qui est loin d'avoir tout examiné, analysé? Et les propriétaires, de leur côté, ne seraient-ils pas très heureux de connaître les ressources, les richesses que leur sol renferme et bien souvent à leur insu? Cent mille francs employés à un pareil agencement de l'outillage de nos cantonniers n'auraient jamais, selon nous, été mieux employés. Nous sommes même persuadé que la plupart des Conseils généraux entreraient volontiers, par des allocations spéciales, dans une partie de la dépense.

M. Mulot, esprit très hardi, homme d'exécution infiniment capable, ambitionne, dit-on, de donner un pendant à la merveilleuse création de la plaine de Grenelle, création près de laquelle l'antiquité eût bien vite élevé un autel. Ce puits monstre serait pour le service et l'embellissement du Jardin des Plantes.

Nous ne récusons assurément pas les avantages d'une pareille création ; mais, dussent MM. les savants du bel établissement, que nous admirons autant que personne au monde, nous traiter de barbare, nous dirons qu'il vaudrait encore mieux doter vingt départements de vingt puits artésiens moyens que d'en créer un seul, dont les veines profondes et bouillantes puissent aider à réchauffer à leur gré lions et panthères, et faire croître magnifiquement catalpas et palmiers.

Notre œuvre de prédilection serait moins grandiose sans doute... Mais est-ce qu'en fait de grandiose nous n'avons pas déjà *Notre-Dame, Versailles*, les *Invalides*, le *Louvre*, la colonne *Vendôme*; sa jeune et patriotique sœur, la *colonne de Juillet?*

CHAPITRE XXVI.

PRODUITS DE L'ALGÉRIE.

QUESTION PRÉJUDICIELLE.

Lorsque ces deux grandes figures de la puissance publique dans les temps anciens, Rome et Carthage, se disputaient si vaillamment l'empire du monde, personne assurément alors, parmi ces terribles dominateurs, n'était à penser que le jour viendrait où l'une des branches les plus faibles du Grand Empire, cette Gaule transalpine que le Romain, dans son orgueil et sa force, traitait même de barbare, pourrait tenir à la fois sous sa domination souveraine, ou sous la consigne de son épée, et la terre qui porta fièrement Hippone, Cirta, Césarée et la Ville éternelle elle-même.

C'est ce grand fait cependant que le soleil éclaire en ce moment... Hommes et nations, ne vous enorgueillissez pas trop lorsque le ciel, un moment, vous fait puissants; hommes et peuples faibles ou opprimés, ne désespérez jamais d'un meilleur avenir : les destins, vous le voyez, sont parfois bien changeants.

Plus j'étudie cette grande question d'Afrique, plus elle s'élargit sous mes pas et plus elle m'attache; car je la vois se reliant par mille points aux intérêts, à l'honneur, à l'avenir de mon pays.

Aussi, avant que de passer en revue les intéressantes productions qui, de la côte africaine, sont venues se joindre aux

productions de la métropole, je cède au désir que j'éprouve
de mettre tout d'abord en vue des considérations qui me
semblent dominer le sujet, et justifier les moyens les plus
propres à donner une définitive impulsion à l'un des plus
grands faits historiques et politiques de notre époque.

Ces considérations préliminaires, cette défense officieuse d
notre intéressante conquête ne sont d'ailleurs pas de no
part un hors-d'œuvre ; car tous les jours encore ne
heurte-t-on pas malheureusement à quelques hommes,
quelques motions voulant, proposant inconsidérément
fuite, l'abandon de l'Algérie ?

L'histoire d'aucun peuple, je crois, n'offre rien de pareil
notre situation en Afrique. Nous voilà vainqueurs, conqu
rants, dominateurs, pour ainsi dire forcés, d'une immen
région. Il semblerait que la Providence elle-même, lasse
toutes les iniquités qui s'y commettaient avec tant d'impuni
a pris soin de préparer, de soutenir, de dénouer ce remarquab
événement ; car, l'Europe le sait, au début rien d'ambitieu
aucune vue d'intérêt étroit ne poussaient la France.

Je ne prétends pas qu'il ne vienne l'heure, temps toutefo
fort reculé, où l'Afrique ne tienne à dire à l'Europe ce q
lui a dit, il y a bientôt un siècle, l'Amérique : « Je suis ass
grande pour marcher seule. » Cela est possible, c'est mê
dans l'ordre naturel des événements à venir ; mais, du moin
ce sera alors la civilisation qui parlera à la civilisation ;
force qui revendiquera son droit ; de grands intérêts respect
qui stipuleront leurs rapports sur de nouvelles bases. Aujou
d'hui, si nous cédions à pareilles exigences, ce ne serait q
le triste spectacle pour nous, pour le monde, de la barbar
reprenant possession de sa terre native. Non, cela ne saura
être ; et nous ne pouvons reculer.

En pareille occurrence, les Anglais diraient simplement
To be or not to be. Nous ne saurions penser et dire autremen

Personne ne conteste à notre nation l'honneur d'avoir pu
à l'aide de son brillant langage, de son caractère généreux
de ses mœurs expansives, porter au loin les germes essen
tiellement civilisateurs de la littérature, des sciences, de l
philosophie ; mais le succès n'est malheureusement plus l
même lorsque l'on entre dans le domaine des conceptio

pratiques. La réussite si fugitive de nos grands établissements coloniaux en Amérique et dans l'Inde ; le passager éclat de nos magiques conquêtes en Europe, tout cela, évidemment, vient témoigner contre nous.

Aujourd'hui, une occasion aussi inattendue que merveilleuse d'effacer ce cachet fâcheux de notre infériorité, dans la puissance d'application, se présente. Les événements qui étaient le moins probables se sont comme ligués pour mieux faciliter notre tâche. Saurons-nous soutenir la partie ? Voilà ce que nous nous demandons avec la plus vive anxiété.

Ce que fait, sur une échelle si large et avec tant de bonheur et de persévérance, l'Angleterre dans le monde asiatique, nous pouvons le faire dans le monde africain : le voudrons-nous ?

De ce que la puissance des Romains, des Arabes, des Vandales, des Sarrasins, des Turcs, a dû tour à tour s'effacer du sol africain que nous occupons en ce moment, on aurait tort de conclure que la tâche de la conquête soit un fait immensément difficile. Il faut plutôt songer que ce sont les conquérants qui se sont expulsés les uns les autres, et non pas les vaincus qui se soient jamais trouvés assez forts pour recouvrer leur propre indépendance ; quant aux vainqueurs, s'ils se sont montrés aussi faibles au jour de l'attaque, c'est parce qu'ils n'ont jamais su, à l'égard des vaincus, même les plus soumis, que procéder par oppression, par extorsion.

C'est dès lors à nous, puisque le pays conquis est assuré, défendu par la vaillance du soldat, à savoir nous aider des armes puissantes de notre civilisation, pour fonder quelque chose de durable.

Jusqu'à ce jour, l'on avait presque toujours vu la conquête d'un pays devenir fatale, onéreuse au peuple qui la subissait et contraire aussi aux intérêts bien entendus de quelques voisins.

Ici, c'est en vain que nous cherchons des intérêts réels véritablement blessés ; car on nous pardonnera sans doute de ne tenir qu'un très faible compte de la puissance dominatrice des Turcs, la plus exceptionnelle, la plus oppressive des puissances.

Le vaincu pour nous, celui qui réellement pâtissait, qui nous intéresse par la sainteté de son droit d'occupation, par l'énergie de sa nature, son esprit de persévérance, c'est le peuple indigène, celui qui n'a pas fui le sol qui l'a vu naître, qu'il travaillait de ses mains sous l'oppression, qu'il travaillera encore, avec bien plus de cœur, sous un pouvoir qui veut et pourra le protéger.

Débarrassée de ses liens, cette population indigène a bien pu songer un moment à reconquérir sa propre indépendance, parce que l'on aime toujours mieux, au premier abord et en face de l'inconnu, dépendre de soi que des autres. Mais soyons persuadés toutefois que, lorsque le bienfait de notre civilisation aura porté quelques fruits, il sera compris et béni sur la terre d'Afrique comme partout ailleurs.

Quant aux dommages que d'autres peuples auraient pu éprouver des suites de notre conquête, je ne vois guère où en seraient les traces : il me semble, tout au contraire, que ce sera pour nous un éternel honneur que d'avoir voulu et pu mettre un terme à cette déplorable piraterie, qui n'a été que trop longtemps le honteux gagne-pain des maîtres de l'Algérie, et une grossière insulte pour la civilisation, pour la chrétienté.

On a paru croire un moment que l'Angleterre pouvait jalouser notre nouvelle domination en Afrique. On ne devine pas bien où seraient les motifs sérieux de cette jalousie. Notre puissante voisine occupe les stations les plus importantes de la Méditerranée. Cette bonne fortune, selon nous, lui suffit : elle a assez d'espace et un suffisant emploi de sa force dans ses possessions asiatiques. Si elle a mis quelque retard à reconnaître le droit de notre conquête, c'est plutôt pour faire passer plus aisément ses propres tendances à d'autres agrandissements de sa puissance.

L'Angleterre cherche avant tout à étendre le marché de sa vaste production industrielle, et elle comprend à merveille qu'elle a plus à gagner avec l'Afrique civilisée qu'avec l'Afrique toujours barbare. Déjà n'est-elle pas la Puissance qui, après nous, a le plus de relations commerciales avec notre naissante possession ? Ne nous complaisons donc pas à voir des complications et des périls là où il n'en existe véritablement pas.

Les nations italiennes, l'Espagne, autrefois si tremblantes

à la vue du pavillon barbaresque, non seulement sur mer, mais jusqu'au sein de leurs cités, bénissent, de leur côté, tous les jours, notre nouvelle domination.

Ainsi, point d'oppression pour la population conquise ; point de danger, point de dommages pour les étrangers.

Après soixante années de guerre étrangère ou de guerre civile si profondes, il ne faut pas s'attendre à ce que les esprits, si fortement remués et passionnés, puissent aisément et en un jour se rasseoir dans un tranquille repos. Au sortir de la tempête, les flots fortement agités ne couvrent-ils pas long-temps encore le rivage de leurs ondes, de leurs rafales ? Ainsi des hommes et des nations.

N'est-il pas heureux alors d'avoir sous sa main un point brillant à montrer qui serve de but aux impatiences, qui appelle le feu des esprits, qui serve d'emploi à l'énergie des bras qu'on ne saurait laisser, sans un réel danger, dans une oisive mollesse. Tel qui serait parmi nous un tribun dangereux, un conspirateur émérite, deviendra un brave soldat, un colonisateur habile sur un autre terrain ouvert à propos à sa bouillante ardeur. Les hommes ne vivent pas que des besoins de l'estomac... Il faut aussi savoir parfois parler à leur esprit, agrandir à propos leur sphère d'action, satisfaire convenablement les entraînements de leur imagination.

Le passé, d'ailleurs, n'est-il déjà pas un gage pour l'avenir, et les hommes si distingués que la terre d'Afrique nous a révélés ne nous annoncent-ils pas ceux qu'elle doit produire encore ? Et si nous voulions nous reporter en arrière des temps présents, est-ce que nous ne verrions pas ces mêmes régions africaines, qui sont les nôtres aujourd'hui, servant à Rome, au sortir de ses tourmentes civiles, de champ d'activité, de terre de refuge pour les bras inoccupés, pour les esprits les plus ardents ?

Que l'on nous laisse donc maîtres de l'Afrique... Que l'on suppute moins souvent, moins avaricieusement aussi les millions qu'elle nous coûte ; il nous la faut pour attirer à elle et hors de notre centre plus posé d'action, ces natures fortes et ambitieuses qui nous pressent de tous côtés. Si elles n'ont pas à l'avenir à s'y étendre, à s'y complaire dans le champ émouvant des luttes guerrières, elles agiront tout au moins, s'attié-

diront en face d'autres obstacles ; elles se formeront aux éléments, aux avantages de la vie pratique, sur le terrain attachant
de l'industrie, des relations commerciales lointaines, des succès et des difficultés agricoles; et la France, de toutes manières,
ne pourra qu'y gagner.

Aujourd'hui, le territoire de la France peut sans doute suffire aux besoins divers de sa population. Trente-six millions
d'hommes sont assez à l'aise sur cinquante-trois millions
d'hectares de terre. Mais les nations ne sont pas comme nous,
êtres isolés, simples passagers sur la terre. Elles ont aussi à
tenir compte de leur avenir, à le préparer pour qu'il soit à
toujours le meilleur, le plus grand, le plus assuré possible.

Et si déjà, sur quelques points du territoire, par exemple en
Alsace, en Bourgogne, dans la Flandre, dans le pays basque,
la population est compacte au point de pousser la famille ouvrière à de fréquentes émigrations à l'étranger, il devra venir
le temps où ce mal s'étendra et demandera un expédient autre
que la prévoyance privée.

Il nous semble avantageux dès lors de pouvoir préparer à
loisir un débouché commode, voisin de nos propres terres ;
un pays qui soit pour ainsi dire la suite, l'enfant de notre
propre pays. L'Algérie nous semble pour cela d'autant plus
propice, qu'elle est pour ainsi dire la contrée sans limites, et
que toutes les conquêtes que l'avenir commandera à nos enfants de s'y ouvrir, seront prises sur l'espace à peu près vide.

De pareilles contrées ne sont difficiles à coloniser que lorsqu'on veut agir trop vite. Mais il n'en est plus de même
lorsqu'on avance à petits pas.

Ainsi s'est colonisée l'Amérique du nord, ainsi avec le
temps se peuplera utilement l'Afrique septentrionale.

Maintenant nous avons à dire comment s'annoncent chez
elle nos préliminaires de puissance, nos premiers efforts de
civilisation ; nous allons voir aussi ce que peuvent valoir et ce
que promettent, pour les temps à venir, les premières offran-
des africaines déposées avec tant d'empressement dans le
temple du travail, en l'honneur et aux applaudissements de
la patrie commune.

CHAPITRE XXVII.

Produits agricoles et industriels algériens.

IMPORTANCE DE L'ALGÉRIE. — NÉCESSITÉ D'EN DÉVELOPPER LES RESSOURCES. (*Suite.*)

Céréales.— Huiles.—Liége.—Soie.— Cotons —Tabacs.—Fruits secs.—Métaux.— Laines.—Étoffes.—Objets divers.

Soyez les bien-venus, moissons et produits de l'Afrique, et puissiez-vous, par votre développement, par vos fréquents retours parmi nous, venir nous consoler du sang versé et compenser les longs sacrifices faits pour vous avoir !

Merci encore au gouvernement à qui est venue l'heureuse pensée de convier l'Algérie à se trouver, elle aussi, à ce grand et mémorable rendez-vous de toutes les branches de la richesse nationale. Cette mesure aura puissamment servi à populariser parmi nous les intérêts africains.

En face de cette exubérante richesse, chacun a pu deviner ce que sera ce même pays si longtemps oublié par la civilisation, sous une administration tutélaire, éclairée, persévérante à poursuivre le progrès. Et aujourd'hui, il n'est pas un homme d'État, nous osons l'affirmer, qui voulût assumer sur sa tête la responsabilité de l'abandon d'une conquête qui sait, au premier appel qui lui est fait, offrir de tels gages d'action, de telles preuves de production.

Céréales. — Dans mes pérégrinations si diverses, si attentives à noter tout ce qui pouvait se rattacher aux éléments les plus importants de la richesse des nations, j'ai nécessairement vu des grains fort remarquables, notamment chez les Anglais, les Belges, les Allemands, si experts les uns et les autres en culture, si entendus aussi en économie rurale ; nulle part, cependant, je ne me rappelle avoir rencontré un froment plus corsé et plus lourd, des épis mieux garnis et plus nombreux sur la même tige ; jamais non plus je n'ai expérimenté une farine plus riche en principes nutritifs.

L'orge, pour ses bonnes qualités, ne le cède en rien au froment. D'autres grains, le maïs, le millet, l'avoine, sont non moins méritants.

Mon étonnement s'accroît encore en songeant aux pauvres instruments qui servent à produire ces divers grains. L'Exposition nous montre un échantillon des araires algériens ; il est bien le plus grossier, le plus impuissant des instruments aratoires que l'homme ait jamais employés. Ils ne mentent certes pas, ceux qui nous disent que l'Arabe ne fait que gratter la terre. Comment, ainsi outillé, pourrait-il faire autre chose? Je conclus simplement de ces divers faits, qu'il faut bien vite songer à donner une plus intelligente impulsion au sol qui porte dans ses flancs une telle force de reproduction. Chaque jour de perdu n'est qu'un déplorable gaspillage des forces les plus puissantes, les plus heureuses de la nature.

Huiles. — Je passe immédiatement à l'appréciation des huiles, parce que je les regarde, après les céréales, comme la ressource la plus certaine, la plus importante à développer dans notre colonie. A voir la facilité avec laquelle croît l'olivier sur le sol algérien, sa force de végétation, l'abondance de son fruit, même à l'état sauvage, l'on est amené à reconnaître qu'il est là sur son véritable terrain. Par malheur, c'est fort rarement que l'indigène cueille son fruit à point, qu'il le presse avec intelligence, qu'il épure avec art l'huile qu'il extrait. Un Français, du Var, qui compte parmi les exposants, nous donne cependant la preuve que, bien travaillées, les huiles de l'Algérie ne le cèdent, sous aucun point, aux huiles les mieux conditionnées de notre Provence.

Après les huiles de l'Olive, viennent les huiles du Sésame, du Madia, du Pavot, de la Navette, qui croissent aussi avec avantage sur le même sol : mais je m'intéresse moins à ces produits en songeant à l'abondance des huiles de l'olivier qui ne demande, en terre de l'Algérie, ni labours, ni engrais coûteux, qui ne craint ni les rigueurs d'un long hiver, ni la sécheresse, ni les vents redoutables du désert.

Il faut dès lors se hâter de planter, de greffer, de soigner l'olivier : mais en le faisant venir, disons aussi qu'il ne faut pas négliger d'apprendre à le faire respecter. L'on ne saurait être trop attentif, par des instructions souvent répétées, par de sages règlements, à le préserver de la cognée stupide du Bédouin, du briquet irréfléchi du soldat français, abattant insouciamment, pour leurs besoins domestiques, l'arbre le plus précieux du pays.

L'olivier était pour les anciens le symbole heureux de la paix; pour les Africains, pour les colons français il doit être tenu pour l'élément précieux d'une importante richesse.

Sait-on bien que, dans le courant de cette année, les exportations en huiles de l'Algérie vont dépasser 6 millions de litres? songe-t-on que si, depuis la conquête, cette industrie eût été mieux comprise, ces exportations s'élèveraient peut-être bien au quadruple? que si, d'ici à dix ans, on traitait cet article avec toute la sollicitude désirable, le chiffre des exportations serait considérable, et que ce produit favoriserait puissamment le commerce tant intérieur qu'extérieur?

Les gouvernements ne se préoccupent malheureusement pas assez de ce qu'une économie rurale bien entendue peut ajouter d'accroissement à la richesse publique et privée. Aujourd'hui, dans le monde européen comme dans le monde africain, nous possédons une suffisante étendue de sol; notre sollicitude doit être seulement d'apprendre au plus tôt à le bien cultiver, à le bien gouverner.

Liége. — Par ordre d'utilité, en vue de profits prochains, je passe à l'examen du liége. Il est fort regrettable que l'on ne connaisse généralement pas assez en France la valeur du chêne-liége. Cet arbre ne donne ses premiers produits utiles et marchands qu'après une végétation d'un demi-siècle environ; et, à partir de cet âge, ce n'est que par périodes de huit à dix ans que son écorce est exploitable. Il résulte des conditions d'un rapport si lent à obtenir, qu'on plante à regret cet arbre, quelle que soit son utilité. Sa plantation est plus rare encore aujourd'hui, par suite de la division de la propriété territoriale, de la suppression des biens de main-morte, de la vente ou de la diminution des forêts de l'État et des bois communaux; c'est dire combien, en présence de pareils résultats, il était heureux de trouver en Afrique de quoi remplacer abondamment cet indispensable

et utile produit. Malheureusement on a peu songé à sa conservation ; et ici encore un désolant gaspillage est venu
compromettre cette richesse toute trouvée : elle existait fort
abondante à La Calle et dans les environs.

J'appelle sur ce point toute la sollicitude du gouvernement ; et je le fais d'autant mieux que les échantillons de
liége que l'on nous présente sont d'une parfaite qualité. Le
chène-liége n'offre pas d'ailleurs pour le travail d'exploitation la difficulté des autres bois : par la légèreté de son
produit, il est partout facilement exploitable.

Soies. — Ce produit de l'exhibition algérienne est loin
d'être sans mérite. Toutefois, s'il sortait de mains plus ex-
périmentées, si la graine du ver eût été plus soigneusement
choisie, il n'en aurait que plus de mérite encore.

Tout en félicitant les colons d'avoir songé à l'importance
de cette industrie pour l'Algérie, ne leur dissimulons pas
non plus les précautions qu'ils ont à prendre pour la rendre
plus profitable encore.

L'éducation du ver à soie est particulièrement une question
de soins minutieux, et par conséquent de main-d'œuvre.
Aussi, tant que les bras seront aussi rares et, par suite aussi
chers en Algérie, le profit de la production des soies sera
sensiblement moindre.

Il y a cependant un moyen à employer et que je conseille
fort : c'est d'adopter le système qui réussit si bien en Italie,
notamment dans le pays brescian et la Lombardie, c'est celui
des *éducations fractionnées.*

Le propriétaire du mûrier donne sa feuille aux petits éleveurs qui consacrent à l'éducation du ver leur temps, leurs
habitations, et qui rendent, en échange de l'alimentation
qu'ils vont cueillir eux-mêmes, à mesure de leurs besoins,
la moitié des cocons obtenus. Par ce moyen, point de main-
d'œuvre pour les grands propriétaires, point de dépenses de
locaux, point de maladies à redouter pour les vers, maladies qui proviennent presque toujours de l'encombrement
des insectes dans un même lieu. Dans un pays comme l'A-
frique, tout local, même un hangar, pourrait fort bien servir
aux éducations.

En suivant ce mode d'élevage, il y a de l'avenir en Algérie

pour l'industrie sétifère, et les colons auront parfaitement calculé que d'avoir déjà planté 5 à 600,000 pieds de mûrier. L'Administration fait bien de son côté de leur préparer les éléments de nouvelles plantations ; mais, je le répète à tous, qu'ils se gardent de la dépense de grands locaux spéciaux comme de la pensée de vouloir faire de grandes éducations. Elles ont dévoré, parmi nous, et assez improductivement, d'importantes ressources. On a mieux à faire en Algérie que d'employer ses capitaux à de semblables destinations.

Coton. — L'Egypte, qui a su se créer un si notable revenu avec le coton, semble nous montrer ce que sa culture peut produire dans notre colonie. Les nombreux échantillons soumis à l'Exposition témoignent aussi en faveur d'une pareille acclimatation. Le coton *Jumel* et le *Virginie* semblent les espèces les plus capables de bien faire. L'espèce *Nankin* présente aussi de bonnes conditions.

Il est reconnu que c'est le coton herbacé et non pas le coton en arbre auquel il faut donner la préférence. Au reste, c'est celui que l'on préfère généralement aujourd'hui, même en Amérique.

Tabac. — Le tabac, dont la consommation s'accroît pour nous tous les jours et que nous demandons à l'Amérique par dizaines de millions, doit bien faire en Algérie. On en a obtenu de bons résultats toutes les fois qu'on a soigné sa culture et traité les produits avec intelligence. Son exportation s'élève d'année en année. Elle dépassera, en 1849, 300,000 kilogr. que va recevoir la Régie.

M. Le Beschu, employé supérieur de l'administration des tabacs, délégué en Afrique, a publié une excellente notice sur la culture et le traitement du tabac, et nous la recommandons à l'attention des colons.

Vins. — Que dirons-nous des vins de l'Algérie ? Pour l'Angleterre ou telle autre Puissance du nord, ce produit pourrait présenter un notable intérêt ; mais il n'en saurait être de même pour nous, les privilégiés de cette importante industrie, les grands pourvoyeurs du monde pour les plus rares comme pour les plus ordinaires qualités de vin. Les environs de Miliana paraissent offrir quelques vignobles d'une assez grande étendue. Toutefois il n'est pas à souhaiter qu'ils

s'étendent beaucoup : c'est encore là que se trouve la difficulté de la main-d'œuvre ; aucune culture n'en demande plus
que celle de la vigne.

Dans tous les cas, il y aurait, selon nous, à songer à faire
avec les produits de la vigne autre chose que du vin ; ce serait
de convertir le raisin en fruit sec.

N'y a-t-il pas lieu de s'étonner que lorsque nous avons en
France de nombreuses contrées où l'on peut avoir le litre de
vin à 10 c. et même à moins, on doive payer le raisin sec 1
à 2 fr. le kilogramme? Les figues, les prunes, les pêches, les
abricots, les dattes sont au même prix. Dans le nord de l'Europe ces produits sont plus chers encore.

L'Algérie, par la qualité et la variété de ses fruits, naturellement sucrés , par la chaleur et la sécheresse de son climat,
peut mieux qu'aucun autre pays se livrer à cette intéressante
industrie des fruits secs.

Nous ne voyons que des dattes à son exhibition ; elle peut
et doit songer à nous présenter à l'avenir plus de variété.

Laines. — Les laines d'Algérie sont celles connues dans le
commerce sous le nom de laines de Barbarie. On les emploie
pour matelas, siéges, lainages communs. Comme ces lainages
sont recherchés et fort utiles , les colons feront bien de n'en
pas changer la nature. Les cultivateurs, en France, n'ont pas
toujours gagné à vouloir affiner leurs produits. Cette leçon
ne doit pas être perdue pour nos colons d'Algérie.

Produits industriels. — Cette partie de l'exhibition algérienne aussi variée que curieuse a su vivement appeler l'attention publique. Au premier rang de ces produits, nous
rangeons les échantillons de la richesse minéralogique du
pays. Les aciers fondus ont mérité le suffrage de deux hommes fort compétents et dont nous avons déjà eu l'occasion de
vanter l'habileté : ce sont MM. Léon Talabot, de la Haute-
Garonne et Jackson, de la Loire.

La compagnie Bassano a obtenu une concession de mines
fort étendue, et dont il est important qu'elle se hâte de tirer
parti , et pour le bon exemple des autres concessionnaires,
et pour son propre intérêt.

L'excellent ouvrage de M. Henri Fournel suppléera ce
que nous ne pouvons dire sur la richesse générale de l'Al-

gérie, sous le rapport si intéressant des métaux et des minéraux.

Les tissus sont tous à l'usage des indigènes. Le drap propre à la fabrication des cabans et des burnous m'a paru établi dans de bonnes conditions, et doit être d'un excellent usage. La laine, le coton, le poil de chameau entrent diversement, et selon les qualités, dans cette fabrication.

Le public s'est souvent demandé à quoi pouvaient servir les énormes couvertures de plusieurs mètres de largeur et d'un duvet fort doux que présentait l'exhibition algérienne. Je viens satisfaire la curiosité de ceux qui n'ont pu être bien renseignés. Ces couvertures sont à l'usage des harems. C'est sous la vaste enveloppe de ce tissu moelleux que vient se ranger et reposer, côte à côte, l'essaim féminin. Je n'ai ici que le rôle de narrateur, et je n'en dis pas davantage.

Les chaussures pour hommes et pour femmes ne manquent pas d'élégance. L'on en peut dire autant des éventails, de quelques écharpes.

Les objets d'équipement et de harnachement militaires doivent être notés pour leur solidité et leur bonne appropriation aux usages pour lesquels ils sont faits. Nous n'avons pas toujours le talent de leur donner, en France, ces mêmes qualités.

Il y a eu d'heureux essais de production de cochenille, de garance, de safran. Ces produits promettent de s'étendre ; ce progrès est désirable, notamment pour la cochenille.

Un produit nouveau, et qui peut devenir pour l'Afrique et la France d'un assez grand intérêt, est celui que l'on est parvenu à retirer des feuilles de palmier nain. Les uns en ont fait un crin végétal dont on devine les usages ; les autres l'ont converti en pâte propre à la fabrication du papier. Ce produit serait d'un bon marché remarquable. Si son application s'étendait, elle favoriserait puissamment le défrichement du sol sur lequel le palmier abonde, et dont l'extraction n'a amené jusqu'ici que de la dépense sans profit.

Les essais faits méritent, par cela même, d'être très encouragés.

Passant maintenant au mérite des personnes, je suivrai

l'exemple du gouvernement qui a signalé au Jury Central les colons non exposants qui ont rendu des services réels à l'Algérie.

Ainsi je citerai avec autant de justice que d'empressement, dans la province d'Alger, pour leurs produits agricoles, leurs cultures, leurs constructions, MM. Fruitié, Chuffart, Morin, Coppin et Roye, Trolliet, Cordier et Maison, Reverchon, Mazères, Villemain, les trappistes de Staouéli.

M. Hardy, directeur du jardin et des pépinières du gouvernement, a droit à une citation particulière pour ses soins, l'habileté et le zèle qu'il apporte dans les cultures et les acclimatations.

Dans l'industrie, il y a à citer MM. Laya et compagnie, Castelbon frères, Boulanger, Trousse, Barot, Curtet, Bénier, Fléchey, Simounet, Raymond, Gilles, madame veuve Mareschal, la commune de Souma.

Dans la province d'Oran, se sont distingués, en fait de culture, MM. de Saint-Maur, Héricart de Thury, Maklouf-Kalfoun, Coyral, Duchot, Gose, Bris, Calmels et Mistral, Peyre et Durand, Badanet, Ricca, la pépinière du gouvernement, à Misserghin.

Comme industriels, il faut citer MM. Bagarry, de Brignolles, Si-Hamida, muphti d'Oran.

A Constantine et Bone, comme agriculteurs, nous avons à nommer MM. Camelin, Jeantet, Raimbert, Theis, directeur de la pépinière du gouvernement, Lutzow, Lacombe, Savona.

Dans l'industrie, il y à signaler MM. Moreau, Arnauld, Labaille, Charmarty, Soual, Chirac, Mustapha-ben-Kerim, de Bassano, Loffredo, Fabre, Converso, Mohamed-Gheich, Sidi-Mohamed-ben-Haïcha, Sidi-Haji-Chalabi, Soad-ben-Barka, Cherif-ben-Mimoun, la femme de Si-Amar-Smiz, pour laine filée ; Mohamed-bel-Mabrouck, Haïk-ben-Tious, Si-Ahes-ben-Barkat.

A la suite de ces honorables mentions, nous nous faisons un devoir de reconnaître l'intelligence et le soin que M. Bouvy, délégué de l'administration de la guerre, a su apporter dans l'organisation de cette intéressante exhibition de la richesse algérienne dont il a eu le premier la pensée.

CHAPITRE XXVIII.

CHAPITRE DES RÉPARATIONS, DES OUBLIS, DES EXPOSANTS RETARDATAIRES.

Machine à vapeur; nouveau système. — Frein à l'usage des chemins de fer; nouveau système. — L'arcanseur, frein à l'usage du roulage ordinaire; nouveau système. — La dargoutine, appareil de séchage. — L'ardosiotome, machine à tailler les ardoises. — Objets divers. — Produits d'exportation et nécessité de les apprécier d'après leur but. — Exposition UNIVERSELLE de Londres, importance pour les industriels français d'y figurer. — Mes adieux.

Lorsque je me suis chargé de l'importante et difficile tâche de juger tant de choses diverses, je ne l'ai fait qu'avec la pensée intime et rassurante pour moi, rassurante aussi pour les autres, de réparer bien vite les erreurs qu'un travail aussi précipité que considérable pourrait amener.

Bien heureusement que la fortune et quelque prudence paraissent m'avoir assez bien secondé ; car, ouvrant le portefeuille des réclamations, je n'y trouve que celle que m'ont adressée MM. Marie de Laval (Mayenne).

Nous avons attribué à ces habiles fabricants de tissus de fil et de coton le mérite d'avoir introduit le métier Jacquart dans leur localité. Alléchés sans doute par ce premier hommage, ils tiennent à ce que nous venions proclamer encore qu'ils sont les seuls, à l'heure qu'il est, à savoir employer le métier du célèbre inventeur. En supposant ce fait vrai, nous n'aimons pas cette réclamation et ne saurions y faire droit, car elle est plus qu'égoïste : elle est accusatrice aussi pour des compatriotes, pour des rivaux, pour des amis peut-être. Un peu plus de charité et de patriotisme gâterait-il donc le mérite, messieurs Marie ? Oh non ; au contraire.

Le portefeuille des oublis est plus volumineux, sans doute : et comment ne le serait-il pas en face de près de 5,000 exposants?... Mais celui-là, disons-le vite, pour couper court à toutes espérances, à toutes sollicitations, nous tenons peu à le rouvrir.

Ce n'est pas que nous prétendions, Dieu nous en garde, frapper d'ostracisme, accuser d'impuissance tout ce qui n'a pas trouvé sa place dans nos rangs. Nous avons pensé seulement que *le Moniteur* ne devait pas être un sec catalogue, un prospectus complaisant, une colonne murale sur laquelle chacun serait libre de pouvoir faire inscrire et son nom et ses œuvres.

A la suite d'une grande victoire, le bulletin qui vient en proclamer la nouvelle, en éterniser le souvenir, n'inscrit pas, ne signale pas tous les braves, mais bien les plus braves : ainsi de nous.

Ce que l'on est en droit seulement d'exiger, c'est que, parmi les élus, il n'y ait pas de choix immérité ; c'est que, parmi ceux que nous ne nommons pas, il ne se trouve pas de trop saillant oubli. Cette impartialité, qui est le devoir, qui fait la force et la dignité de l'écrivain, nous pensons pouvoir dire qu'elle a constamment éclairé notre pensée, gouverné notre plume.

La presse a d'ailleurs d'autres organes aussi zélés, non moins puissants que nous ; eh bien, qu'ils aient une justice distributive plus large, qu'ils viennent relever quelques-uns de nos morts ; tant mieux. Plus on pourra dire et prouver que notre pays est riche et d'hommes et d'œuvres à noter, plus, au contraire, l'on nous fera plaisir en caressant par là notre fierté nationale.

— Partout, et en toutes circonstances, l'on voit des retardataires ; mais, comme le plus souvent la faute de ceux qui arrivent ainsi les derniers n'est point personnelle, nous aurions regret de la leur imputer à crime : aussi allons-nous soigneusement rechercher quels sont ceux qui méritent réellement qu'on les excuse de leur lenteur.

— Fulton, Watt, et tous les hommes remarquables qui, à leur suite, ont travaillé au perfectionnement et à la vaste application de la machine à vapeur, sont arrivés à produire, il faut le dire, une admirable création. Mais il faut savoir reconnaître toutefois que l'estomac de ce nouvel être, dont rien dans la nature ne saurait aujourd'hui égaler la puissance, est un estomac étrangement dévorant. Aussi, combien il serait grand le service rendu par celui qui viendrait dans ce moment nous apprendre à diminuer la ration incessante et copieuse qu'il lui faut pour le tenir en haleine, sans cependant affaiblir la force remarquable de ses reins !

C'est ce qui nous a naturellement rendu attentif sur la nouvelle machine à vapeur, dite à *vapeurs combinées*, inventée par M. du Tremblay, exécutée par MM. Givord et compagnie, de Lyon.

Une diminution de 50 pour 100 sur l'emploi du combustible serait un succès capital partout; mais il serait surtout important en France, où les distances et le défaut des grandes voies économiques de circulation et de transport rendent le prix du charbon si élevé pour certaines localités; n'atteindrait-on même pas ce chiffre si notable de 50 pour 100 d'économie et n'allât-on qu'à gagner le quart des quantités que l'on consomme aujourd'hui, que ce serait encore là un bienfait notable.

Nous ne décrirons pas ici le mécanisme du système nouveau; mais nous désirons vivement que l'étude et l'appréciation en soient faites, dans un intérêt public, par les hommes de la science chargés à juste titre de ce soin. Eux seuls peuvent ici fixer nos incertitudes. Cet examen nous semble d'autant mieux mérité que le système n'est pas seulement à l'état de proposition ou de simple essai. Il marche industriellement depuis bientôt deux ans à Lyon, et depuis six mois en Angleterre, l'Angleterre, que nous pouvons justement appeler la terre classique de la machine à vapeur. Une récompense fort honorable est même venue, dans le Rhône, récompenser, après un sérieux examen, l'invention nouvelle.

C'est une heureuse idée, en effet, que celle qui sert de base à ce système. La pensée première, à ce que nous croyons, n'en appartient pas précisément à M. du Tremblay; mais il a le mérite, du moins, de l'avoir fait passer à l'état pratique; et cela, c'est beaucoup.

L'emploi d'un double liquide, se vaporisant, se condensant à des degrés divers, et agissant par cela même l'un sur l'autre, voilà le moyen ingénieux et rationnel mis en œuvre. La vapeur d'éther est, il est vrai, l'un des produits employés, et nous ne cacherons pas qu'il ne nous rassure pas entièrement à cause de son principe si éminemment inflammable.

Mais la science est assez avancée aujourd'hui pour espérer que l'on doive arriver à trouver et à pouvoir employer avec un égal avantage un liquide aussi puissant dans ses effets, et plus rassurant que l'éther vaporisé, ou tout au moins à démontrer très clairement que ses usages, comme ressort de locomotion, n'offrent pas plus de danger que tout autre agent à l'état de vapeur. Nous recommandons cette recherche à M. du Tremblay, certain que nous sommes qu'elle ne saurait étonner ni son patriotisme ni son génie inventif.

— Un point de mécanique qui, jusqu'ici, a beaucoup préoccupé, et non sans raison assurément, les hommes spéciaux, c'est le frein propre aux machines et voitures diverses roulant sur les chemins de fer. Rien toutefois de complet, pas même de satisfaisant, n'a été jusqu'ici obtenu. C'est donc bien que de toujours chercher.

Le frein que propose M. Peaucelier a dû naturellement nous arrêter un moment, vu l'importance du but que s'est proposé l'inventeur. Mais nous reconnaissons qu'ici il ne faut rien moins que l'intervention des hommes spéciaux et la leçon de l'expérience pour se bien fixer. Nous nous contenterons alors de dire qu'il nous semble y avoir là quelques idées nouvelles, quelques bonnes données dont il faut savoir prendre acte pour fixer sur elles l'attention publique et les études des parties intéressées.

Les principes sur lesquels ce frein repose sont les suivants : il opérerait très vite, mais sans choc trop précipité ; il ne porterait pas au déraillement, puisqu'il imprimerait sa force de compression par en haut ; il agirait instantanément non seulement sur toutes les voitures du convoi, mais aussi sur toutes les roues de chaque voiture ; il serait d'une simplicité très remarquable, n'ayant aucune espèce d'engrenage ; enfin ses frais d'exécution seraient assez minimes.

M. Peaucelier, au reste, nous semble mettre les juges de son œuvre fort à leur aise. Il n'aspire à autre chose pour le moment qu'à voir faire un essai en grand. Nous aimons à croire que quelqu'une des grandes compagnies qui exploitent aujourd'hui nos railways, et qui comptent à leur tête des hommes fort distingués, sera jalouse d'étudier cette question comme il convient qu'elle le soit.

On peut dire, sans vouloir rien rabattre de leur incontestable utilité, nous dirons même hardiment de leur indispensable nécessité, que les chemins de fer, en France comme partout ailleurs, sont jusqu'à ce jour responsables envers la société de trop d'accidents et de morts d'hommes, pour que ce ne soit pas un devoir impérieux pour eux que de sans cesse chercher, et par tous les moyens qui s'offrent à eux, à perfectionner leur merveilleuse industrie.

Nous savons bien que l'œuvre nouvelle dont il est ici question est entachée d'une sorte de péché originel, et qui ne sera peut-être pas sans lui nuire : c'est de n'être point sortie du cerveau d'un ingénieur.

Sans doute, il est heureux, le titre d'ingénieur : c'est assurément aujourd'hui là le plus digne des parchemins; mais il n'est pas dit cependant que sans lui rien de bon en mécanique et en notables conceptions de l'équerre et du calcul ne doive être deviné et produit. Riquet et Brindley n'ont-ils pas fait des travaux d'un immortel mérite ? et, si je ne me trompe, ils n'étaient reconnus hommes de l'art que de l'autorité de leur propre génie.

Il est vrai qu'il est assez rare que, de la main et des conceptions des hommes étrangers aux procédés théoriques, il sorte une œuvre complète; mais qui empêche donc de la parfaire? Et n'est-ce pas, au surplus, quelque chose d'heureux que ces essais, ces premiers jets, ces éclairs inattendus, ces coups du hasard qui mettent bientôt de plus habiles sur la voie?

Que de travaux scientifiques, que de découvertes, même parmi les plus utiles, ne remonteraient pas, si l'on cherchait bien, jusqu'au creuset, jusqu'au compas des chercheurs et de la pierre philosophale et du mouvement perpétuel !

Ainsi donc, messieurs de la science, comprenez ici un peu notre sollicitude, tout en faisant nos réserves; et descendez un moment, je vous prie, de vos hauteurs pour nous fixer sur ce que nous avons à penser de l'œuvre téméraire peut-être, mais parfois aussi, heureuse, admirable même, des profanes qui, aujourd'hui, en appellent à notre témoignage et au suffrage de l'opinion publique.

— Nous avons déjà fait remarquer le progrès notable et

très heureux qui s'est manifesté depuis quelque temps en France dans la partie des machines propres à la fabrication des draps ; nous signalons aujourd'hui, comme digne de faire partie du nouvel agencement, la machine inventée par M. Giroud d'Argoud, de Lyon, ayant pour but de sécher et étirer toute sorte d'étoffes. Elle est chauffée par la vapeur ; elle opère très vite et occupe fort peu d'espace.

Le problème d'étirer l'étoffe en large, pendant la dessiccacation, sur des surfaces circulaires, nous semble aujourd'hui, malgré ses difficultés, assez bien résolu. La machine n'occupe que 2 mètres carrés ; ne demande que le service de trois hommes et peut procurer une économie de 50 pour 100 sur le combustible.

— C'est le cas aussi de mentionner favorablement les deux hydro-extracteurs de M. Caron, de Paris, l'un pouvant marcher à bras, l'autre à l'aide d'une machine. Cet instrument, dont le principe repose sur la puissance de la force centrifuge, et d'un effet aussi prompt que la construction en est simple, aide beaucoup aux moyens divers de séchage.

— Une machine d'une incontestable utilité, dont l'idée est nouvelle, dont l'exécution est fort bonne, est celle de M. Darroux, d'Auch. Elle a pour but de tailler l'ardoise, travail que la main de l'homme a jusqu'ici exécuté, mais très lentement, mais très incorrectement aussi.

La machine nouvelle, avec un homme et deux enfants, taille cinq cents ardoises à l'heure ; par l'ancien système, un ouvrier n'en pouvait préparer que cinq cents dans sa journée. La machine marche avec un plein succès, depuis deux ans, dans les ardoisières des Pyrénées.

Cette machine paraît avoir attiré l'attention de l'homme en ceci le plus compétent assurément du jury, le respectable et habile architecte de M. Fontaine. Ce doit être d'un bon augure pour elle.

Nous recommandons nous-même M. Darroux à l'intérêt du jury par une raison morale qui ne doit pas être, ce nous semble, sans quelque valeur ; c'est que ce brave soldat du travail est le seul qui soit venu soutenir au Palais des Champs-Élysées le pavillon industriel de son département, le Gers.

Je ne puis que fort péniblement rappeler de nouveau cette

étrange insouciance des hommes du Midi, lorsqu'il s'agit de leurs intérêts les plus positifs, les plus directs. Le Gers, notamment, qui depuis un demi-siècle a su donner au pays tant d'illustrations guerrières, tant d'hommes d'État distingués ; qui se glorifie à juste titre de posséder l'un des plus curieux monuments de l'art ancien, la magnifique cathédrale d'Auch, comment, avec autant de ressort en lui-même, ne cherche-t-il pas à entrer plus vite, plus hardiment, dans ce nouveau champ de développement, de fortune, d'avenir, où de tous côtés chacun se presse et tient à fixer honorablement sa place ?

— Comme voyageur, comme agriculteur, nous avons si souvent eu l'occasion de déplorer le sort des animaux destinés aux transports et plus encore le supplice si fréquent des hommes occupés à traîner après eux de lourds fardeaux, que nous savons un gré infini à l'homme à la fois habile mécanicien et cœur bienfaisant qui nous semble venir très heureusement mettre un terme à cet état fâcheux des choses.

Cet esprit inventif digne d'éloges, et que le jury aura certainement su discerner, est M. Blatin, de Paris. L'expédient proposé, et que nous avons regret de ne pouvoir décrire faute d'espace, est un instrument aussi simple que sûr dans ses effets et que l'inventeur nomme *arcanseur ;* il aidera sensiblement au tirage, permettra aux hommes comme aux animaux, dans les descentes, dans les montées, un repos facile, empêchera les dangers du recul. Nous conseillons très fort l'usage de l'arcanseur à tout ami du progrès aussi bien qu'à ceux-là qui ne voient guère sur la terre qu'hommes et bêtes à exploiter ; chacun, à son point de vue, y trouvera son profit : quant à nous, nous sommes deux fois heureux lorsqu'il se rencontre sur nos pas des créations ayant, comme celle de M. Blatin, le double avantage de déterminer et le progrès moral et le progrès matériel.

— M. Bencraft s'est occupé du même problème, mais c'est sous un autre point de vue : lui, a amélioré, avec beaucoup de succès, les moyens de harnachement. Par son système, les animaux ont leur liberté d'action et, par suite de cette aisance, l'usage de toutes leurs forces. Nous recommandons les colliers de M. Bencraft, que le grand établissement de voitures publiques de M. Meuron a déjà eu le bon esprit d'adopter. M. Bencraft nous semble venir compléter l'œuvre de M. Blatin.

— Lorsque l'on a su, en si peu d'années de fabrication, s'élever au degré avancé où se trouvent aujourd'hui, comme filateurs, MM. J. Thiriez et compagnie, de Lille, l'on a des droits à ce que l'on vienne mettre en vue d'aussi remarquables produits que ceux offerts à la consommation comme au Palais de l'industrie. MM. Thiriez, notamment pour leurs filés fins, rivalisent aujourd'hui avec les premières maisons de Lille. Nous avons le regret de n'avoir pu mentionner cette maison honorable en son rang et en son lieu.

— Nous en dirons autant de M. Charles Depouilly ; car il est de toute justice de le mentionner comme l'un de nos plus habiles industriels parisiens ; il marche depuis longtemps au premier rang des plus élégants imprimeurs sur étoffes, et ses produits sont toujours aussi brillants que recherchés.

Aux industriels déjà mentionnés pour leurs bons résultats dans la production des engrais chimiques, je tiens à joindre M. Salomon, du Finistère, que le gouvernement à déjà chargé de divers soins d'assainissement, et qui a su, tout en remplissant sa mission, obtenir des produits utiles.

MM. Laget et Dupuis, filateurs à Vizille (Isère), soutiennent honorablement la vieille réputation de MM. Augustin Périer, dont ils sont les successeurs ; ils font vivre plusieurs centaines d'ouvriers. Pour ce pays, c'est là un point fort important.

Les couleurs vitrifiables exposées par M. Colville, de Paris, pour peindre sur émail et porcelaine, sont arrivées à beaucoup de perfection et rivalisent très bien aujourd'hui avec les couleurs de Genève.

La manufacture de glaces de Montluçon (Allier), qui est un établissement à son début, a des produits que nous aurions eu regret de ne pouvoir noter ; sa situation est fort bonne, puisqu'elle est voisine de la rivière du Cher et du canal du Berry ; les matières premières sont également à sa portée. La capacité de MM. Berlioz comme directeur, Carillion, comme ingénieur, est bien connue ; ainsi voilà bien des éléments de succès. Au reste, on doit des éloges aux premiers produits que l'établissement nous présente ; ils ne laissent rien à désirer comme limpidité de la couleur et bonne réussite du dressage.

— Il fallait à l'utile découverte du docteur Boucherie la sanction du temps ; elle lui arrive chaque jour, et les bois préparés par ses procédés ne peuvent qu'entrer dans la circulation, surtout là où l'humidité les soumet à de rudes épreuves, comme la construction des ponts et les chemins de fer.

— Le caoutchouc est un de ces produits dont l'application s'étend chaque jour à de nouvelles combinaisons. Le caoutchouc dit *vulcanisé* présente déjà de notables avantages ; mais ce qui est un progrès encore, c'est le système de M. Perrocel. Il vulcanise par le trempage dans différents liquides qui donnent au caoutchouc une force, une inaltérabilité complètes. Ce procédé permet de fabriquer d'avance toute espèce d'objets de forme et de volume très variés et de leur donner ensuite, en quelques minutes, les qualités de la vulcanisation. La médecine en a déjà tiré un heureux parti pour une foule de ses appareils.

— MM. Neuss ont fondé, à Lyon, un bel établissement pour la fabrication des aiguilles ; la réputation de leurs produits s'étend chaque jour ; ils méritent des encouragements.

— MM. Albin et compagnie, de Strasbourg, déjà mentionnés pour l'ensemble de leurs produits, ont droit à l'être encore pour une spécialité fort recherchée en France aussi bien qu'à l'étranger, celle des toiles métalliques sans fin pour la fabrication du papier. Ces produits, toujours fort bien soignés, vont notamment en Belgique, en Allemagne, en Russie, et luttent avantageusement avec les produits similaires qu'expédie l'Angleterre.

— Nous avons jusqu'ici bien vite saisi chacune des occasions les plus capables de faire comprendre toute l'importance du commerce extérieur. Malheureusement pour nous, elles ont été assez rares.

Cependant nous avons vu non sans plaisir que diverses maisons de Lyon, de Mulhouse, de Sainte-Marie-aux-Mines, de Rouen, commençaient à opérer largement et assez heureusement. Puissent-elles continuer sous ces mêmes auspices !

Paris pourrait faire davantage, bien davantage avec l'étranger. Pour cela, il y a à remplir deux conditions qu'on n'observe pas toujours assez bien : l'entente des vrais besoins des pays que l'on tient à satisfaire; la scrupuleuse attention de n'expédier que des produits sincères et d'une bonne exécution.

A cet égard, nous nous faisons un plaisir de rappeler le nom de deux hommes que nous sommes allé chercher plutôt qu'ils ne sont venus à nous, et qui nous ont paru avoir une parfaite intelligence de l'économie des relations commerciales avec l'étranger; ces fabricants sont MM. Corbin et Rouvenat; l'un pour la partie de la porcelaine, l'autre pour la bijouterie.

M. Corbin a l'inappréciable avantage de bien connaître, à la suite de nombreux voyages qu'il a faits, les pays avec lesquels il commerce, notamment les divers États de l'Amérique du Sud. Aussi n'envoie-t-il pas là nos articles de porcelaine les plus riches, les mieux finis, mais bien ceux qui conviennent à des mœurs particulières, à des goûts peu avancés en civilisation. Au lieu de blâmer M. Corbin, nous le louons de ce tact, d'autant mieux que c'est un commerce étendu que son intelligence lui procure et qui ne paraît pas lui être désavantageux.

Cette habileté commerciale nous semble devoir être prise en considération par le jury, car elle n'a malheureusement pas parmi nous assez d'imitateurs.

M. Rouvenat est parti d'un autre point de vue, et point de vue également louable. Travaillant les matières précieuses, il a pris pour principe de conduite une extrême droiture, et il croit qu'il est aussi nécessaire pour le négociant de loyalement faire que d'habilement exécuter. Nous sommes parfaitement de son avis, et c'est un principe d'économie sociale que nous ne cessons de proclamer. Malheureusement il a dans le monde trop peu d'adeptes encore.

— Nous voilà arrivé au terme de notre course : si elle a eu ses rudes fatigues, elle n'a pas été non plus sans douceurs; nous le reconnaissons.

Ce sentiment que nous avons toujours et comme instinctivement nourri, de la force, du développement possible des facultés diverses et si heureuses que possède notre pays, eh bien, nous le trouvons aujourd'hui plus assuré encore, mieux confirmé. Ce que l'on est parvenu à produire au sortir, ou plutôt au milieu des ébats d'une commotion profonde, agitant à la fois la France, l'Europe, le monde, nous dit assez ce que l'on pourra faire au sein de la paix, avec l'ordre maintenu, la confiance rétablie.

C'est à vous, industriels, qu'il appartient plus particulièrement de suivre l'élan donné, de le soutenir, de faire qu'il ne s'éteigne pas avant l'heure voulue et l'entière maturité du fruit après lequel nous courons.

Une occasion magnifique de faire proclamer de nouveau que vous êtes dignes d'occuper un rang distingué entre les nations qui ont le plus de valeur vous sera prochainement donnée. Au nom de la France, au nom de vos plus chers intérêts, ne la laissez pas passer sans faire acte de présence dans ce brillant tournoi où la voix de l'étranger vous appelle.

Excités par votre exemple, frappés de nos succès, témoins des applaudissements qui nous sont naguère arrivés de toutes parts, les Anglais veulent aussi leur Exposition industrielle. Mais habitués à penser, à agir avec une certaine largeur, ils veulent étendre l'idée première, l'idée française ; ils promettent une Exposition UNIVERSELLE. Eh bien ! soit, Battons des mains bien vite ; car c'est dire qu'elle ne doit pas se passer sans vous, industriels de France. Oui, assurément, vous serez fiers d'être appelés par le travail de vos bras, par les inspirations de votre génie, à faire flotter notre drapeau sur les bords de la Tamise ; à faire ce que Napoléon, avec sa volonté de fer et ses immortelles légions, n'a jamais pu faire... Oui, le dieu du jour, le dieu du travail, fera plus que le dieu de la guerre ; et du moins les lauriers que vous rapporterez de cette mémorable lutte n'auront coûté à personne ni pleurs ni sang. Et ne vaut-il pas mieux, en effet, de peuple à peuple, comme de frère à frère, se serrer la main que s'entr'égorger ; s'aimer que se haïr ?

A l'œuvre donc, industriels : travaillez, et pour vous et pour nous. Mais pas d'illusion non plus ; moins encore de petites choses ; prenez bien garde.

C'est que de l'autre côté de la Manche vous trouverez un grand peuple, d'opulents acheteurs, il est vrai, mais acheteurs difficiles, vrais connaisseurs aussi. Alors inventez, perfectionnez, complétez, le mieux possible, les merveilles que nous quittons.

C'est la pensée sérieuse du siècle qui vous convie à cet effort, à ce grand banquet des peuples travailleurs, à ce véritable congrès de la paix ; et cette pensée, croyez-le bien, elle ne sera pas la moins durable, la moins féconde de celles qui jusqu'ici ont occupé et poussé la race humaine.

Les autres peuples, vous le voyez, nous imitent parfois ; tâchons que ce soit plus souvent encore, en leur montrant notre sagesse, notre libéralité, notre habileté laborieuse.

Adieu, industriels, cultivateurs, inventeurs, ouvriers ; vous tous, nobles travailleurs de tous les rangs, je vous quitte avec autant d'orgueil que d'espérances.

Je rentre, moi, dans la solitude qui fait mon bonheur ; vous, retournez bien vite à vos fourneaux, à vos métiers, à vos champs. C'est là qu'est votre poste, que seront, avec du courage et l'aide de Dieu, et votre bien-être et votre gloire.

Allez, prenez confiance ; car vous avez en vous, autour de vous, tout ce qui peut faire réussir les hommes. En même temps que vous serez habiles, soyez loyaux dans les affaires ; c'est votre intérêt et le meilleur des calculs : soyez justes et humains pour ceux qui travaillent avec vous, pour vous, c'est de la justice, c'est aussi d'une saine politique : soyez bons citoyens enfin, et aimez votre patrie, car cette patrie est la France ; et la France, n'est-ce pas un des plus beaux, des plus puissants pays de la terre ?

FIN DU COMPTE-RENDU.

EXPOSITION INDUSTRIELLE et AGRICOLE, 1849.

SAPEURS-POMPIERS.

MÉNAGERIE.

MÉNAGERIE.

OUTILS ARATOIRES.

OUTILS ARATOIRES.

Machines diverses.

Machines à carder.

FONTAINE.

St-Jean-Baptiste.
Tapis vert (Jardin)

PUISARD

GRANDE ENTRÉE.

CORPS DE GARDE.

SORTIE.

Quai Bougaillard Éditeur,
Paris, Rue St Martin, 228.

Librairie scientifique-industrielle,
DE L. MATHIAS (AUGUSTIN),
Quai Malaquais, 15.

www.ingramcontent.com/pod-product-compliance
Lightning Source LLC
Chambersburg PA
CBHW070245200326
41518CB00010B/1688